未来からの警告

ジュセリーノ予言集Ⅰ

マリオ・エンジオ◎著
韮澤潤一郎◎監修
山川栄一◎訳

たま出版

「わが子よ、我々は物質である前に霊魂であることを、絶対に忘れてはならない」

監修者まえがき

韮澤 潤一郎

「ジュセリーノ予言集」を監修するにあたり、数百通の予言文書に目を通すことになった。ようやく読み終えてから気付いた重大なことがある。

それは宗教の中で唱えられてきた未来像の共通性についてである。仏教では「末法の世」とか「末世」という思想があるし、キリスト教では新約聖書の黙示録などに出てくる「世の終末」思想がある。それらは象徴的な教訓だという見方もあるが、そういう時代がいつか来るとも受け取れる。

ジュセリーノ予言では、これから三十年間ほどは、まさしくそれらの宗教で描かれた様相の世界が提示されている。まるで万民が余命宣告を受けるようなもので、誰もが残りの人生をどう生きるかを真剣に考えることになる。

そうした反省に目覚めた後に、仏教では「弥勒の世」、キリスト教では「至福千年」と表現される、新しい希望に満ちた世の中がやって来るとされていることは救いであろう。

さらに、近代に入り、精神世界の能力者といわれた人たちや、日本の新興宗教を切り開いた開祖の中には、真に予知能力を発揮した人々がいた。それらの人々が残した予言書の中にも、この世の終末を詳述した文献が見られる。詳しくは巻末の参考資料をご参照いただきたい。

産業革命を経て、世界が近代の科学文明に入ると、私たちは大量の化石燃料によってエネルギーを消費するようになった。その結果として環境破壊を引き起こし、地球規模の文明の見直しを迫られている。

ジュセリーノ予言によれば、破局の到来は予想以上に早まりそうだ。もう来年くらいから誰もが分かる異変が空に現れるという。さらに、これまでにない天災がそれらを加速させるそうである。

これらの予知警告文書は、世界中に発信されており、日本の当局やマスコミ媒体にも何度か送られているが、返信はまったく来ていない。その多くが読みにくいポルトガル語のせいか、まともに扱われなかったようだ。しかし、そこには日本の未来の重大な展望がしたためられている。その内容については、今後の予言集で整理して取り上げたい。とりあえず主要なものは、巻末に年表として列記した。

人間の超感覚的知覚力で、時間と空間を越えた情報を取得する方法は、非科学的という名のもとに、かえりみられることがなかったが、最近はテレビなどでも取り上げられ、認識されるようになってきた。例えば夢予知や体外離脱体験による予知透視現象、また軍や警察によるSRV＝科学的遠隔透視の活用などである。

とはいえ、ジュセリーノ氏の場合は多少異質な点がある。それは日時までも特定するという、あまりにも正確な予知であるということだ。

予知は原則的に次のように起きる。

まず、夢の中で彼は未来の情景の中に立つ。そして場所や期日、内容を伝えるべきあて先などのデータが声で聞こえる。その声は常に同じ声音であり、その声の主を彼は「助言者」と呼ぶ。

このような正確な未来の告知は、これまででは、〝光球〟の出現日が伝えられたファティマの奇跡と、未来の天気図が印されたミステリーサークル現象がある（巻末資料参照）。これらの場合には、いずれも地球外知的生命体の干渉があったと私は考えている。

地球に危機が迫った現在、見るに見かねた宇宙からの警告がジュセリーノ氏を通じてなされているのだろうか。高度に進化した宇宙人であれば、正確なSRVの手法が可能であろう。

ジュセリーノ氏の予言書が、ブラジル以外で出版されるのは、日本が初めてである。彼のメッセージが日本から世界に発信されることになる。未来図を知った民族が、どう世界に向かって役割を果たすかが、地球の運命を左右するに違いない。

目　次

第一部　現代の予言が世に問われるとき

第一章　マスコミの中の予言戦士

予言はどこから来るのか

あるとき神経生理学者が、睡眠について興味ある発言をしていた。「なぜ人は寝なくてはいけないのか」という質問に対して、「では、なぜ起きている必要があるのか」と答えていたのだ。

つまり、寝るということは起きているのと同じくらい重要だという意味である。睡眠は人生の一部だといってもいいだろう。

夢は睡眠の一部であり、睡眠時間の二〇～二五パーセントは夢を見ているといわれる。医学的研究では、脳のどの部分が睡眠時に夢を見ているか分かっているが、ここで問題なのは、夢とは、われわれが何かからの働きかけで見ているのか、あるいは単に、思っていることが夢に現れるだけなのかということだ。

心理学では、潜在意識が意識とコミュニケーションをするときに、シンボル的なメッセージで伝達をするとされている。

また、その内的シンボルは頭脳の変化を促し、精神的エネルギーの流れを左右しているという哲学的考え方もある。

フロイトがこのような「夢の分析」に関する学問の道を開いて以来、人々の好奇心をかき立て、さまざまな研究が行われてきたが、結論に達したとはいえないのが実情であろう。

ある脳の決まった部分で夢を見るのなら、そこは潜在意識のブラックボックスともいえる場所である。なぜなら、その中には私たちが受胎したその瞬間から今日まで生きてきたすべての感覚体験と、おそらくは遺伝子情報でさえ記録されていると思われるからだ。

この本は、予知夢を見ることに専念し、その夢を公表し続けている人物の、日々の体験や、その人生の一部を紹介したものである。

彼の夢は、ややこしくて困惑させられるような、意味不明で雑多なシンボルを解釈するようなものではない。

それは、まだ起きていない事件や、間に合うかもしれない解決策、そして間もなく現実になってしまう出来事を日常の現実としてとらえ、有名人のみならず、一般大衆が関わる事故、そして国家や都市規模に及ぶ大災害の警告である。

近未来に起こるであろう出来事を、彼は予知夢で見ているのだ。


その人物とは、ジュセリーノ・ノーブレガ・ダ・ルース氏のことである。

彼は一九六〇年三月、ブラジルのパラナ州マリンガ市フロリアーノで生まれ、現在四十六歳（二〇〇七年時）、妻と子ども三人（現在四人）で暮らしている。

幼少のころから未来を予知夢で見ることができたのだが、同じような特異な能力を持つ人たちと決定的に異なっていた点が二つあった。

一つは、それらの夢を見た後、予知の中に登場した相手の人に手紙を書いて送っていることである。加えて、そのコピーを公証役場に登録したり、発送証明を取ったり、受取証明付きの書留で送ったりしていたことである。

二つめは、予言した出来事のほとんどが、実際そのとおりに起きているということだ。

大学や研究者たちの計算では、九五〜九七パーセントの確率で的中しているという。かつてない高い確率になっている。

したがって、ジュセリーノ氏の実績は、唯心、唯物の両者に反省を促すとともに、彼らを満足させることを期待できるかもしれないのだ。

このように考えるのは、私たちの周りで起きている物事を科学的に証明しようとすればするほど、精神面と切り離せない要素があり、最終的には神に出会うことを知るからである。同様に、スピリチュアル的、哲学的、形而上学的グループに参加してみると、いろんな考え方の流れが交錯する中で、この宇宙創造の根源を求めるとき、あらゆる物質の創造の裏には科学が存在すると感ずることになる。

無限の宇宙の中で、二つの道は交差することに気付くのである。

「科学者が研究していくと抽象に出合い、唯心論者が哲学的に考えると物質に出合う」のだ。それゆえ、現実化する予知夢を調査することも必要であり、哲学的に考えることも必要だろう。

ともかく、ジュセリーノ氏に起きている予知夢、予言的夢が数千人の人々の人生を巻き込んでいる。

それに対して、氏自身はどう考えているのか、現実になる予言とどのように向かい合っているのかを明らかにしていく。

私の心の科学的部分と精神的部分で、このテーマの本を書くことができるのは、私自身幸運だと思う。知識を求めるもう一つの道でもあるからだ。精神的能力を向上させることで、どのようにそれを使えるのか、何に使うべきかについても追究すべきだろう。

この本の執筆は、偉大な人物の伝記を作る作業であるとともに、実証の体験だった。なぜなら、原稿を書き進める途中で、予知的手紙類が日々現実になっていったからだ。同じように、それらの予言が、あなたの人生でも的中したことをこの本で確認することができるだろう。

すべてはここから始まった

ジュセリーノ氏の予知能力を最初に知ったのは二〇〇五年である。今から三カ月前の二月二十四日、深夜の再放送番組で、彼がブラジルの有名なテレビ・コメンテーターであるジョー・ソアーレス氏からインタビューを受けているのを見たときだった。

私は彼の能力の真偽を見極めるために、私自身が相談事をしてみようと考えた。それで本物かどうか、たいてい見当がつくものだ。私はテレビ局へ手紙を書いた。しばらくしてジュセリーノ氏の電話番号が送られてきた。

結局、電話をかけたのは三週間後の三月十四日だった。

「テレビを拝見しまして、ご相談したいことがあるのですが……」

「あなたの身に何が起きているのか、短く書いて、生年月日と写真一枚、そしてご質問は三つだけお書きください。返信用の書留送料などをつけて送ってください」ということだったが、そこで電話を切るはずのところが、逆にそこから話が長引いていった。

私は、直感や潜在意識などは情報の倉庫だという発想に基づいて、超常的現象の本を書いていることを話した。話しているうち、彼のほうが私に相談をすることになってしまった。

実は数年前に小冊子を書いたが、今はそれを出版する気がなくなったという。どのようにしたら本を出せるのか、興味があるようだった。さらに、自分が現在どのようなことをしているかについても説明を続けた。そして、本について相談したいので一度会いたいと、彼のほうから言ったのだ。改めて電話番号などを交換した。


翌十五日、ジュセリーノ先生（彼は一般的にプロフェッサー・ジュセリーノと呼ばれている）から電話がかかってきた。サンパウロに来るという。ある全国放送のテレビ局から依頼されて、専門的医療機関で、睡眠に関して検査を受けることになったからだという。私と同様、この放送局も彼の能力について詳しく知ろうとしていたのだ。

それで、十六日の午前十一時半に、パウリスタ大通りに近いショッピング・センターで打ち合わせをすることにした。

彼は、オデュバルド・クラーロという人物と一緒に来た。オデュバルド氏は彼に同行したり車を運転する秘書のような立場だが、実際には会計士で、息子さんの洋品店のサポートもしている、魅力的で落ち着いた人だ。年齢は六十歳だが、ジュセリーノ先生の頼みなら疲れることがないと、明るく語る。

私は最初の著作二点を持参してきていて、それをプレゼントすると、サインを頼まれた。

ジュセリーノ氏はここ数年、夢を見ながら予言をしているが、そのことを私が調べたうえで改めて本を作る新しいプロジェクトを提案したいという。

このとき私は、人々を結びつけたり、別れさせたりする運命の共鳴のようなシンクロニシティ（共時性）を実感した。

予知で人は変われるのか

次の私たちの打ち合わせは、オデュバルド氏の家に近いショッピング・センターで行われた。

私は録音機と数枚の企画書を用意していた。入り口前に集まったのは午前十時少し前だ。

「打ち合わせの準備は整いましたか」と私が聞くと、「準備万端です」とジュセリーノ氏は答えた。

喫茶コーナーに座って、コーヒーやミルク、チーズパンなどを注文した。

さっそく彼は、先日行われたポリソノグラムの検査結果が出たからと、データが書かれたコピーを私に見せた。私はすばやく目を通し、要点を聞いてから、この件は後で詳しく分析することにした。

このときは、とてもリラックスした気持ちで、和やかに話すことができた。

私は録音機のスイッチを入れ、質問を開始した。

「まあ、普通に話しながら、この瞬間を記録することにしましょう。ただし、話題は超能力現象と予知夢に限定したい。そして重要なのは、大局的な観点から詳細に至るまでの起きたことの証明と確認になります。

まず、予知書類の登録はどのようにしているのか。それに関する文通はどのようなかたちで発送しているのか。あて先の人は情報を受け取った後、どのような反応を示すのか。その文通に対して彼らは返事をしてきたのかどうか。そしてその予知夢に基づいて対策を取ったり改善したりするのか、あるいは疑問を持ったりしたケースがあるかどうかも調査したい。

できれば手紙を受け取った人たちを訪問したい。良くても悪くても相手の人が経験したことを知りたい。またあなたが予知したこととは逆の形跡があるのかどうか、つまり、予知したことが起こらなかったケースがあるかどうか。そして、その結果訴訟を起こされたことはなかったか、また起こらなかった場合にあなたは自分をどう思ったか、といったことなども知りたいのです。

一方、予知を受け取った人が信頼感を示し、その後の人生で何らかの気付きを見出し、生き方を改善したようなことがあるのかどうかも興味ある問題ですね。とにかく、そういったことを調べたいと思います」

そこまで説明すると、ジュセリーノ氏ははっきり言った。

「そういうことは大事なことです」

隣にいたオデュバルド氏も、「きわめて興味深い」と付け加えた。

「こういったことは大切なことで、正論といわざるをえません。そこまでやってこそ、あなたの調査は実を結ぶことになるでしょう」とジュセリーノ氏は認めた。

「この提案は気に入ってもらえましたか？」私は聞いた。

「もちろん！」ジュセリーノ氏ははっきり答えた。

顔のオーラに死を読み取る

効率よく調査していくために、脱線は極力避けなければならないし、いろいろ質問のリストも用意していたが、まだこのときは出会ってすぐだったこともあり、これ以上複雑な話はしにくかった。

私たちが腰掛けていた場所は、ショッピングの通路にテーブルが並んでいるような所で、こみいった話ができる環境とは言い難かった。それでも、話の中に意外な収穫があった。ジュセリーノ氏の知っている女性に、彼と同じように予知夢を見る人がいて、そのために苦しんでいるというのだ。

「その状況というのは若干複雑で、私にも同じようなことがあります。彼女が、『あなたはどのようにしているのか』と聞いてきたので、私は見た夢を記録し、それを夢に出てくる人に送るように指示されるので、手紙で送るのだと説明しました。彼女はそういうことはしていないというのですが、しかし一九八五年の九月十九日にメキシコ・シティーを襲った大地震では、九千五百人もの死者が出たが、その数日前に彼女はそれを夢で見ていました」

「彼女はいつごろからそのような夢を見るようになったんですか？」とオデュバルド氏が質問した。

「九歳のときからです。彼女には、もう一つの超感覚的能力があります。それは、人の手をつかんだ瞬間に、その人の過去を見ることができることです。ただ、これをやると彼女は多くの錯乱や混乱を引き起こしてしまう。夜中に寝ているときに、何者かが目覚めさせようと着ている服に触り、夢の内容を記録させようとしたとも言いました。彼女はとても敏感なのかもしれない。自分の心を過去に移動させる鋭い感覚を持っているのでしょう。それは、過去そのものが投影されているというより、その人のオーラを見るのでしょうね。それによってその人の過去を見るということです。

私の場合は、それらを区別しています。誰かを見ているときに、いくつかの予感を感じますが、そのとき私はいくつかの方法でそれを見ます。けれども、この女性のように敏感過ぎて困るということはありません」

「先生、アグアス・デ・リンドーヤ市のときがそうでしたね」と、オデュバルド氏が言った。同じような出来事を思い出したようだ。

「そう、リンドーヤのとき……」

「その人が通りすぎると、先生の全身に悪寒が走ったという、あれでしょう」

「一度も会ったことのない人だった。彼は、市の警察官でした。目が合った瞬間に、彼に何か話すことがあると感じたのです。私は身動きできずに立ちすくみましたが、そのとき私の心の中にメッセージが入ってきました。この若者に災難が起きるのだ。彼は襲撃され、もうすぐ誕生日の父親もそこで事故に遭う。誰かが彼を殺そうとしている。

それは、私の弁護士のカルロス氏が、その町のホテルへ私を案内しているときでしたが、その警察官は私の後を追ってきて、ロビーで待っていました。そして声をかけてきたのです。

『すみません、私は警察官です。あなたのそばを通ったとき、全身に悪寒が走りました。あなたが私に何か言いたいのだと感じました。それを話してもらえませんか。何なのか教えてください。ぜひ今話してもらいたいのです』と、落ち着かない表情で頼んできました。

私が話し出す前に、彼は私の電話番号を教えてくれと言いました。それを教えてから、私は説明しました。

『あなたの父親は今度の三月二十五日に誕生日を迎えるが、翌日の二十六日は交通事故に気を付けなさい』と言うと、彼は紙に書きとめて、お礼を言いました。

『ありがとうございます。……しかし、ほかにも何かあるでしょう。もっとあなたは話すことがあると私は感じるのですが……』彼はいまにも泣き出しそうにして聞いてきました。家族同様、この人もまじめな人に違いない。

　私はさらに説明しました。

『二〇〇五年九月十四日に、誰かがあなたを殺害する。犯人は過去にあなたが逮捕を命じた人だ。気を付けてください』と私は言いました。

『しかし、どうやってあなたはこれらのことを知っているのですか？』けげんな表情で彼が聞いてきました。

『いや、私も知らない。あなたに話さなくてはいけないと感じただけです。予感なんですよ』

『あなたが言うことは確かに符合していると思います。しかし私はジュンジアイー市から来たばかりで、私はあなたを知らないし、会ったこともない……。こんなことが有り得るのでしょうか。……でも、私は信じる。気を付けるから任せてください。次の月曜に電話します』

　そう言って別れました。

　そして月曜日に電話がかかってきました。

『調査をしましたところ、怪しい人物が分かりました。あなたは私に道を示してくれたのです。父のことは安心してください。私の家族全員が二十六日は外出しないことにしました』

私は、そのときすぐに感じました。まだその日は来ていない。三月二十六日だ。これから起きるのだ。……この人の運命は、死ぬことに決まっているのだろうか、と」

とにかく、私はこの会話を録音した。

しかし！　……「今日は何日だ？」私は叫んだ。

「三月十九日！」ジュセリーノ氏とオデュバルド氏が口をそろえて言った。まだ未来のことなのだ。

大規模災害の予知が来るとき

「では、主題を変えて聞きたい。あなたに自然に起こる予知夢のことですが、それらの記録をどこの誰に送るのですか。そして、そのあて先はどうやって知るのですか」

「ほとんどが、正しい住所で来ます」

「ということは……夢の中に来るということですか？　はっきりとした住所が……」

「すべてが来ます。その人の正しい住所や郵便番号、それに、何を書けばいいのかも」

「それはすごい！　しかし、相談事として手紙で送られてくるものも多いのでしょう」

「そう、相談事を頼んでくる人々のものが大半です」

「ある特定の地域の災害の予知夢は、どのように警告するのですか。当局に知らせるとか、マスコミへ手紙を書くのですか」

「夢を見た後、最初に当局へ、そしてその後マスコミへ送ります。そのマスコミが発表するかどうかは、彼らの判断になります」

「南部の自然災害の件がそれでしたね。あなたは農業省に送った」オデュバルド氏が言った。

「そうです。最初に、すべての責任者である大臣に手紙を送る。その関連の当局へも——。まず地元当局、返事がなければ、その後、連邦当局に警告します。地元の市や州が最初です」

「それで、マスコミへはいつ送るのですか」

「当局へ知らせたすぐ後に、マスコミへも送ります。私の意図としては、両者に表明してほしいのです」

「彼らは何かをしてくれるのですか」

「内容の詮索ではなく、起きる問題を解決しようという姿勢を持ってもらうためです。共に対策を考えることは、地元のためにもなるし、私も協力したいわけです」

「情報に対して不信感を持ったり、驚いたりすることではなく、共同して解決しようというわけですね。しかし、よく分析してから取り上げることにしましょう。反響が大きい、より重要な出来事を優先していきたいと思います。ただし、あくまでも調査できる対象でなければなりません」

「もちろん」とジュセリーノ氏はうなずく。

「大切なことは、予知が発生したとき、私たちは人生で何を変えていくことができるのか、何ができるのかということです。そして、多くの証拠に基づいて理論立った科学的追究で結論にたどり着きたいですね。そうすることで、科学自体がこの現象に関心を持ってくれるでしょう。また教育機関が興味を示すことも考えられます」

「そうなるでしょう。人類が成長する手段として、このような現象が与えられているのではないでしょうか。そして、その解明は科学に支えられていることも確かです」ジュセリーノ氏の名言だ。


「話は変わりますが、私たちが打ち合わせを続けてきた中で、最初に現れたキーワードは〝警告〟ではなかったかと思います」

「そうですね」

「つまり、事前に示すことによって、あなたは警告する役目をしている。皆さん、これをしなければ穴に落ちますよ……どん底に！　と」

「そうかもしれない」

「注意を払ってください、さもなければ痛い目に遭いますよ、と、そういうことですね」

「確かに」

「辞書を調べると、予知は警告となっています。そういう意味では、私の日常的な問題についても指導してもらえるのですか」

「もちろん。その場合は自然に起きた予知夢ではありませんが、あなたが好ましい結果を得るためにどうすべきかについて未来の情報を伝えてくれます。しかし、予知そのものは私としては不本意なことで、それよりも本当はもっと精神的な助言の下で行われなければなりません」

「いや、私の知りたいのは、日々の国際的な政治、経済、国家の未来といったことに関係した質問です。そういった質問で刺激すれば、予知夢からそういった答えが引き出せるかどうかということです」

「それはできません。その種の予知は自然に起きてくるだけです。未来に起きるかもしれない出来事の最終的な結果は、向こうからやってくるのです。私にできるのは、個人的に相談を申し込んでくる人たちに、どう変わればよいか、何に気付かなくてはいけないかを知らせるだけです」

「私は興味本位で言っているのではなく、研究するという気持ち、あるいは世界の平和のために確かめたいのです」

「もちろん私もそれを望んでいますが、しかしそれらのテーマは、回答をこちらから質問することができないのです」

テーマによっては、啓示を受ける限界があるということを確認することになった。


「それでは視点を変えて、あなたが取り組んでいる、その予知能力の仕事というものは科学的に説明すべきものか、それとも直感的なものとだけ言い切ればいいのかということですが……」

「人間の精神性によって作用しているという面では直感的であり、結果を受けて、それをあなたが調査するという目的においては科学的になります。人間はその両面で生きているのです」

「私も確かにその両面が重要だと思いますが、とかく研究はどちらか一方だけになりがちです」

「それは注意しなければいけない」とジュセリーノ氏は締めくくった。

ここでの話は三時間半ほどにもなり、多くの収穫があった。

特に大きな問題は、気象変動とその重要性だ。変動の原因は環境問題にあり、地球温暖化による洪水と干ばつがどこで起きるか、地球全体を覆う急激な気候変動が、ここ四十年以内にどのように起こるかということをジュセリーノ氏は予見している。

そのためには二年以内（二〇〇七年まで）に根本的な改革の姿勢が必要だという。もしそれが手遅れになった場合、人類は青空の下で生きていくことができないと言っている。

この日の会話にあったように、「何もしなければ、みんながどん底に落ちることになる！」

のだ。

だから知らせなければならない、警告を出し、結果がどうなるかを伝えなければならないということが基本にある。

環境問題とエコロジーへの関心の高まりが必要になってくる。

第二章　予言資料を目の前にして

――もし私が誰かに恩義があれば、ねずみにさえ頭を下げる。なければ、大統領であろうと、王様であろうと、真正面から戦う。私はこのように行動する――（この日のジュセリーノ氏の言葉）

初めての自宅訪問

サンパウロのショッピング・センターで会った後、私はまだまだ質問したいことがたくさんあったし、ジュセリーノ氏の予知の記録が書かれた郵便物を見る必要を強く感じていた。

四月八日に、ジュセリーノ氏の自宅があるアレグレ市へ向かい、翌朝九時に彼がカルロス・アルベルト氏とともにホテルに来てくれた。カルロス氏は彼の友人であると同時に、サダム・フセインの報奨金に関するアメリカ政府への訴訟を受け持っている弁護士でもある。

カルロス先生が自己紹介し、どのようにジュセリーノ氏と知り合ったか説明した。

「はじめまして、私はカルロス・アルベルト・フェレーラです。弁護士を三十五年やっています。六年ほど前にジュセリーノ氏と知り合いました。私には、クラウジオとメシアスという二人の陽気な友人がおります。ある日、彼らからジュセリーノ氏が大変素晴らしい人物で感じのいい人だからと、自宅までうかがうことになりました。

私はアンチ労働党なのですが、ジュセリーノ先生の自宅に着いて最初に言われたことが、今度の大統領選では、労働党の現ブラジル大統領のルーラ氏が選挙に勝つということでした。私をからかって、冗談を言っているのだと思いましたよ。友人の二人が感じのいい人に会わせるといって連れてきていたわけですが、これでは私の敵に会わせているようなものです。

次に言われたことは、アメリカがアフガンの国を侵略するというわけです。話を聞いていて、完全に私をからかっていると確信しましたね。

さらに、アメリカがイラクの国を侵略すると――。これは石油の利権でうなずけるところがありますが、ジュセリーノ先生の自宅を出てから、私はクラウジオに言いました。『おまえは俺をからかうためにここまで連れてきたのか。冗談にもほどがある。あいつは正気ではないよ！』

そしたらクラウジオが言うわけですよ。『違うよ、あなたが勘違いしている。手紙を見せてもらうよう頼めばよかった。彼はすべて予知したことを手紙に書いていて、あなたに言ったことは、いろんなところへ送った内容と同じことなのだ』と。

それから六年過ぎた今、私は先生が言うことは、特定の人だけでなく、人類全体に役立つものだと確信しているのです」

カルロス氏が信じたように、その後ルーラが選ばれ、アメリカはアフガンとイラクを侵略した。ジュセリーノ氏が私たちに言っていることは、今まですべてが現実になっている。


カルロス氏は、そのままリンドーヤにある別荘へ行くといって別れ、私は町のはずれにあるジュセリーノ氏の自宅へ向かった。

この辺りはダウンタウンの住宅地で、家に入ると、父親の帰りを待ち望んでいたかのように子どもたちや犬までもが大騒ぎで出迎える。

小さな家で、居間に台所、トイレと部屋が二つだけだ。そして庭があるが、居間には家具がそろっていない。学校で見かけるような椅子が五、六個置いてある。

入り口の左奥にテーブルがあり、その上にジュセリーノ氏とクラウジアの結婚式の写真が額に収められて、そのわきに電話がある。

この家にも訪ねてくる人がときどきいるという。

子どもたちは夫婦と同じ部屋で寝ている。

もう一つの部屋は書斎だ。書類と大きな戸棚が二つ、もらったコンピューターとタイプライターが乗った二つのテーブル。そのうちの一つは開封された手紙類やホルダー、さまざまな書類があちらこちらに山積みになっている。相談の手紙や、ファイリング・キャビネット、そして教師としての資料。部屋の中は彼だけの聖域だ。

改めて家族に自己紹介してから書斎に入った。ジュセリーノ氏は戸棚からファイルを取って、書類を分け始める。

オデュバルド氏がモンテ・シオン市から来て、私たちに参加した。ジュセリーノ氏は、話をするときはいつも二人以上の人がいるのを好む。そうすると集中力が途切れないで、興味深い出来事が見つかるという。私の横にあるテーブルの上に書類を出して話し始めた。

「手紙を送ってから、さらにあて先の人物の姿勢を確かめるのが私の義務になっています。二〇〇五年二月二日に、私はブラジリアにあるバチカンの教皇使節を通じてローマ法王ヨハネ・パウロ二世に手紙を送りました。書留で送ったその手紙には、医師委員会を構成して法王の治療をすべき日付を指定しました。

目的が何かって？　それは、手遅れにならないためです。人々のお世話をすることが私の目的だからです」

送った電報や数々の手紙を見せてくれる。いずれも内容は似ていて、次々と明確に進言をしている。

「警告したことが起きてしまったときは、どうしてもイライラがこみ上げてきてしまう。理解してほしいという思いでいっぱいになり、それで私は精神的に不安定になってしまうこともあります。なぜ何もしなかったのか？　それで私は、関わった人たちに再び申し上げなければならなくなるのです」

次に、ローマ法王ヨハネ・パウロ二世が二〇〇五年四月二日に死亡するという予言を書留で送った手紙を見せる。相手が受け取ったという証明もあった。

「郵便局へ届けてくれるように、あなたに頼んだあの手紙です」と、オデュバルド氏を見て言った。オデュバルド氏は、それを知っているという顔でうなずく。

「あれは敬虔な気持ちからの進言なのです。しかし、私の個人的な活動ではなく、この予知を知らせるために集まっているグループの共同の行為でもあります」

愕然とさせられた予言資料の数々

ここで私はどうしても聞きたいことがあった。

「もし、そのときバチカンが医療管理を整えていたら、法王は致命的なリスクを負わなかったのですか」

「もう少し生きていることができた……もっと早く手を打つことができたはずです。私はそれよりも前から法王に手紙を出していましたから……」

そう言って、ジュセリーノ氏はぎっしり詰まったファイルをめくって一つの手紙を取り出した。

「これは体調を崩し始めた二〇〇三年のもので、バチカンからグラビエーレ高位聖職者が直接私に手紙を送ってきたものです。私が出した手紙はこっちで、００３―二〇〇三年四月二十二日とあります。最初の数字は警告を送った回数。だから、これはすでに三回目のものということになります。

これには、次のように書いてあります。

『私は、二〇〇五年二月一日にローマ法王ヨハネ・パウロ二世が体調を崩されて、緊急入院される予知夢を見ました。その症状には感染の危険があり、重大な健康問題を抱えることになります……』

入院する二年前に警告したのだから、健康管理のための手配をするには充分な時間があったはずです。しかし何もしなかったのでしょう」

「本当に何も予防措置をとらなかったのでしょうか」

「私はとったとは思いません。しかし、彼らは返事はくれました。バチカンからの返事がここにあります」

私はその手紙を手にとって読んでみた。

「そうですね。しかしこれには、法王が情報を受け取ったとは書いていますが、病気に気を付けるとは書いてありません」

「そうなのです。書いてない。情報を受け取ったのだから、気を付けなくてはならなかったのです」

「情報を受け取った？」

「そう、情報を受け取ったのです。つまり、その意味は……彼らが情報を受け取りながら、何もしなかったのなら、私はそれほど自責の念を感じないでいいし、彼らの意識の基準がそこにあるのだから仕方ないといえばそれまでです。しかし、私の目的は法王に健康を保ってもらうことでした。

私の予知は、決して法王が死亡するということではなかった。それは私の意図ではありません。彼にはもっと長生きしてほしかった。この地球に自己を捧げた人に対し、私の務めを果たすためでした。二〇〇一年十二月に最初の手紙を送ったのは、そういう目的だったのです。これがその手紙です……。

それ以降も、二〇〇二年、二〇〇三年と、法王の健康に問題が起きるという同じ内容のメッセージをポーランド語で書いて送っていたのに、ついにそれが起きてしまった……」（第二部・事件24文書参照）

ジュセリーノ氏は、テーブルの上にそれらの手紙を並べて見せてくれた。このとき初めて、私は明白な証拠となる手紙を読んだ。

私は録音を止め、それらの手紙を手にとって、じっと引き込まれるように読んでいった。そしてゆっくりと顔を上げ、目の前のジュセリーノ氏を見つめた。

「……感動しました。あなたの手を握りたい！　あなたはこのような、悲しく、また深刻な情報を扱っている立場にあるということが、これでまざまざと分かりました。なにか神聖なものを感じますし、また特別な存在であることを実感しました」

私は感動を抑えきれず、しっかりと彼の手を握りしめた。私たちの様子を横から見ていたオデュバルド氏も、私と同様、涙ぐんでいた。

私は初めてこれら物理的証拠といえる文書を目の前にしていたのだ。

しばらくして、この衝撃的で超常的な出来事の前から、ようやく冷静さを取り戻すことができた私は、これらをコピーして持ち帰るために、再び書類の分類を始めた。

クラウジア夫人が奥で庭を掃除している音が聞こえる。ときどき大声を出しながら子どもたちが遊んでいる。そんな音がこのとき私のテープ・レコーダーには録音されている。

「アミーゴ（友よ）、あなたは大いなる観察者としてここにいるんですね……」

私たちの会話をじっと座って聞いているオデュバルド氏に、ジュセリーノ氏はそう言っている。

いくつかの手紙の束が回ってきて、横のテーブルに私が仕分ける。

みなが興味のある出来事の書類を根気よく分類していった。

「先生、これはどんな事件ですか」

「裁判長が車の中で狙撃された事件です。……その下にもう一件あるから、分かりやすいように逆に置いてください」

「スペインの駅の爆破事件……。これは大統領選の際に党から返事が来ている……。マケドニアの大統領機死亡事故……いつの事件でしたかね？」

「日付は覚えていません。えーっと……ここに、私は飛行機が事故に遭うという手紙を出している……」

「これはワールド・トレード・センターの事件だ。別にしておこう。……次は、パラグアイに送った手紙……アスンシオンのスーパー・マーケット……」

「爆破事件が起きて、二百人が死亡、五百人が重軽傷でした」

「しかし先生、いったい何件の出来事がここにあるんですか」

「とほうもなく多いですよ」オデュバルド氏が両手を広げて驚いたようなしぐさをする。

「どれくらいですか」

「だいたい八万七千件くらいになるかな」

「！」

「そうなんですよ」

「このような予知夢は、いつごろから出始めたのですか」

「九歳のとき、一九六九年からです」

「……それで毎夜、平均いくつの夢を見るわけですか」

「それは毎日違います。三件のときもあれば九件とかというときもある。夢は自然に出てくる。気付かないうちに夢を見ているのです。私が選ぶわけではありません。それでメッセージが送られてきて、私は書きとめていく……」


あまりにも多くの証明となる書類や手紙があるからといって、ここでやめるわけにはいかない。

部屋の中は静まりかえっていた。

彼は次から次へと、人々のためにという使命感で予知を続ける。一方で、私はその中からより意味深いものを探っていく。こういうことを私はやりたかった。これは私に与えられた、まれな特権ではないだろうか。

ジュセリーノ氏のような才能を持った人がほかにもいるのだろうか。このような才能にはどんな名前を付けたらいいのだろう。彼にとってそれが負担になり、重荷だと感じることはないのだろうか。それとも祝福された人物なのだろうか。

部屋の窓のすぐ近くで子どもたちが元気よく騒いでいても、私の脳裏にはさまざまな思いが光の束のように通り過ぎていく。

ジュセリーノ氏は書類を分類しながらめくり続けている。そして一枚を取り出した。

「トニー・ブレア、このときは救いがありました。なぜなら、彼らは容疑者たちを逮捕したからです。私は手紙にこう書きました。

『これから何日かの間に、五〇〇キログラムのアンモニウムの硝酸塩（破壊力が強い化合物）と酸化オスミウム（強力な有毒物質）が、イギリス国内に持ち込まれる。そうしてロンドンとアメリカでテロ事件が起きるだろう』

私はイギリス大使に知らせました。そしてトニー・ブレア首相へも、日付を書いて電報を送りました。そのために五十四リアル（約三千円。日本の生活感覚では数万円にも相当する）の料金を払っています。時間がなかったから電報になってしまったが、どうしても知らせる必要があったのです」

ほとんど感情を表わさない、彼独特のシンプルな言葉で話す。その立場ははっきりとしている。受けたメッセージをさらけ出すことを恐れず、脅迫に左右されることもない。

イギリスのブレア首相へも電報を出すし、アメリカのブッシュ大統領にも手紙を書いたという。まるで自分の生徒たちと文通しているかのように、ごく自然に、自分が見た予知夢のことを知らせている。そしてその重要性を実感するとともに、出来事が確実に現実になるということを確信しているのだ。

「この件では、何が起きたのですか」

「彼らは逮捕しました。神のおかげで逮捕できたのです。彼は聞き入れてくれたのです」

これからの相談予定の書類からも、一件取り出した。

「これはあなたが欲しがると思います。サンタ・カタリナ州に来るハリケーンと干ばつの予知です」

「そうですね」

「これはダイアナ妃……あの事件の真実です」

「どういうことですか」

「私が送った手紙のことを掲載している新聞がありましたが、偽りを書いています。……これはフェルナンド・エンリッケ元大統領の件……そして、これはロシアのベスラン学校で起きたテロ事件……私は手紙を送ったのだが、ロシア人は返事もくれなかった。向こうでは安心しきっていたようだが、結局ひどい事件が起きてしまった……」

「そうでしたね。悲惨な事件でした」

使っているタイプライターは古すぎる

何通か手書きの手紙を見たあと、私は質問した。

「ジュセリーノ先生、あなたの手紙はすべて手書きなのですか」

「いや、ほとんどはそのタイプライターで作成しています。一部が手書きです」

「オリベッティ・リネア98――古いですね、四十年くらい前のものですよ」

私は笑いながら、テーブルの上に所狭しと置いてある機械に触れてみた。動かすと、行送りの部品が壊れていて、いちいち手で回さなくてはならない。

「もっと古いのを持っていたんですが、これに取り替えたんですよ」と、彼は言う。

この部屋を見た人は、それらの設備が博物館の骨董品であると思うだろう。

彼にとって、そういうことは重要ではないのだ。それは、非常に個性的であり、その人となりの非凡さを物語るものだ。人間の本質を重視する人道主義的な彼の作業は、ここにある備品で行われるのがふさわしいのかもしれない。

文書が正しくファイルに収まっていないものもあり、私たちが選んでいる書類の山から、彼はときどき記録した書類と異なるものを出す。いずれにしても、この作業には意味がある。興味は尽きることがないし、きちんと整えて目録にしておかなければならない。

できれば、これらの警告の手紙に関わった人たちは、どのような影響を受けたかインタビューしたいものだ。

予知した出来事が、文通によって次々と明らかになっていく。選び出す作業はもう数時間になっていた。彼は見慣れているから、目を通すだけで内容が分かるようだ。まだ完結せずに、解決の糸口がない事件も数多い。彼は楽観しているが、警察の調査や裁判の公判の妨げになるものは公表しないことにした。

作業中に、ときどき驚くような資料が出てくる。

例えば前出した9・11テロに関し、アメリカの新聞社からの手紙だ。そこも警告の手紙を受け取っているのだが、きちんとした礼状を送り返してきている。

「これはマイアミ・ヘラルド新聞社です。聞いたことがあると思うが、読んでみてほしい」

「……予知の内容は報道できないといっている」

そのうち、話は今朝ほどの大統領選の予告で、カルロス弁護士をいらだたせたことについて、いたずらを企てたと思われたジュセリーノ氏が、「予知しただけなのに」とつぶやいて、みなの笑いを誘った。全員がリラックスして、作業に打ち込んでいた。

「昨夜も予知夢をご覧になったのですか」

「見ています」

「手紙を書く時間がありましたか」

「十五人が死亡するテロがイラクで起きることを知らせるために、関係者に電報を送りました。至急知らせなければならないときは、メールで送ることもあります」と言って、スペイン領事からもらったパソコンとレーザー・プリンターを指差す。

スペインの領事がこの自宅を予知の相談で訪問したことがあり、パソコンとプリンターを証書付きで寄付していったことがあったのだ。

この日は四月九日（二〇〇五年）だったが、この後二カ月間に、バクダッドで六件のテロ事件があり、六十人以上が死亡している。

「これはテレビ司会者で会社オーナーでもあるシルビオ・サントス氏の件ですね」

「そうです。彼も私の路線にいます」

「〝路線〟とはどういう意味ですか」

「私の予知夢に頻繁に登場する人ということです。数年前から起き出して、出世の上昇や下降が見えるので、人生のアドバイスをしています。……おっ、これは日本の地震のことが書いてある。私が送ったのは一九八九年になっていますね」

「公証人役場へ登録している何件かは、事件が起きた後の日付になっていますが、なぜこういうことをするのですか」

「証明するためではなく、内容を保存するためです。手紙は送られているし、何通かは新聞にも載せるから、証明する必要はないのです。公証人役場へ登録したのは、内容を保存するため。送り先の相手が、もし手紙を変えたら、それで分かるわけです。手紙自体が証明になりますから」

そこで私たちは、相手が受け取ったという郵便局の証明、もしくは事件が起きる前に公証人役場へ登録した日付があるものを採用することにした。

だから、アメリカのシンガーソングライター、ジョン・デンバーの場合のように、小型自家用飛行機を試運転中に墜落死する前に死の予告を出しているものもあるが、これは採用しにくい。しかし、ジュセリーノ氏は傍証があるという。

「ジョン・デンバーは、私が送った手紙に対して、親切にもこれらの雑誌を送ってきてくれました」

「ジョン・デンバーのページがありますね」

「エルビス・プレスリーのファンの人たちにも、体調の悪化を放置した場合の死を予告した手紙のコピーを送っています」

「どれですか？」

「一九七五年に送った手紙です。だいぶ古びてしまっているが……」

「彼は一九七七年に亡くなっています」オデュバルド氏が付け加えた。

「ビージーズの二人のメンバーが、二〇〇四年に事故に巻き込まれるというのもありますね」

「それも、プレスリーに手紙を送った日に同時に出したものです」

「あなたが使う言葉や表現は興味深いですね。この英語の文語体は古典的ですね」

「そう、私はさまざまな言葉を使います。書くときは口語で、メッセージが来るとおりに自然に書くのが好きなのです。解釈するときは一般的な表現になります。聖書や文学的な用語で神秘化することはしません」

この後、女性のテレビ司会者の事件、州知事への手紙、証券取引所の爆破未遂事件などを整理した。

「私が書いたことを信じないと言ってきた人もいました。でも手紙は送られている。信じるか信じないかはその人の自由です」

時間の過ぎるのを忘れて、私たちは作業を続けていた。

庭で遊んでいる子どもたちが、ときどき書斎のドアを開けて入ってくるが、忍耐強い父親に優しく頭をなでられて外へ出されていた。

「もう一つコピーをとるのがあります。F1レーサーのアイルトン・セナの死亡事故です。……これでだいたい重要なものは出そろったと思います」

「そうですね。五十件くらいになりますね」

「ブラジルの大手テレビ局に送ったのも入れましょう」

ジュセリーノ氏は予知相談でお金を取らない

私たちは、多数の手紙や証明書類を持って、コピーを取るために家を出た。二百メートルほど離れた、駄菓子や文房具を売っている小さな店にコピー機があるという。しかし機械は最新型ではなかった。両面の書類はいちいち引き出さなければならず、何百通ものコピーに時間がかかりそうだといって、顔なじみの女性店主が手伝ってくれた。

時間は予想以上にかかりそうで、十畳ほどの小さな店が打ち合わせの場所になった。ときどき会話は、買い物に来る子どもたちに中断された。私たち三人も別に気にせず、陽気に会話を続けた。

「このような仕事をしていて、月にいくらくらいの費用がかかるのですか」

「その月にもよりますが、イギリスの首相あてなどにテロの件を連絡したときは、電報、電話、手紙、書留、登録料などで五百リアル（二万七千円）ほどでした。でも、普段はそんなにかかりません」

ジュセリーノ氏は、予知相談でお金を取ることをしない。通信実費だけしかもらわないから、私はその経費が気にかかっていた。

私たちは二時間ほども立ったままで話をしていた。

そのとき、元気のいい店主が、小さいお客さんを相手にした後、手を洗おうとした瞬間、力強く触れた蛇口が壊れて水が噴き出した。オデュバルド氏のすばやい反応がなかったら、店が水浸しになり、コピー機が大変なことになるところだった。彼は応急処置をして水を止めた。これは、私たちが休憩して昼食をとる知らせのように思われた。その間、このハプニングを修理するために配管工が呼ばれた。

ジュセリーノ氏の自宅に戻ったら、子どもたちはまだ食事をしていなかった。

「帰って来てよかった!」と、夫人が言った。私たちを辛抱強く待っていたのだ。

目覚めていてもメッセージは来る

食後、居間へ移って気楽な話をすることにした。

ジュセリーノ氏は、身近にいる人たちにも、健康上の注意をたびたびしているようだ。オデュバルド氏もそういった注意に従って救われたと言って、うなずいていた。

「これまでは主に、自然発生的に起きる予知夢を取り上げてきましたが、ご自分で意識的に起こした予知というのはあるのですか」

「悩みの相談で、いろんな人が訪ねて来たり、写真や生年月日を付けた手紙が来ますが、それに対しての回答を出すという、一種の霊的なカウンセリングを私は行っています。このとき、実は助言者たちが手伝ってくれるのです。この仕事は共同作業であり、彼らは使者ともいえる存在です。この助言者の声は、夢の中だけで聞こえるわけではありません。ある特定の瞬間に、目覚めていてもメッセージが来るので、さまざまな判断ができるのです」

「――どういうことでしょう？」

「例えば、私は送られてきた手紙を読んで、いったん内容を頭の中に入れます。答えは、明日出るかもしれないし、明後日かもしれない。数カ月かかる場合もあります。つまり、答えは私によるものではないのです」

「なるほど」

「答えはこのようにして来るので、私はその情報を潜在意識に送っておくだけです。今、私の心の中には、このように返事を待っているテーマが六百件ほどあります。明日はさらに増えるかもしれません。しかし答えが来れば、いずれあのタイプライターで文書になっていきます」

彼は自分のしていることに絶対の自信を持っている。確信に満ちた目で、パートナーであるタイプライターを指差して続ける。

「私は文書を作るだけ。この頭の中にあるものについては、助言者たちの仕事になります」

「まるで数多くの訴訟を受け持っている裁判官のようですね。そしていずれあなたは判決を下さなければならない」

と、私が笑いながら言うと、

「私はその人が有利になる評決を下す」

と、ジュセリーノ氏も笑って答えた。


「あなたの脳裏にある多数のテーマで、最も古いものは何ですか」

「それはマット・グロッソに住む婦人の件で、彼女は悩みのために自殺願望になっています。しかし、私は助言者からいまだに何も答えを得ていないのです」

「それはいつごろの相談ですか」

「えーっと……二〇〇四年の末ですね。これが一番古い」

彼は大変恵まれた記憶力を持っており、夢の内容もそうだが、相手の名前や相談も詳細に覚えている。

送られてきている手紙の内容は、だいたいビジネス、愛情、健康の三つに分類されるようだ。これは生活の基本と対応している。


コピーを受け取るために、私たちは文房具店に戻ってみた。

数時間もかかった大量のコピーだったが、手にすると、満足感がこみ上げてきた。

オデュバルド氏とは、約束があるとのことで、そこで別れた。

私は時間を惜しんで、さっきの話を続けた。

「相談の答えが長い間来ないということはよくあるのですか」

「いや、だいたいは相談の内容を脳裏に送り込むと、すぐに答えは出てきます。答えが来ないのは、その時期でないということです」

「――というと？」

「あの女性が自殺をしたいと言ったのは、彼女の妄想かもしれない。本当はするつもりがないのかもしれません。興奮状態のときに言ったことですから。助言者はよく知っています。もし本当に彼女が自殺するのであれば、使者はすぐに答えを出してくれていたはずです」

「なるほど」

「ほかにこんなこともありました。現在教鞭をとっているこの学校に、私がなぜ就任したかということです。これは奇妙な話で、実は自殺をしようとしていた女子生徒を救うためだったのです。その生徒は、ねずみとり用の毒を飲もうとしていたのです」

「いつごろのことですか。もっと詳しく説明してください」

「二〇〇二年でした。私が語学教師の国家試験に合格し、就職する学校を選ぶときのことです。助言者が、この学校を指定したのです。

私は、この学校には自殺願望の生徒がいるといって、教頭先生から、その子の両親を呼び出してもらいました。子どもと両親の前で、なぜ自殺しようとしているか、毒がどこにあるかを私は説明しました。母親は泣きながらその場から出て行きました。父親は私の予知力を認めない宗教に属していたので、そんなことはありえないと言って憤慨しました。

私は、毒の所在と遺書のある場所を指定しました。彼らは帰ってからそれらを発見し、後で母親が、お礼の花束を持ってきました。今はこの家族は幸福に暮らしています。

私がここに来た目的は、これだったのです。彼らの宗教が何であるかに関係なく、家族がうまくいって、その幸せな姿が見たかった。この娘は大切な命をなくしてはならなかった。この世に生まれてきた目的をやり遂げなくてはならない。彼女は、父親の宗教を拒否していた。両親に対して強い反感を抱いていた。彼女は、人生でほかのことをしたかったのです。人生でほかの多くのことをすべきだったので、この世を去らせるわけにはいかなかったのです。

それで助言者は、私をここに来るように仕向けたのです。私にとってはそれほど思いを寄せる学校ではなかったのですが、この学校を選ばせた。私の望みはほかにあったが、このために来てしまったのです。まあ、神様のおかげで目的を果たすことができたということですね」

常に六百件の相談事が頭の中にある

「――話を戻しますが、頭にある六百件の問題を、あなたは追究しないのですか」

「それらを追いかけることはしません。それらの答えは、来るべき時に来る。私は心に投げ込んだままにしておきますが、相手は電話で要求してくることがあります。日常的なささいなことなら、助言者からは返事がないので、私は取りつくろいますが、心に浮かんだ順に返事を送るしかないことが分かっているので、時期が来ていませんから待ってくださいと説明します」

「新しい手紙は、一日に何通送られてくるのですか」

「その日によって変わりますが、五十通の日もあれば、二百、三百という日もあります。月に最高二千六百八十七通の返事を送ったこともあります」

「それはいつごろですか」

「四、五年前です。当時は、毎月二千通以上だった。人生で一度も会ったことのない人たちに返事をしていく。それ以外に直接訪ねてくる人もいる。だから、送った手紙だけで八万七千通余になりました。手紙を受け取りたくない匿名の人は、ここまで訪ねてきます」

「それらの数を集計したデータはありますか」

「手紙の数はあまり気にしていないので、統計は取っていません。私が気を使うのは、頼ってくる人のことです。必要なことは、命を救ったり、幸福でいい人生を送れる方向性を示すことで、それが私の唯一の目的です。

　御覧なさい、そこにある二百通ほどの手紙にこれから返事を書かなくてはならない」

「うーん！」

「達成しなければならない目標があるので、これらの手紙は私を悩ませています。数ではありません。これらの人たちを助けてあげなければならないということです。今私が知っている六百人の人が私の心の中にいて、それらに明日にも答えが来るかもしれません。その後は、彼らの判断になるのですが……」

「分かりました」

「そのように自発的に出てくることによって、私は毎日返事を出さなくてはいけないのです」

「このような作業に、毎日どれくらいの時間をかけているのですか」

「一日に、三〜四時間は予定しています。それは深夜でも、朝起きた後でも、時には寝ない日もあります」

「週に一度は夢を見ない日があると前に言われましたが、そんな日でも仕事を続けることになりますね」

「そうです。私が決めるのではなく、どんな日でもそれがあり、そのときは私の頭の中にないものが出た件を整理する日です。空いた時間にも、人が訪ねてくるし……」

「それで時間は足りますか」

「とにかく、向こうから自発的に出てくる予知は、そのとき手紙を書いて発送しなければなりません。つまり、そのときが、受け取った人が決断するための時間が充分にある時期になると私は思っているからです」

「頭の中に保存していない災害や事故の自然発生的な予知に、時間的な標準はありますか。例えば9・11テロのときは、十一年も前に予知していたわけですが、それらの警告が現れる、時期的な規則性はありますか」

「決まったパターンはありません。あの事件も何度も見ており、半年前にも出ていました」

「何度も見たのですか」

「毎回情報が増えていきました。だから私は何度も送ることになったし、新たな送り先になることもあった。彼らは『また、こいつだ……』なんて思ったことでしょう。しかし、なぜしつこいのかという理由まで考えたかどうか……」と、ジュセリーノ氏は笑う。

「それに比べ、昨夜に出たというイラクの爆破事件などは、あまりにも時間が少ないですね」

「そう、これは今朝のです。時間がない！　時差があるはずですが、どれくらいになるか。自動車爆弾で十五人ほどが死亡する夢を見ました。私が想像したのではなく、心の中に現れてきたのです」

「この件は早いですね。間隔が短すぎます」

「とても早い。こういうときはEメールが役立つ。しかし間に合わないときもあります。すべてを知らせることができるというわけではない。知らせたいが、私はその容量を持っていない。知らせる方法がないこともあります。ときどきその日の夕方に起きる情報を受け取ることさえあります」

「知らせられないとは、どんな場合ですか」

「大雨、洪水、新しいウイルスによる伝染病などは、すぐに知らせようがない。今はだいたい午後にパソコンを立ち上げるのですが、いつもできるわけではないから、そんなときには良心の呵責を感じます」

「あなたは、すべての予知夢をチェックするのですか」

「すべてではありません。つまり実際に予知が現実に起きたかどうかということですが、それは私の目的ではありません。何を受け取ったかなのです」

「それをやっている時間はなさそうですね」

「起きたかどうかは、私には重要なことではなく、大事なのは彼らが情報を受け取ったかどうかです」

「しかし、実際に起きてこそ予知が実証されるわけですから……」

「そのとおり。しかし私は心配しない。受け取った情報に、ほとんど間違いがないからです。これまで私は間違いを見ていません」

「そうですか」

　私はこの時、それ以上追及しなかったが、調べないで間違いがなかったと言い切ることはできない。起きなかった場合は、偽情報となり、詐欺行為ということになる。彼のこの姿勢は、自己評価において、何らかの間違いをもたらすかもしれない。少なくとも科学的ではない。私は調査の必要を感じているので、過去のデータに関し細かく再評価したい。

　また、私が興味を感じるのは、彼の発言には人格あるいは性格がどのように表れているかということだ。

「私は自分の気持ちが落ち着いているかどうかを感ずるようにしている。いつものように相手に情報を送った後、先方が受け取ったときは気持ちが落ち着く。それが受け取ったかどうかのチェックになる。私は必要な情報を書く受信機みたいなものです」と語るジュセリーノ氏の笑顔からは、喜んでこの仕事をしているという気持ちが伝わってくる。

恩師となる大聖者とのめぐり合い

　以前、ジュセリーノ氏が自分で出版しようとして書き始めた資料を見せてくれたことがあった。学校のテスト用紙のような簡易な印刷物だったが、これが私たちを結びつけたきっかけだった。その小冊子には、彼が経験したことや夢で見たことを人々に伝えることの難しさがつづってあった。まるでノストラダムスの予言詩や書簡集（『ノストラダムス大予言原典』たま出版・参照）のような感じだった。各自の進化によって、この予知という現象を冒瀆したり認めたりするものだと記していた。

話が弾んで喉が渇き、私たちはキッチンに行ってジュースを飲んだ。

私はすべてを知りたかったので、話が尽きることはない。

「わが国の著名なスピリチュアリストであるフランシスコ・シャビエル師のことですが、何回か会われたことがありますね」

「一度だけです。その後二回電話で話しています」

「そうでしたか。どんな感じでしたか」

「私は、自分の能力に関して聞きたかった。ちょうど私が十五歳のころで、自分の人生について考え出していた。物事が起きる前に見えることに当惑していたのです。

母親は精神科で薬をもらい私に飲ませていましたが、私は嫌で、人目を盗んでは薬を捨てていました。その代わり、自分の好きな薬草のお茶などを飲みました。私は精神科の問題ではないと思っていたのです。脳波の検査などでも何も出なかったし、ただ夢を見るだけで、障害などなかった。新しい科学で原因が分からないものかといつも考えていたのです。

一九七九年にチャンスが訪れました。会社が二十日間の有給休暇をくれたのです。そのときシャビエル師のことを思い出して、祈りの家があったウベラバ市まで出かけました。


（監修者注――フランシスコ・カンジド・シャビエル（一九一〇―二〇〇二）は、ブラジルの名高い霊能力者で、ノーベル平和賞に二回も推薦されている。彼の透視が裁判で認められ無罪判決が下されたこともある。直感的な記述で五百点以上本を書いて、すべての著作権を手放した。五千三百万冊以上の売り上げはすべて慈善団体に寄付し、そこの賄いで生活をしていた）

家に着くと、玄関の前は長蛇の列で、このままでは、とても彼に会うことはできないと思いました。あきらめて帰ろうとすると、誰かが私の肩をたたいて『シャビエルさんがあなたと話したいそうです』と言うのです。

彼は遠く離れた場所におり、助手の人が順番に受け付けているので、彼が直接会うということは珍しく、私は不思議なことだと思いました。

案内されて、彼が座っている小部屋に通されました。その人は大変教養のある純粋な人物に思えました。彼は私が求めていることを答えてくれるのだろうか。

『おまえの名前はジュセリーノだね』と、とても落ち着いた声で聞かれました。私は『そうです』と答えました。

『私はおまえの人生を知っている。おまえは啓蒙的な人間だ。一九八九年の終わりに、ミナス・ジェライスに住むことになり、そこから私あてに手紙を書くだろう。その手紙には、私が死ぬ日が書かれてある。これでおまえは分かるだろう。おまえと私には共通したものがあるのだ』

このように、とても簡明に話をしてくれました。

私は『どのようにして、あなたはそれを知っておられるのですか』と聞きました。

彼は言うのです。『おまえも予知夢を見るだろう』と。

『はい、見ます！　しかし、私はそのことをあなたに何も言ってないはずですが？』と、私は驚いて聞きました。

『何も言う必要はない……おまえが夢を見ることはもう知っている……そして未来を予言するのだ……そのとき私の夢を見て、手紙をくれる……私が死ぬ日をおまえは予知するが、その日はブラジルが優勝する日でもある』

シャビエル師は、すべてをきちんと説明しました。私はすごいと思いました。

しかし私は『ブラジルが何に勝利するのですか』と聞きました。

『おまえが一九八九年に私に手紙に書く〝その日〟に、ブラジルがサッカー・ワールド・カップの決勝戦に進み、二対〇で勝利するのだ』と、つまり私が彼の死を予言することを十年前に予言したのです。しかも彼が死ぬ日は、ブラジルが優勝する日であると……それは私が訪ねたこの日より二十年以上先のことだったのです……」

ジュセリーノ氏は感動して、話すのをやめた。冷静になるまで、しばらく時間がかかった。

この予言は成就されたといっていい。

十年後の一九八九年にジュセリーノ氏は、予言どおりにシャビエル氏の死期を夢に見た。死後十年間、恩師の墓前に追悼の辞を捧げる旨を書いた手紙は、当時ウベラバ市の現地新聞に掲載された。

その手紙に書かれてあるとおりに、霊能力者は二〇〇二年六月三十日にこの世を去った。二〇〇二年六月三十日午後八時に、日本の横浜国際総合競技場に七万人近い観衆を集め、ドイツ・ブラジル戦が行われ、二対〇でブラジルがワールド・カップに優勝した。

「私は彼の死期を予知した手紙を書いたとき、恩師と約束したのです。彼は言いました。『私の死後、十年間同じ手紙を書いて、私のお墓へ送っておくれ』と。現地の人たちは、私の手紙を持って彼のお墓に行ってくれました。私は今も約束を守っています。彼の三周忌はもうすぐです。今でも覚えている。その日はブラジルが二対〇で勝った日です。私は約束を固く守って、お墓の上に置いてもらう追悼の辞を送り続けています」

ジュセリーノ氏はとても落ち着いた声で話し続ける。

「あの時、助言者のメッセージに私は非常に感動させられました。その言葉を受け取った時、とうとうこれを送らなければならないのかと思って、私は号泣してしまったのです。

手紙を受け取った彼から電話がきました。このときは旅費もなかったので、電話で話すだけでしたが、死の予告は残念で仕方がありませんでした。

しかし、この出来事は起きなければならなかったことを私たちは知っていました。起きるべくして起きた数々の出来事の一つだったのです。

彼は他の時代に生まれ変わるために、どうしても他界しなくてはならなかったのです。彼との約束を守るために、手伝ってくれている人たちにとても感謝しているし、このことを私は非常に誇りに思っています」

インタビューを終え、ホテルの自室で、持ってきたコピーや資料を出して整理を始めた。それは私が長年探し求めていたものであり、予知現象の物的証拠といえるものだった。それらは操作されたり、作り上げられたものではない。心の通った温かさと、強いエネルギーを感じさせる、正真正銘の証拠類であると私は感じた。

一研究家として、またジャーナリストとして、精神世界の物事に科学的な答えを見つけようとしていた私は、これが新しい出発点になることを確信した。

その後、それぞれの事件を調べていくうち、物事が次々と現実になっていくのを目の当たりにし、驚きはさらに増していった。

第三章　各国政府関係者の対応

予言を拒否する人たち

二〇〇五年六月中旬のある日、午後二時半に、執筆中のこの本のことで、Ｒｅｄｅテレビ局から取材を受けることになっていた。

近くにいたプロデューサーが、「テレビでは単刀直入な分かりやすい表現が要求されますよ」と、心配そうに話しかけてきた。さらに、彼はこの番組の女性司会者モニカ・エバンス氏が、このようなテーマにどのようなリアクションをするかを説明してくれた。

「彼女は、自分が持っている宗教的な信条に反することは認めない方針のようです」と言うのである。私は「予知夢の話ですから、宗教的なことは述べるつもりはないですよ」と答えた。

予言の話を避けようとする信条とはどういうことなのだろう。私は次のように考える。

夢の内容を言葉で表しても、言葉を解釈する人の好みや価値観によって違ってくるわけで、宗教的信仰もその一つであろう。夢は自由であり、睡眠時に起きるさまざまな思考、心の産物として現れ、その内容にはいろいろなシンボルが含まれているのだ。

すべてのことがとても早く起きていくように感じた。

ジュセリーノ氏と知り合ってからちょうど三カ月が過ぎていた。

彼と一緒にインタビューを受けるために、司会者が待つスタジオに入った。

彼は予知夢のことを話すだろう。私は出版される本のことを話すつもりだ。

ジュセリーノ氏は、以前この番組で予言の手紙を見せるために出演したことがあったと言っていたが、今回は私も一緒なので、より詳しい話ができるだろう。

彼は一九六九年の九歳だったころから予知夢を見るようになり、一九九七年から世間へ公表する決心をしたことなどを話し出した。そして、これまでどのような事件を夢の中で見て、それらがどのように現実に起きてきたかという話は、非常に衝撃的な内容だった。その詳細はこの本で取り上げている。

私は、彼の話の確証となる、調査していた彼の書類や手紙類を提示した。

放送内容が盛り上がっていくにつれ、私の不安は消えていった。最初は番組の一部だけの予定だったが、放送時間いっぱいの三倍にも延びてしまった。予言というテーマが衝撃的だったようで、好奇心をかき立てて、人間の精神的能力の可能性にまで話が及んだ。

寝ているうちに外国語を覚えてしまう

しかし、テレビ出演の数週間前までは、ジュセリーノ氏の予言と資料類については、その内容があまりにも途方もないことだったので、私としてはまだ半信半疑で、少しも落ち着かなかった。

このような予知現象について、私は多少なりとも研究していたし、精神的にも心理的にも可能性を否定するつもりはなかった。だが、超心理学における科学的研究や、信仰に関する宗教的な考察が進んでいるとはいえ、一般常識からすれば、時空を越えて未来を確定するということは、大きな矛盾に見えることも確かである。

つまり、科学的分析によって、未来の状況をある程度見通すことはできるが、それは完全ではないし、大脳生理学などの分野で未来予知の働きが解明されているわけでもなく、未来を確定できると断定することは、現段階ではできないことであり、私としてはさらなる新しい証拠を確認する必要を強く感じていた。

六月十一日の土曜日に、私はジュセリーノ氏の自宅に向かった。

玄関に近づくと、次男で四歳のマテウス君が大声で私の到着を伝えていて、犬たちも吠えている。クラウジア夫人が窓に顔を見せて「マリオが着いたわ！」と言っている。

ジュセリーノ氏がドアを開けて声をかけてきた。

「待っていましたよ！　ちょうど私の番組が始まるところで……」

引き出しの上に置いてある二〇型テレビを見るために、子どもたちのベッドも置いてあるご夫婦の寝室で見ることになった。

周りでは、テレビがまともに聞こえないほど子どもたちが近くにいて元気にはしゃいでいる。いつもどおりの風景なのだろう。

五歳の長女タリアはベッドに横たわった。マテウスは私のかばんを開けようとしている。二歳のルーカスが私のひざに短い間座っていたかと思ったら、すぐに父親の所に座った。クラウジアが子どもたちを落ち着かせようとしていたが、できなかった。

子どもたちは自分の父親がテレビに出ることのほうに興味を持っていた。

ときどき、画面に向かって何かを話しかけている。

「パパなの？」と指を差して、ルーカスがほとんど聞き取れない声で質問していた。マテウスがそれに対し「パパだよ」と答えている。

番組はどうみてもジュセリーノ氏の本意が反映されているとはいい難かった。氏はていねいに説明していたし、確かに予言が記された手紙を受け取ったという人たちの証言ビデオなどがあるにもかかわらず、司会者はこのような現象を「信じるか信じないか」についてテレビ局に電話をくれるようアンケートを求めている。

私が知る限り、このようなアプローチは人々の疑いや迷いを増大させるだけである。なぜなら、超能力や超常現象のテーマは、まだ充分な説明や科学的証明がないので扱うのが難しいからだ。

この司会者は、こうした特殊な情報とその証明書類の前に知識が少なすぎる。そして一方、ジュセリーノ氏のような明快な予知現象は、これまで前例がないといってもよいほど珍しいケースである。

この日に、他の大手放送局が自宅に来て、衝撃的内容の書類を見て驚いていたとジュセリーノ氏は言っていたが、実際は、数多くの証拠書類のスクープにリポーターは麻痺状態だったといえる。

彼が目をつけたのが汚職の告発だった。「これだ！」と叫んだ。放送したかったのはこのようなものだったのだろう。テレビは即時の結果を求める。話題や扇動が欲しいのだ。違ったものを見せて視聴率を上げようとする。ちょっとこっけいにさえ思える。

視聴者もそのような刺激的なものを求めるのだろうが、絶対に公表してはいけない情報もあるのだ。それを暴露することが、警告としての予知夢を見る男が歩んできた道ではない。彼が望んでいるのはもっと啓発的なものであり、世界の一市民として、人々が関心のある仕事をしたことで得られる敬意に値する仕事にほかならない。

私はこの番組の取材が、解明しようという姿勢からはそれてしまっていることに憤りを感じざるを得なかったが、ジュセリーノ氏は意外に冷静で謙虚だった。そしてつぶやいた。「このようなことを彼らはするのだよ……」


番組は終わった。

夫人は子どもたちに食事を食べさせようと出ていった。私たちは仕事を始めるために彼の書斎に移動した。

座って間もなく、執筆のための確認作業として、この二日間どのような段取りで資料の整理などをしていくか話し合っていたところに、来客があり、打ち合わせは中断された。

エルザ婦人はブラジルに来て五十五年になるドイツ人で、大学教授であり、自然セラピストでもあるという。ジュセリーノ氏も初対面だったから、そのように紹介を受けていた。

もう一人は、彼の馴染みのメシアス氏で、モンテ・シオン市生まれの五十歳、今でもそこで暮らしているという。ラジオ・アナウンサーの仕事もしていたことがあるが、今では服飾業の会社を経営している。ジュセリーノ氏とはミナス・ジェライス州のインコンフィデンス専門学校で知り合って五年以上になる。

知り合ったときのいきさつについて語ってくれた。

「寝ながら外国語を覚えてしまう人がいると聞いて、彼が教えている学校に連絡をとったんだよ。好意的な電話だったので、ある本をドイツ語に翻訳することに興味があるのか尋ねた。その数日後、彼が予知夢を見て、それが現実になるということを知ったわけだ。そして彼が送ってきてくれた未来の出来事が書かれた一部の書類を見せてもらったけれど、月日が経ってみると、そこに書かれていた出来事が、驚くほど正確に起きていたことに気付いたんだ。その一つはブラジル沿岸のサンタ・カタリナ州を襲ったハリケーンだった。この地方ではハリケーンは発生したことがなかったのにね。

彼がこのような予知夢を見ることを知って、私は自分の人生の未来について知りたくなったわけだ。いろんなアドバイスをしてもらったけれど、健康に気を付けるように言われた。事実、その少し後に問題が起きて、すぐ治療したよ。今はとても元気さ。それからときどきコンタクトをとっているんだ」

個人的な予知夢に関する記録データを、ジュセリーノ氏は公開していないし、語ろうともしない。彼が話すのは、大勢の人たちを巻き込む社会的な出来事である。

打ち合わせを終え、夕方にホテルへチェックインしてから、明日すべきことを書き出してみた。そして気分が落ち着いてきたら、夫妻と繁華街があるポウゾ・アレグレのどこかへディナーに行ったら楽しいのではないかと気付いた。電話してそのことを聞いてみると、子どもたちの面倒を見る人がいないので夫人は来られないが、ジュセリーノ氏は応じてくれた。

その日は土曜日だったから、国民的習慣のピザを食べに行くことにした。彼はアルコール無しのビールだ。私はそれほど健康に気を付けるほうではない。ノドを通る一杯は、この日の激しい知的活動の疲れをスッキリさせてくれた。

語らいは楽しかった。落ち着いた環境で気のおけない友達と過ごすと、お互いがより打ち解けることができる。彼は三人の子ども（現在は四人）の母親となっている妻のクラウジアとの出会いを話した。知り合ってから半年後に結婚したという。運命には定めがあるのかもしれない。彼もこれに同意した。「カップルが成立するのは定められている。運命は決められているのだ」。この夫婦は三人（現四人）の元気な子どもを授かっている。この喜ばしくそして幸運なつながりの場合はそうだ。この夫婦は深い絆で結ばれている。お互いのために存在するのだ。

気軽な話でいろんなことを話すが、別に結論があるわけではない。こんなときはそれでいいし、だからこそどんなことも話すことができる。ピザと一緒に重い内容の話を飲み込むのは胃に良くない。

私は彼の資料の整理が大変だと感じていたので、司書か書類専門家に記録を保管してもらって、手紙類を整理するのを手伝ってくれる誰かを見つけたほうがいいのではないかと提案してみた。そしてまた、リラックスするために時には外出するのもいいことだというようなことも話したりした。

これらの提案は、彼の生活を見れば誰もが感じることなのだ。彼が一切外出しないと聞いたとき、私は驚かなかった。彼はまじめすぎるのだ。だから無駄話ができる友達や知り合いがいない。このままでは友達ができるわけがないと思った。

しかし、彼には理由があった。

「彼らは他の目的で私に近づいてくるのだ。そんな場合は失望に終わるだけだ」

私たちは相手の批判で話が中断することはなかった。政治の動向や超能力の調査、メディアに登場する人物の今後、一般の人から有名な人までが相談に訪ねてくる話もした。

車で自宅に送っていく途中も話は尽きなかった。

未来世界の記録

日曜日にジュセリーノ氏の自宅で、いつもどおりに仕事の打ち合わせをした。

まず中国に関する文通の内容をチェックすることにした（第二部・事件11）。

予知したことを実証するために文通のやり取りがされていた。これは昨日のミーティングでも会話の中に出てきたことだが、今日は実物を見ることができた。彼はこのような文書の保管を当たり前のようにやってきていたので、惜しむことなくすべてをさらけ出してくれる。文書化された証明となるものを元に作業を進めなくてはいけないわけで、こうしたお互いの誠実で率直な態度が実を結んでいく。

数千件もの出来事がぎっしり詰まった八つのアルファベット順に整理されているファイルのほか、さまざまな文書を調べた。おそらく三千件以上になるだろう。その中から、はっきりとした証拠があるものを選んでみた。その分だけでも充分な数になったが、さらに数多くの詳細について示され、私はこの警告的予知現象の前に、ただただ仰天するのみだった！

「予知」とは「事前に知ること」であるが、超心理学でいう「予言」の同意語としては「警告」という意味もあり、そのほか「知らせ」という言い方になれば、「注意」「防止」と取れる場合も含まれてくる。

出版することができない資料

政府や行政当局からの相談事に対する内密の報告や、メディアに登場する有名人だけでなく、一般の人々からの個人的な手紙もあった。人類の不健全を表す典型的な犯罪の数々だ。

ジュセリーノ氏は、文通が情報機関にチェックされたことがあると話す。彼らの名前も言ったので、調べていいか聞いてみた。彼はだめだという。なぜなら、彼らに「口外しない」と約束したからだ。そのとき情報機関員たちが見た予知文書は充分に信頼に足るものだったのだろうか。「そうだ」と彼は述べる。いずれにしても、私としては調べて確証されないものは、対象外にせざるをえない。彼が言及する人たちと話をして、証言を取れないものは、証明できないからだ。

取り上げる出来事の関係者の安全が損なわれる場合や刑事的事件は、この本では公表できない。したがって、ジュセリーノ氏の予知を証明する証拠が提示できる事件に限って紹介することにしたい。

予言を裏付ける核心

私には気にかかることがあった。それはスマトラ沖地震の予知に関して、最近インドネシアの政府関係者とジュセリーノ氏が接触したことだ。

はっきりさせるために、私は質問を続けた。

「ジュセリーノさん、ブラジリア（ブラジルの首都）にあるインドネシア大使館をあなたが訪問したとおっしゃっていましたが、それはいつでしたか？」

「（二〇〇五年の）六月六日でしたよ」

「そのとき何日間いましたか」

「二日間です」

そうすると、なんとつい先日のことになる……。

「なぜ行かれたのですか」

「インドネシア大使から招待を受けたからです」

「大使の名前を覚えていますか」

ジュセリーノ氏は、財布の中から名刺を出して見せてくれたので、私たちは大きな声で読み上げた。私は大使館の住所と電話番号を書きとめた。――ピーター・タリュー・バル大使だ。

「何を話されたのですか」

「あの地震のことで私が送った手紙についてでした。事件がそのとおりに起きましたから、あそこで私は大変親切なもてなしを受けましたよ。さらに彼らは、将来起きるかもしれないほかの出来事の情報も求めてきました。もっと悲惨な地震が二〇〇九年（巻末の予言年表参照）に起こるかもしれないからね」

「興味深いことがありましたか」

「とても親切にされました。彼は非常にまじめでいい人です。そのときはまだ大使ではなかったが、私に対して気遣ってくれ、信頼してくれました。そこには他によく分からないが、軍人のような人が八人ほどいて、みんなで一緒に写真を撮りました。

　次の日に彼らは私を中華レストランに連れていってくれました。このときの出会いはとても良かったです」

「向こうではほかに何か起きましたか」

「空港に到着したとき、GLOBOテレビ（ブラジルの大手放送局）が、私の名前が書かれた出迎えボードを大使館員が持っているのを見て、それを撮影していました。この局は、私が空港から大使館に到着し、入り口に入るところまでのすべてをビデオに撮っていました。途中で報道記者が二度ほど私にインタビューしましたが、大使はインタビューに応じませんでした。これは彼の権利でしょう。テレビ局員が私に大使を説得するように頼みに来ましたが、大使は誰ともインタビューをしないと言いました。彼は個人の立場で招いているので、大使館員の立場では何も言えないということでした。だから私としても何もできることはありませんでした」

「私が本に書くには問題ないでしょうか」

「ぜんぜん問題ないでしょう。これは真実のことなんだから。真実のことを述べるのだから問題になりませんよ。あなたがブラジリアのGLOBOテレビに連絡するのなら、私をインタビューした報道記者の名前を渡しておきましょう。彼は同じことを言うでしょう」

「名前をいただけますか」

「ブラジリアの放送局の電話番号も渡します。彼はこのときの取材が実際に放送されなかったのは、大使がインタビューに応じなかったからだとあなたに言うでしょう」

私はジュセリーノ氏の言葉を信じ、この報道記者を訪ねなかった。


「ここから内容を変えましょう。それではこの仕事を仕上げるために、これから最後の質問をしたい。アンパーロ市で講演したときに、すでにこの答えを聞いていますが、録音するために改めて答えてほしい。

イラクの元大統領サダム・フセイン逮捕の報奨金を受け取るために、あなたがアメリカ政府に対して訴訟を起こされた動機をお聞きしたいのですが……」

「まず最初に偽りがあったからです。私はその偽りを問題にしているのです。彼らは私を騙そうとしたのです。ある時まで約束を繰り返しながら私を騙していきました。つまり、フセインを逮捕してしまうと、そのときからそれまでの約束をほごにしてしまったのです。このような偽りを防止する手段としては、裁判を起こす権利を行使するほかはありませんでした」

「その偽りをもう少し具体的に説明してください」

「私の予知能力を認めるから、もっと詳しい情報が欲しいと言っていたその人たちは、同時に自分たちに会ったことは誰にも言わないようにといって近づいてきました。さらに、この件に関して私が持っていた予知の情報を誰にも言わないようにというのです。そして、六十日後に文書で約束したことを証明するからと言いました。しかし情報を持っていったまま、この期間が過ぎても彼らは何もしませんでした」

「ということは、あなたに報奨金を払うといって、アメリカ政府はここのお宅を訪ねてきたのですか」

「そうです、私を訪ねてきました。しかし今はあの偽りが残ったままなのです。

大国の情報機関から、そのようなことを言われれば、どんな市民でも同じことをすると思います。ですから私は今まで彼らを信じて、ずっと待っていたのです」

「その間、彼らからかかってきた電話はブラジルからですか、それともアメリカからですか」

「両方からかかってきました。ここブラジルからも、アメリカ本国からも、どちらも同じような内容の条件を出してきていました」

「そうすると、一般に言われていたようにサダム・フセインに関する情報提供者に対しての報奨金だった二五〇〇万ドルを、あなたがもらえると言ったんですか」

「私が最も関心があったのは、お金のことではなく、フセインの所在を最も明確に情報提供したのは私だったということを彼らが認めなければならないということなのです。ワールド・トレード・センターの崩壊をはじめ、その後にフセインが身を隠すことの詳細を、事前に知らせるために、私は手紙を出していました。それに対し、口外しないようにと言ってきたのですから……。

このことで、私がメディアに出演したりして有名になると言う人がいますが、そんな問題ではありません。私が事前に出した手紙が存在しているということです。そして、その手紙はアメリカ当局に届いているにもかかわらず、彼らはそれを隠蔽しようとしたのです。

それで、事が起きて現実になってから、話し合いの約束を実行しなくなった。これは、彼らが空約束《カラ》を私としていたことになります。私はアメリカ政府を信じていました。それに、アメリカ大使館は話し合いの中で約束をし、アメリカ人は嘘をつかないと言い切っていたので、彼らを信じることに私は決めていたのです。しかし裏切られました……」

「彼らはいつごろからあなたを訪ねてきていたのですか」

「あの事件（フセインがチクリート近くの町で穴ぐらに隠れているのを発見され、逮捕されたのは二〇〇三年十二月十三日で、翌十四日に公表された）が起きる以前の、二〇〇三年初めと中ごろに私を訪ねてきました。そして事件が起き、フセインが逮捕された後に、また数回来ました」

「六十日間以内に約束を遂行すると言ってきたのはいつですか」

「二〇〇三年の終わりごろです。フセインが逮捕された直後です。彼らがフセインを逮捕したときに、私は待ちました。そして彼らと話し合ったのです。どのようにしましょうかと。それで彼らは、三月までに解決するから信用していてくれと言いました。

アメリカは、私が出したすべての手がかりのもとでフセインを逮捕したことに間違いはありません！

二〇〇四年の三月終わりまで私は待ちました。そのくらいが適切な猶予期間だと思います。しかし、連絡が来て、もっと待つように言われました。そこで私は言いました。もうだめです、それではだめです……と」

「いつごろ訴訟を起こしたのですか」

「翌月の（二〇〇四年）四月に訴状を提出しました」

「一つ思うのは、勝訴した場合に得るお金であなたは何をするつもりですか」

「お金は……助けてあげたい人たちが大勢いますので、社会支援活動に使われると思います。社会のためであって、個人的な利益のために使うべきお金ではありません」

「どういう社会活動をしたいのですか」

「人々に有益になるような施設をつくりたいと思います」


ワールド・トレード・センターへの同時テロ事件やサダム・フセインの情報は、事件が起きるはるか前に、確かにジュセリーノ氏がアメリカの政府機関へ送っている（第二部・事件10）。アメリカ政府が情報提供者へ報奨金を払うという約束を発表したのは二〇〇三年の七月三日である。氏が訴訟を起こしたのはそれよりずっと後であり、約束を果たすことを延期されたことが、訴訟を起こさせた主要な動機なのだ。

私が思うに、アメリカがこの情報によってフセインの逮捕に至ったのが真実であれば、彼らはデリケートな状況に置かれていることになる。

つまり、判決がおりて、報奨金を払ったということになると、「ブラジルのミナス・ジエライス州の奥地に住む、国家の問題でさえ解決する並々ならぬ心霊的能力の持ち主に、アメリカは助けられた」ということを世界に示すことになる。

払わないでいれば、都合よく利用して、政治的利益のために行動したといわれるだろう。これは政治的姿勢の問題だ。

（監修者注――このフセイン発見にまつわる訴訟問題は、その後いったんブラジル国内で裁判が行われることになったと聞いていた。そして二〇〇七年初頭に、この裁判でジュセリーノ氏が勝訴したという報告を受けた。後はアメリカ側とブラジルの国家間の問題となっている。

では日本に対してはどうなのかというと、一九九〇年代から警告的な予知文書が何度か行政当局に送られているが、受け取ったところでどう処理されているかは不明である。二〇〇七年一月に送られた文書では、鳥インフルエンザとノロウイルスの脅威を警告しており、緊急に対応するよう懇願している。そのほか東海から南海に至る一連の巨大地震の予知もあるようで、次作『ジュセリーノ予言集Ⅱ』に間に合わせ、収録したいと考えている。

予知書簡は、本書第三部で明らかなように、すべて「助言者」の指示により、まずジュセリーノ氏から政治家や行政当局に送られた後、しかるべきマスコミ媒体に送られる。それを報道するかどうかは、その媒体に委ねられる。したがって、未発表の予知データというものがあり、まだ〇・五パーセントも公表されていないといわれる)

今日はもう仕事を終了する時間が来た。サンパウロへ戻らなくてはいけない。帰りに「子どもたちと妻を、姑の家まで送ってくれないか」とジュセリーノ氏に頼まれた。私の旅程を六十キロずらすだけだから、まったく問題はない。夕方になるが、いろんな街を通ることになる。みんながそれを望んでいるようだ。

「妻はずっと家にいて、子どもたちの面倒を見る以外は、社交的な生活が持てないから疲れているんだ」という。

車のトランクに小さな鞄と三つの袋、それにジャケット二枚が入れられたところで、出発する。夫人の両親の家まで五十分の道のりを運転しながら話をした。子どもたちは後ろの座席で右へ左へと動き回っていた。

目的地のインコンフィデンス市へ着く前に、小さなボンデ・ダ・マータという町を通った。夫人は寝巻きの用品店やその工場の町だという。ほとんどの道路に寝巻きや下着の店が並んでいる。彼女は「私はこの町が大好きです。穏やかで、住むにはとてもいい所ですよ」という。

子どもたちはここで生まれた。「私の婦人科の女医さんもここの方なんですよ」

クラウジアは二十五歳の女性だ。実際はもっと若く見える。

彼女は田舎に住むのが好きだと話し続ける。道路から見える小さな家の前を通ると、そこは両親が住む実家へ続く道路の入り口だった。クラウジアは指差して「あそこにセリーノ（彼女は夫をこう呼ぶ）と結婚後に住んでいたのよ」と言った。彼女はその場所が好きだったが、夫はそうでもなかったようだ。とはいえ、彼は妻に対してとても優しく、気を使う面倒見のいいところがある。彼女も同じく夫を愛している。

道路は土の道になり、二キロほど走ると実家の敷地に入った。

「この方はセリーノの知り合いです」と、父親に私を紹介した。

クラウジアはとても早口で、ちょっと地元のなまりもあって、夫の名前を言っているのが聞き取れないほどだ。セリーノと言っているのかミネイロなのか分からない。

家族はみな実直そうな感じだ。父親が家に招いてくれた。

「こんにちは、どうぞお入りください」

「ありがとうございます。でも、もう六時になりますし、私はサンパウロに帰らなければならないので、また今度……」

「いいですよ、いつでも来てくださいね」と、まだ火を点けていない、わらタバコを口にくわえ、微笑みながら答えてくれた。

帰りはモンテ・シオンやリンドーヤなどの街をたどり、自宅に着いた。

最初、事件の実例をどのように本の中に掲載するかについて、いくつかの案があった。

まず証拠がはっきりしたものだけにする。

私が確認したものの順にする。

あるいは年代順にする、などだ。

しだいに原稿の締め切りが迫り、七月に入ったある日の朝、私は年代順にするのが一番いいと判断した。それによって、ジュセリーノ氏の予知がどのように発展していったかを理解できるし、彼の興味深い心情に触れることができると考えたからだ。

第二部で取り上げる事件簿には、以下のようなものが年代順にまとめられている。
①あて先人から返事があった予知
②出来事が起きる前に登録してあった予知
③返事がなくとも、送った証拠がある予知
④これから将来に起きる予知
最初の二つのグループには、たくさんの登録された出来事が存在する。三番目にも数件の興味深い事件がある。

ここでもし、証明されたものだけに限った場合、私は不公平な評価になるのではないかという気持ちがわいた。完璧な能力だけを見せようという偏向的な結果になるので、予知の全容量を示し、調べたすべてを対象にしてこそ公平になると考えた。

ジュセリーノ氏の自然なあり方や行動を余すところなく見て、予知能力者の実情に迫り、さらに証拠文書を確認していただきたい。

また四番目のグループは現在進行中であり、これからさらに詳細が示されていくだろう。

第二部　予知事件の証拠資料（一九七〇年〜二〇四三年）

事件1　有名な幼児誘拐事件（一九七〇年予知→一九七三年発生）

ジュセリーノ氏が満十歳の誕生日を迎えた日に、三年後に起きる幼児誘拐事件を、子どもの母親であるマリア・ダ・コンセイソン夫人にあてて書いた、一九七〇年三月七日付の手紙（事件1文書）。

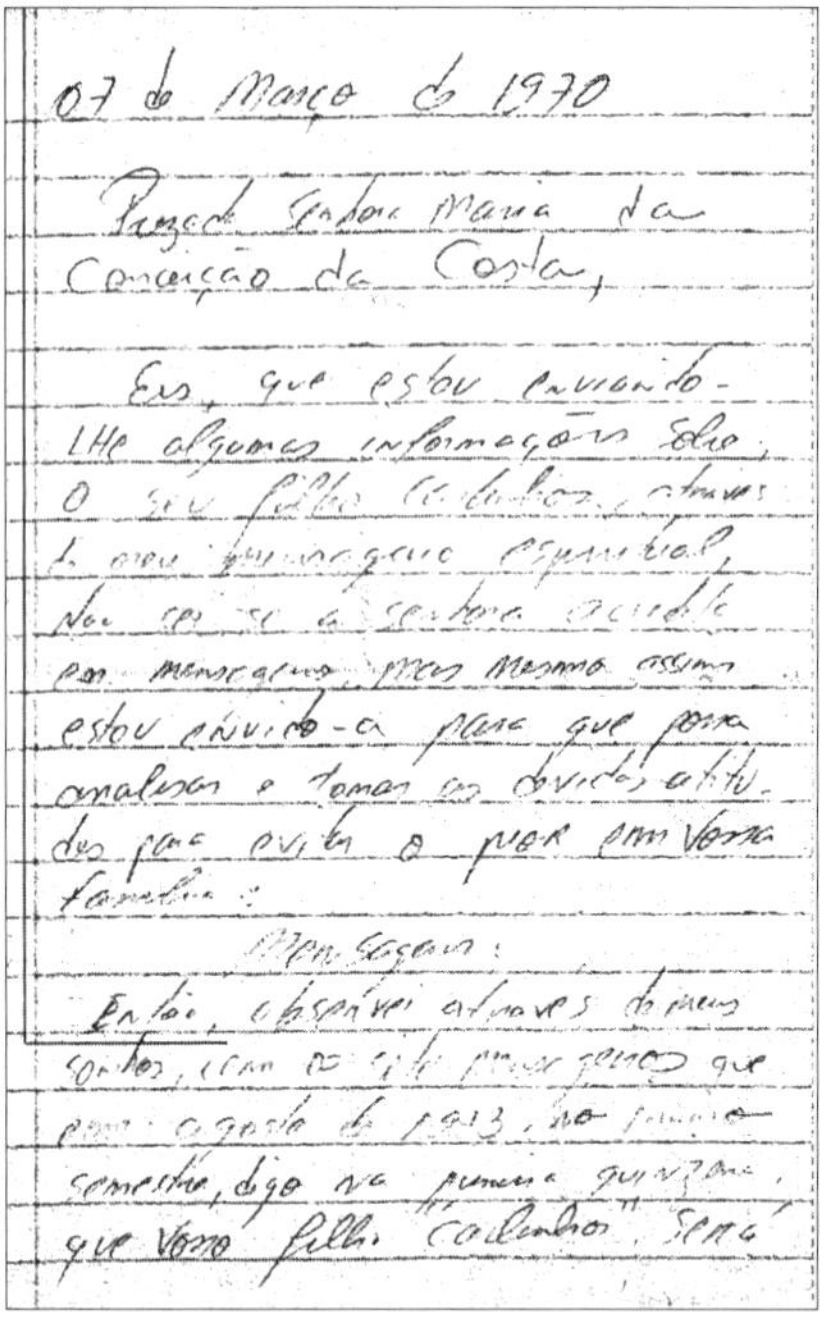
07 de Março de 1970

Prezada Senhora Maria da
Conceição da Costa,

Eis, que estou enviando-
lhe algumas informações sobre
o seu filho Carlinhos, através
de meu [illegible] espiritual,
Não sei se a senhora acredita
em mensagens, mas mesmo assim
estou enviando-a para que possa
analisar e tomar as devidas atitu-
des para evitar o pior em vossa
familia:

Mensagem:

Então, observei através de meus
sonhos, [illegible] que
em agosto de 1973, no primeiro
semestre, digo na primeira quinzena,
que vosso filho "Carlinhos" será

事件1文書
ジュセリーノ氏が10歳になったときの予知文書

「一九七三年の八月に、あなたの息子であるカルリーニョス君が誘拐される夢を私は見ました……」と、ポルトガル語で手書きになっており、後半には警察署に送った文書の要点も書き添えられている。

用紙は横罫紙で、年月を経ているため古ぼけている。

マスコミは一九七三年八月二日に、カルロス・ラミレス（愛称カルリーニョス）誘拐事件を報道し、当時ブラジル中で話題になったが、この事件は現在も未解決のままである。

事件2　ジョエールマ・ビルの火災（一九七二年三月予知→一九七四年二月発生）

サンパウロのビル火災で、一八八人が死亡し、三百人が負傷した事件を、その二年前に、ジュセリーノ氏は夢に見て、消防署や州知事に手紙を出している。

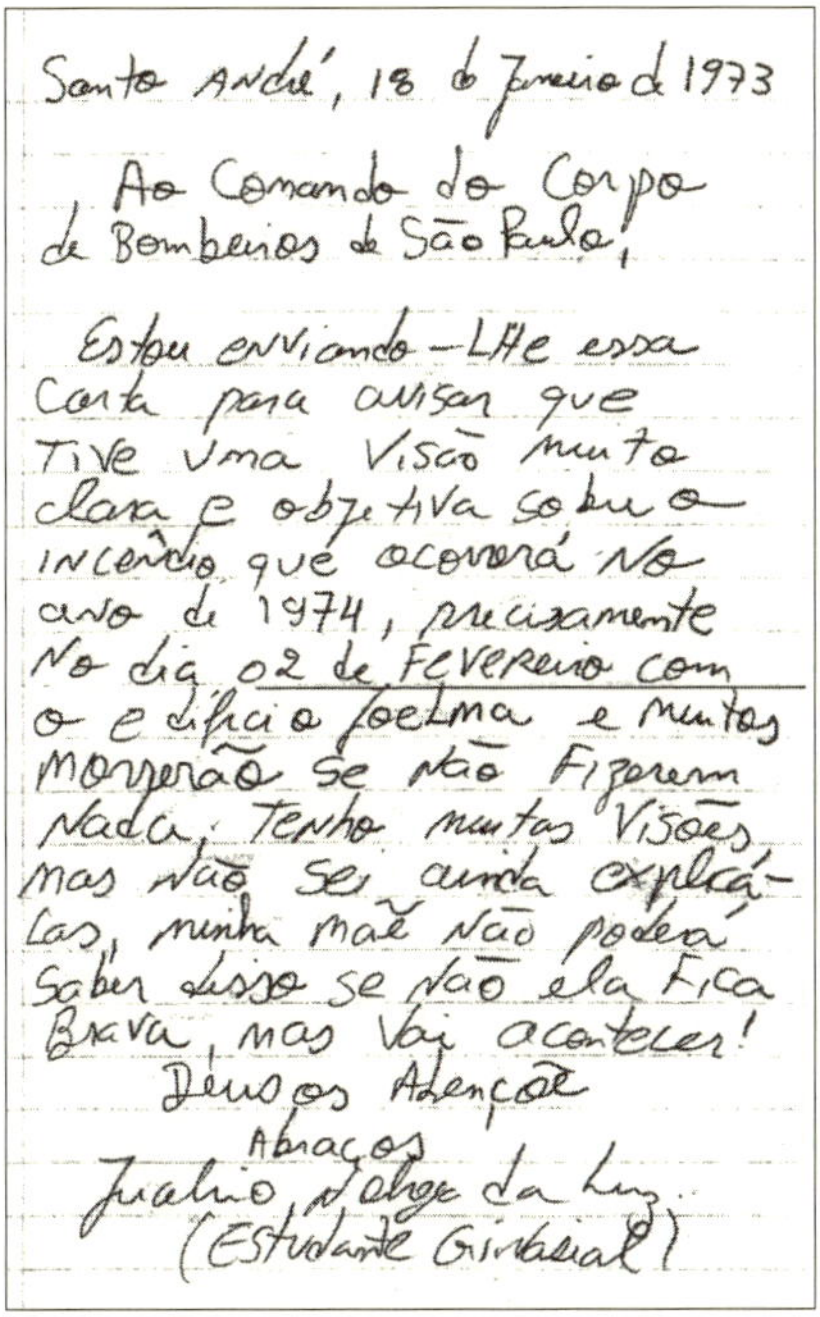
Santo André, 18 de Janeiro de 1973

Ao Comando do Corpo
de Bombeiros de São Paulo!

Estou enviando-lhe essa carta para avisar que tive uma visão muito clara e objetiva sobre o incêndio que ocorrerá no ano de 1974, precisamente no dia 02 de Fevereiro com o edifício Joelma e muitos morrerão se não fizerem nada. Tenho muitas visões mas não sei ainda explicá-las, minha mãe não poderá saber disso se não ela fica brava, mas vai acontecer!

Deus os abençoe
Abraços
Jucelino N. da Luz.
(Estudante Ginasial)

事件２文書　ビル火災の予知
「お母さんが知ると怒るので、この手紙のことは言わないで」と書いてある

一つの文書は、「一九七二年三月十五日に夢で見て、一九七四年二月二日に起きます」と消防団に送っていると書かれているが、書類が古くて明確に読み取れない。

もう一つの、一九七三年一月十八日付のサンパウロ消防団に送った手紙（事件2文書）は、ポルトガル語の手書きで以下の文面が確認される。しかし、予知した日付と、実際に火災が起きた日には、一日の相違

がある。

「私ははっきりと、一九七四年の二月二日に、何もしなければ、ジョエールマ・ビルの火災で、大勢の人が死ぬ夢を見たということを知らせるために、この手紙を送っています。

私は数多くの予知夢を見ますが、それを説明することができません。しかし現実になります！

私のお母さんにこのことを知られては困ります。知ったら怒るからです。

神の祝福を。では、ごきげんよう。

ジュセリーノ・ノーブレガ・ダ・ルース（中学生）」

事件3　スペース・シャトル・チャレンジャーの墜落事故、ほか（一九七二年予知→一九七四年〜二〇〇三年発生）

このメモ書きは、前のビル火災の事故を、サンパウロ州知事に知らせた一九七三年に書かれた四ページにわたる文書（事件3文書）で、やはりポルトガル語の手書きである。内容はそのころ予知した国際的な大事件が列記されている。

最初は、前文書に出てくるビル火災について、州知事に知らせたこと、また当番の軍警察消

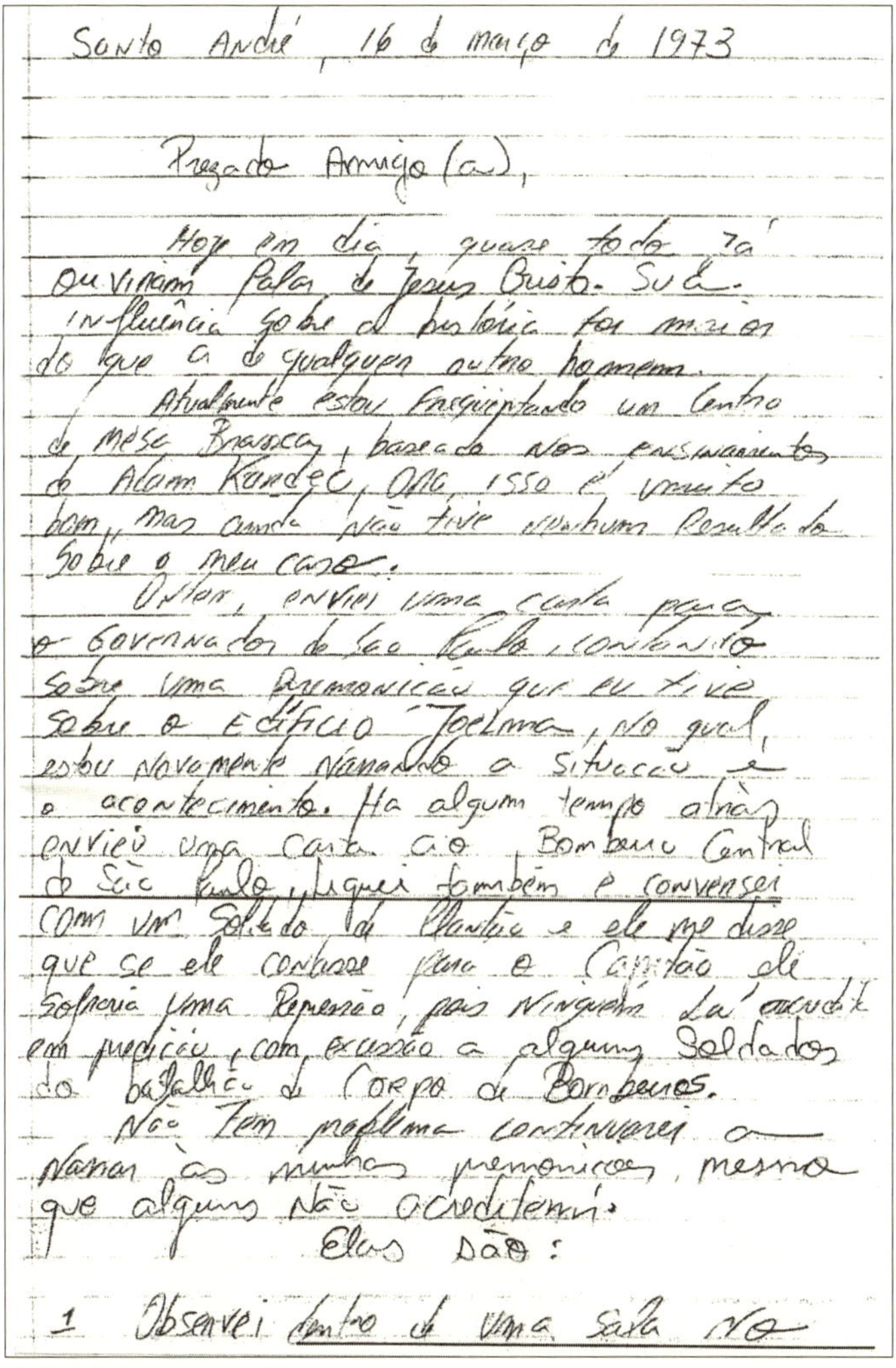

Santo André, 16 de março de 1973

Prezado Amigo (a),

Hoje em dia, quase todos já ouviram falar de Jesus Cristo. Sua influência sobre a história foi maior do que a de qualquer outro homem.

Atualmente estou freqüentando um Centro de Mesa Branca, baseado nos ensinamentos de Alam Kardec, ora, isso é muito bom, mas ainda não tive nenhum Resultado sobre o meu caso.

Outrora, enviei uma carta para o Governador de São Paulo, contando sobre uma premonição que eu tive sobre o Edifício Joelma, no qual, estou novamente narrando a situação e o acontecimento. Ha algum tempo atrás enviei uma carta ao Bombeiro Central de São Paulo, liguei também e conversei com um Soldado de Plantão e ele me disse que se ele contasse para o Capitão ele sofreria uma Repressão, pois Ninguém Lá acredita em predição, com excessão a alguns Soldados do batalhão do Corpo de Bombeiros.

Não tem problema continuarei a narrar as minhas premonições, mesmo que alguns não acreditem.

Elas são:

1 Observei dentro de uma sala no

事件3文書の1ページ目
13歳のときに予知したスペース・シャトル・チャレンジャーの墜落事故など

防士に、「ジョエールマ・ビルのある部屋の中で、電気がショートして火災になります」と、その詳細な様子を話したこと。また「軍警察官の何人かは私を認めてくれましたが、消防隊長は予知など信じないので否定すると言われました」と記されている。

そのほか、主だった事件をピックアップしてみよう。

「一九七八年に、イタリアの元総理大臣、キリスト教系の民主党員アルド・モロ氏が、赤シャツ党員によって殺害されます」

事実、一九七八年三月十六日に、キリスト教民主党のアルド・モロ党首は、イタリアの極左武装集団「赤い旅団」に拉致され、五月九日に死体が発見された。

「アルジェリアはプンメディンネ大佐を失います。そして二〇〇三年にこの国で飛行機の墜落事故が起きて、百人以上が死亡します（一九七二年三月十九日予知）」

これは予知どおり事件が起きている。

大統領になった大佐は、一九七八年十二月二十七日に死亡した。

また二〇〇三年三月六日に、アルジェリア南部のサハラ砂漠で、アルジェに向かっていた飛行機が墜落し、一〇二人が死亡、生存者が一人いた。

「アメリカのスペース・シャトルが、発射直後爆発して、宇宙飛行士全員が死亡します。これは二〇〇〇年が終わるまでに起きます（一九七二年三月二十日予知）」

スペース・シャトル・チャレンジャーは、一九八六年一月二十八日に、発射数秒後に爆発して、七人の宇宙飛行士全員が死亡した。

「一九八五年に、選挙でタンクレード・ネヴェス氏が大統領に選ばれますが、大統領の座には就きません（一九七二年三月二十一日予知）」

一九八五年の選挙で、ネヴェス氏は大統領選で当選したが、同年三月十四日に病に倒れ入院した。そして四月二十一日に大統領の座に就かないまま死亡した。

事件4　スペインのフランコ独裁以後（一九七五年予知→一九八二年までに発生）

一九七五年一月二日に、スペイン大使館へ送られた手紙（事件4文書）。手書きで書かれた内容は、予知どおりに起きた。

フランコ将軍は入院後、権力をフアン・カルロス一世に譲り、一九七五年十一月二十日に死亡。二十五日にカルロス一世はスペイン国王となった。一九八一年に軍事クーデターが起きたが、国王のすばやい行動と国民の反対で失敗。

次の一九八二年に起きたウガンダの内戦にも触れ、ウガンダ軍に追われた八万人のルアンダ人は、国境をふさがれ、難民となった。

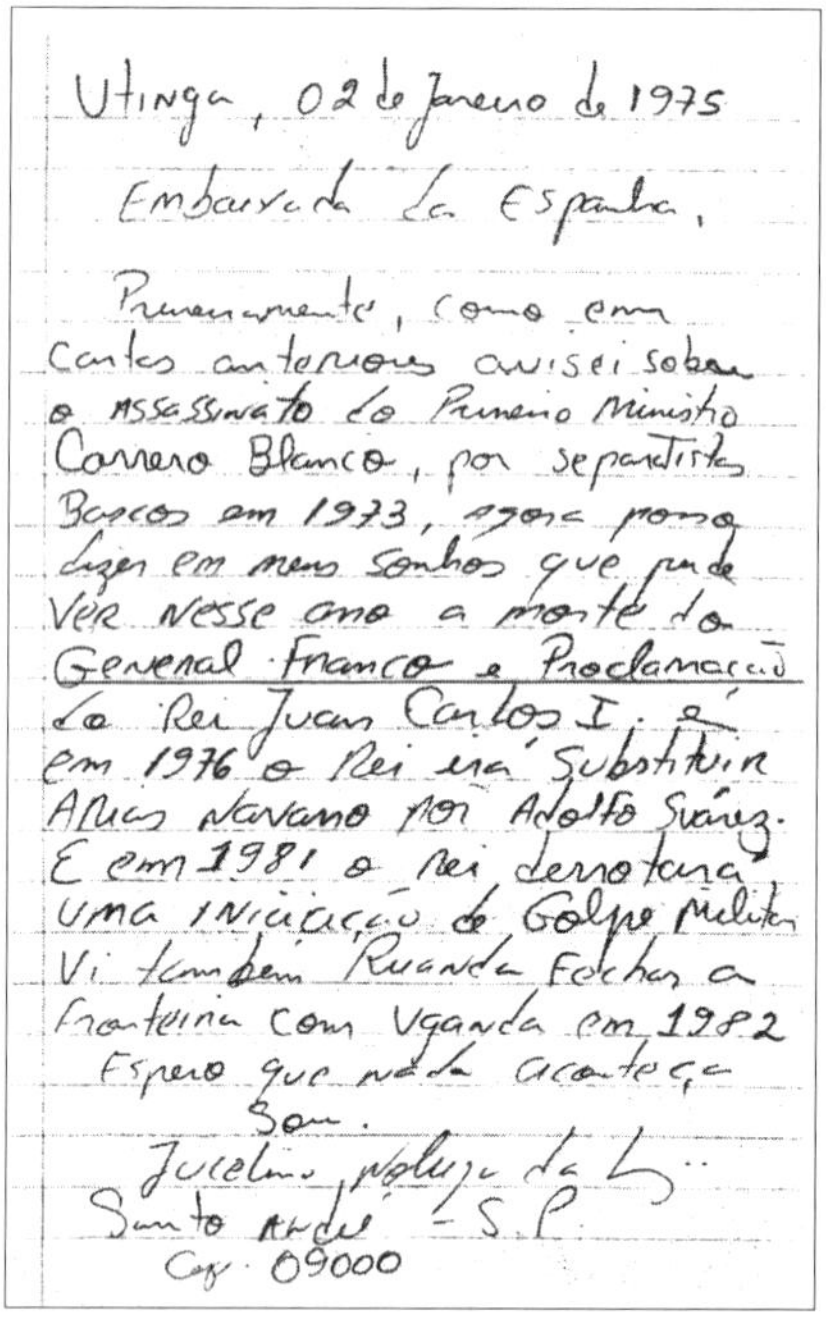
Utinga, 02 de Janeiro de 1975

Embaixada da Espanha.

Primeiramente, como em cartas anteriores avisei sobre o assassinato do Primeiro Ministro Carrero Blanco, por separatistas Bascos em 1973, agora posso dizer em meus sonhos que pude ver nesse ano a morte do General Franco e Proclamação do Rei Juan Carlos I. e em 1976 o Rei irá substituir Arias Navarro por Adolfo Suárez. E em 1981 o rei derrotará uma iniciação de Golpe Militar Vi também Ruanda Fechar a fronteira com Uganda em 1982

Espero que nada aconteça

Sem.

Jucelino Nóbrega da Luz

Santo André - S.P

Cep. 09000

事件４文書
フランコ将軍の死を予知

事件5　プレスリー、ビージーズ、ビートルズ、ほか（一九七五年予知→二〇〇五年までに発生）

エルビス・プレスリーあてに、一九七五年一月五日付で送った手紙として、本人のほか、多くのミュージシャンに関わる予知の警告文が、五ページにわたって英語の手書きでつづられている。紙は古ぼけていて黄色くなっている（事件5―1～5文書）。

プレスリーのほかに、ロックバンド・クイーンのボーカリスト、フレディ・マーキュリー、そしてロッド・スチュワート、アリス・クーパー、ビージーズ、ビートルズ、そしてキッスのことも書かれている。

同じ手紙がアメリカやイギリスのファンクラブに送られているようだ。ブラジルではクイーンとプレスリーのファンクラブに送られている。

クイーンのフレディ・マーキュリーについては「二〇〇〇年の前に死亡するのを見ました」とある。実際には一九九一年十一月二十四日にロンドンの自宅で死亡している。

〝キング・オブ・ロックンロール〟といわれたプレスリーについて「一九七七年の八月が亡くなる日であることを私の夢で見ました」となっている。一九七七年八月十六日、テネシー州メンフィスの自宅で死去したことを、世界中のマスコミが報道した。

ロックのスーパー・ボーカリストであるロッド・スチュワートについては「二〇〇三年から二〇〇四年にかけて健康問題が起きるので医療診断を受けにいくようにしてください」と書かれている。マスコミが、彼は甲状腺の手術を受け癌の可能性があると伝えたのは二〇〇〇年の

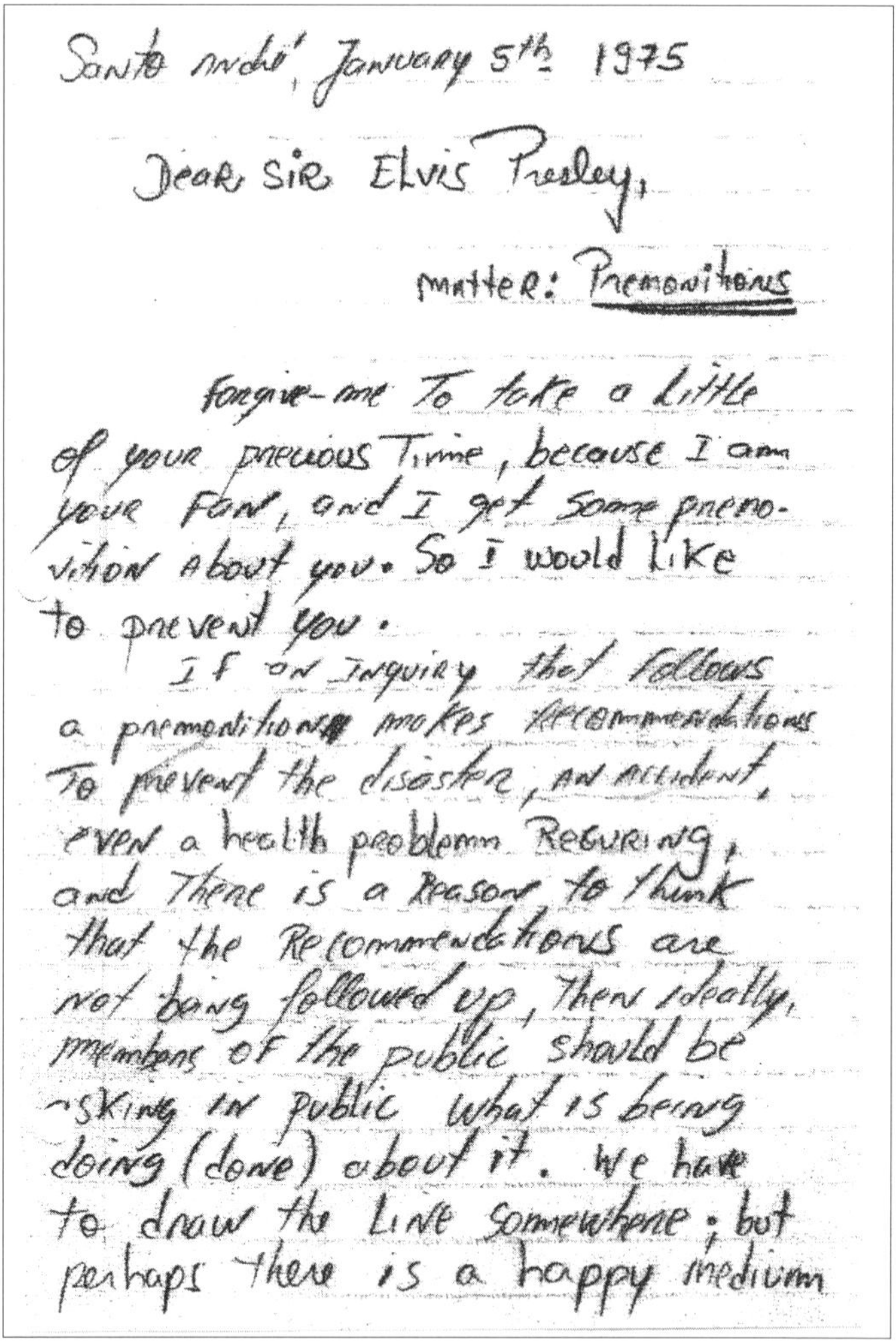

Santo André, January 5th 1975

Dear Sir Elvis Presley,

matter: Premonitions

Forgive-me To take a little of your precious Time, because I am your Fan, and I get some premonition about you. So I would like to prevent you.

If on inquiry that follows a premonitions makes Recommendations To prevent the disaster, an accident, even a health problemm Reguring, and There is a Reason to think that the Recommendations are not being followed up, Then ideally, members of the public should be asking in public what is being doing (done) about it. We have to draw the Line somewhere; but perhaps there is a happy medium

事件５－１文書
プレスリーあてのミュージシャンたちに関する予知

四月であった。

七〇年代の有名なロック・スターであるアリス・クーパーが「二〇〇四年に自動車事故に遭いますが、この手紙でエルビスが彼に知らせてくれるなら、命は助かります」とある。しかしネット検索ではクーパーが自動車事故に遭ったという情報はない。

もう一つの夢に「ビージーズのメンバー二人が、二〇〇四年に自動車事故に巻き込まれ、命の危機にさらされます」とある。二〇〇三年にモーリス・ギブがマイアミの病院で腸閉塞手術中に心不全を起こし死亡しているが、事故のことは確認できない。

リヴァプール出身の偉大な四人のスーパー・ロック・スターたちに関する部分では、「ビートルズのメンバー二人が二〇〇三年の前までに死亡します。ポール・マッカートニーは二〇〇二年に結婚しますが、二〇〇四年から二〇〇五年は心臓発作などの兆候があり、早めに健康に注意してください」となっている。

ジョン・レノンはニューヨークのセントラルパーク近くの自宅アパート前で、一九八〇年十二月八日に、四発の銃弾を受けて死亡した。

ビートルズのもう一人のメンバー、ジョージ・ハリソンは二〇〇一年十一月二十九日にロサ

Like me between being a professional writer of indignant letters, and being a person who just couldn't care less.

Sometimes the means of preventing disaster lie more directly in our controls, as private citizens.

We go on creating our own problems. Educating mankind about its dangers should be started at once — beginning, I say, with all kind of means as Fans(clubs), Newspapers; TVs, Radios, etc., world over...

Down I've put several premonitions about many singers and your name is in.

They are:

1º Behold, as the eyes of servants look unto the dreams of their masters, and through my premonitions I have seen Fred Mercury (Queen Group),

事件５－２文書
フレディ・マーキュリーの死も予知していた！

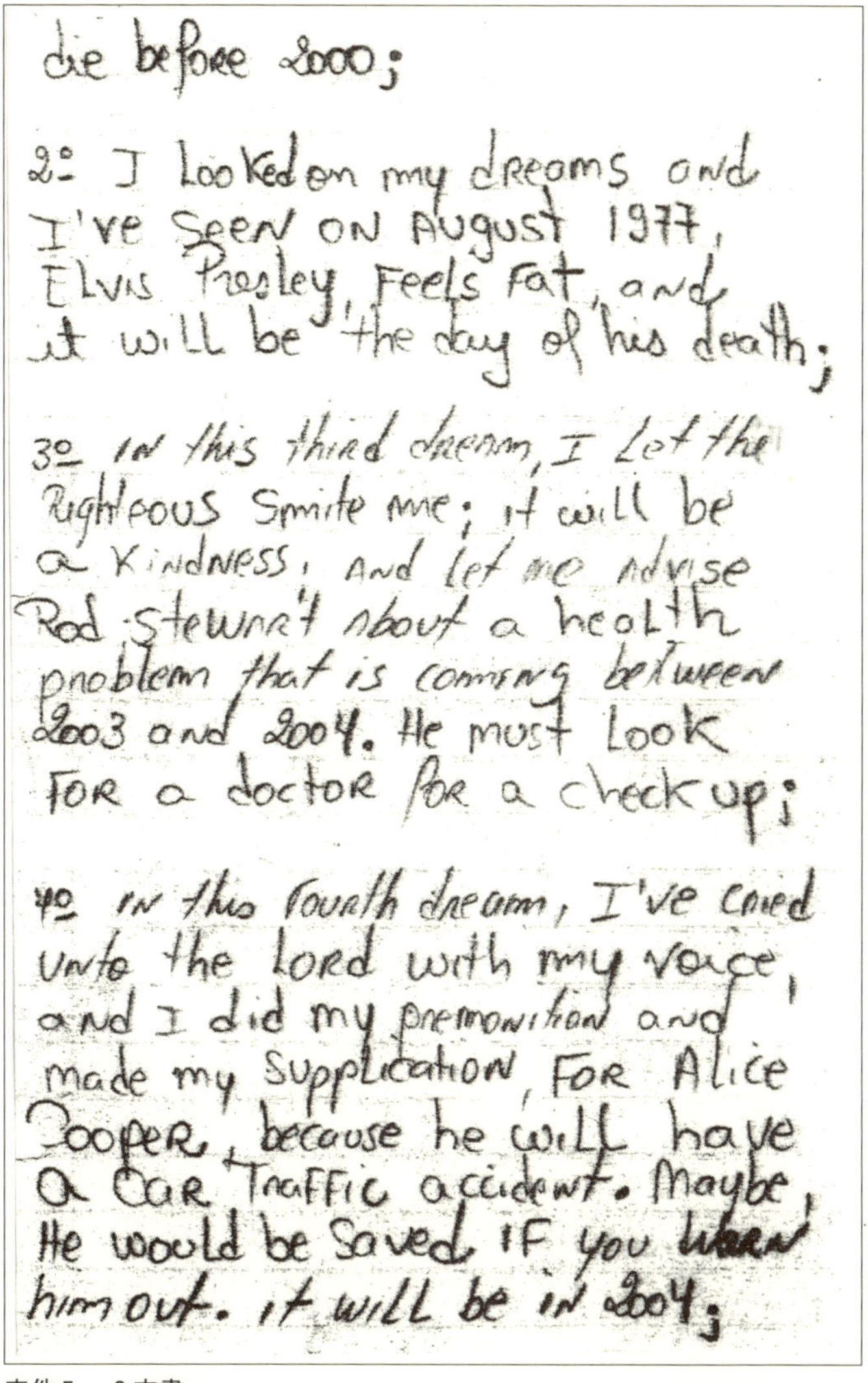

die before 2000;

2º I looked on my dreams and I've seen on August 1977, Elvis Presley feels fat, and it will be the day of his death;

3º in this third dream, I let the Righteous smite me; it will be a kindness, and let me advise Rod Stewart about a health problem that is coming between 2003 and 2004. He must look for a doctor for a check up;

4º in this fourth dream, I've cried unto the lord with my voice, and I did my premonition and made my supplication, for Alice Cooper, because he will have a car traffic accident. Maybe, He would be saved, if you warn him out. it will be in 2004;

事件５－３文書
ロッド・スチュワートやアリス・クーパーについての予知

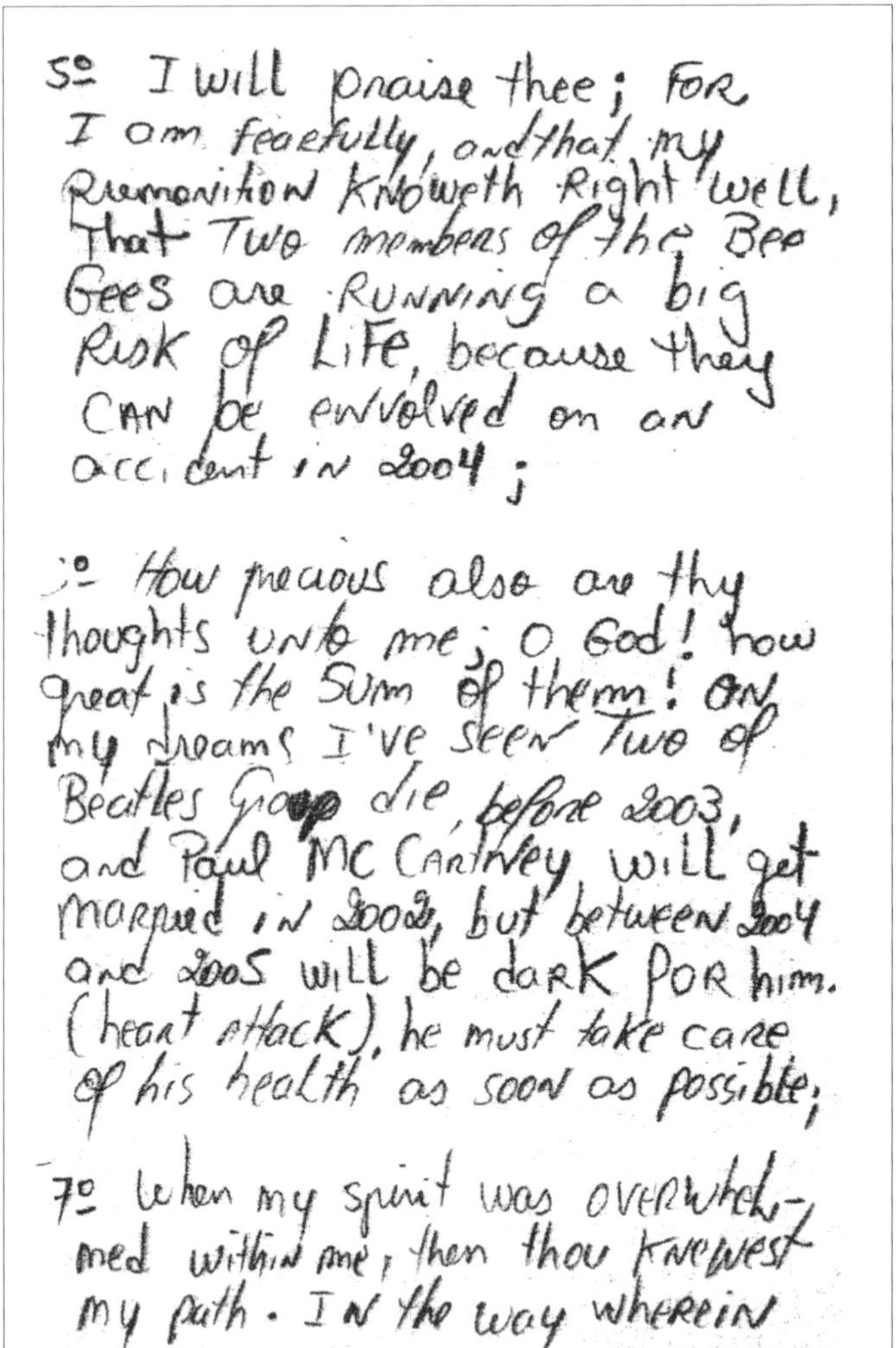

5º I will praise thee; for
I am fearfully, and that my
Premonition knoweth right well,
That two members of the Bee
Gees are running a big
risk of life, because they
can be envolved on an
accident in 2004;

6º How precious also are thy
thoughts unto me, O God! how
great is the sum of them! On
my dreams I've seen two of
Beatles Group die, before 2003,
and Paul MC Cartney will get
married in 2002, but between 2004
and 2005 will be dark for him.
(heart attack), he must take care
of his health as soon as possible;

7º When my spirit was overwhel-
med within me, then thou knewest
my path. In the way wherein

事件５－４文書
ビージーズやビートルズといった超大物バンドも予知

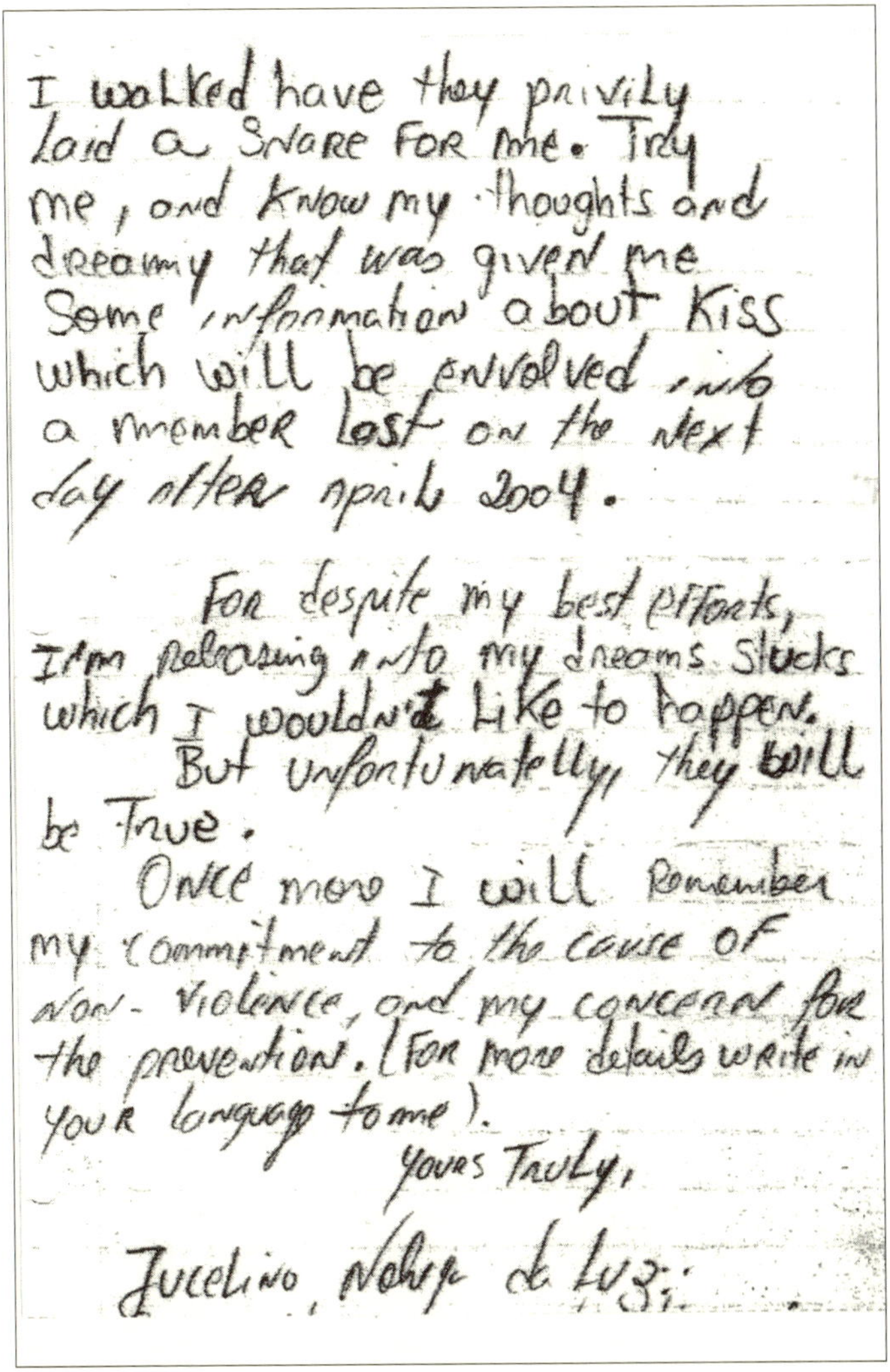
I walked have they privily
laid a snare for me. Try
me, and know my thoughts and
dreamy that was given me
some information about KISS
which will be envolved into
a member lost on the next
day after april 2004.

For despite my best efforts,
I'm releasing into my dreams stucks
which I wouldn't like to happen.
But unfortunatelly, they will
be true.
Once more I will remember
my commitment to the cause of
non-violence, and my concern for
the prevention. (For more details write in
your language to me).
Yours truly,

Jucelino Nobrega da Luz.

事件５－５文書
キッスのメンバーの死も的中してしまった……

ンゼルスで癌のために亡くなっている。

つまり「メンバーのうち二人が死ぬ」ということは当たっているが、予知より早く起きている。

ポール・マッカートニーは一九六九年にリンダ・イーストマンと結婚したが、彼女は一九九八年に乳癌で死亡、二〇〇二年にヘザー・ミルズと再婚している（現在は離婚係争中）。しかし彼自身が心臓発作を患ったというニュースは報じられていない。

「夢の中でハードロック・バンド、キッスの情報が与えられ、メンバーの一人が私の最善の努力にもかかわらず、運命に巻き込まれます。私はあくまでも平和を乱すことを憂慮し、その防止のために働いていることを、おくみ取りください」と、最後に書かれている。

一九九一年に悪性腫瘍による脳出血で死亡したのは、一時、キッスのドラムスだったエリック・カーだった。

事件6　阪神・淡路大震災、チェルノブイリ原発事故、ほか（一九七九年以前予知→一九九五年までに発生）

一九七九年三月十五日付の、この古い手紙（事件6―1〜3文書）の現物は非常に傷んでいる。

一通の送り先はブラジルの日本大使館あてだが、東京の皇居あてで、当時の天皇陛下裕仁（昭和天皇）に航空便で送ったと書かれている。

前書きの後のメッセージで、まず「私はあなたが一九八九年に病が悪化し、そしておそらく死亡されるのを見ます」とある。この予知どおり、昭和天皇は一九八九年一月七日に崩御されている。

二番目のメッセージとして「私の古い夢で、一九九五年に日本の神戸で大きな地震が起き、五千人以上の人が亡くなるのを見ています」と記されている。つまり、一九七九年以前にこの地震の予知を受けているようだ。

この災害は、予知されたように一九九五年一月十七日に起きた。マスコミの報道によれば、神戸でマグニチュード7・2の大地震が起き、六千五百人が死亡した。この地震は阪神・淡路大震災と名づけられた。

もう一通は、翌年の一九八〇年にウクライナのキエフの住所で、ウクライナ共和国大統領あてに、航空便を出している。

手書きのメモには「一九八六年に、キエフ北部のチェルノブイリで、最悪の原子力事故が起きる夢を見ました」と書かれている。

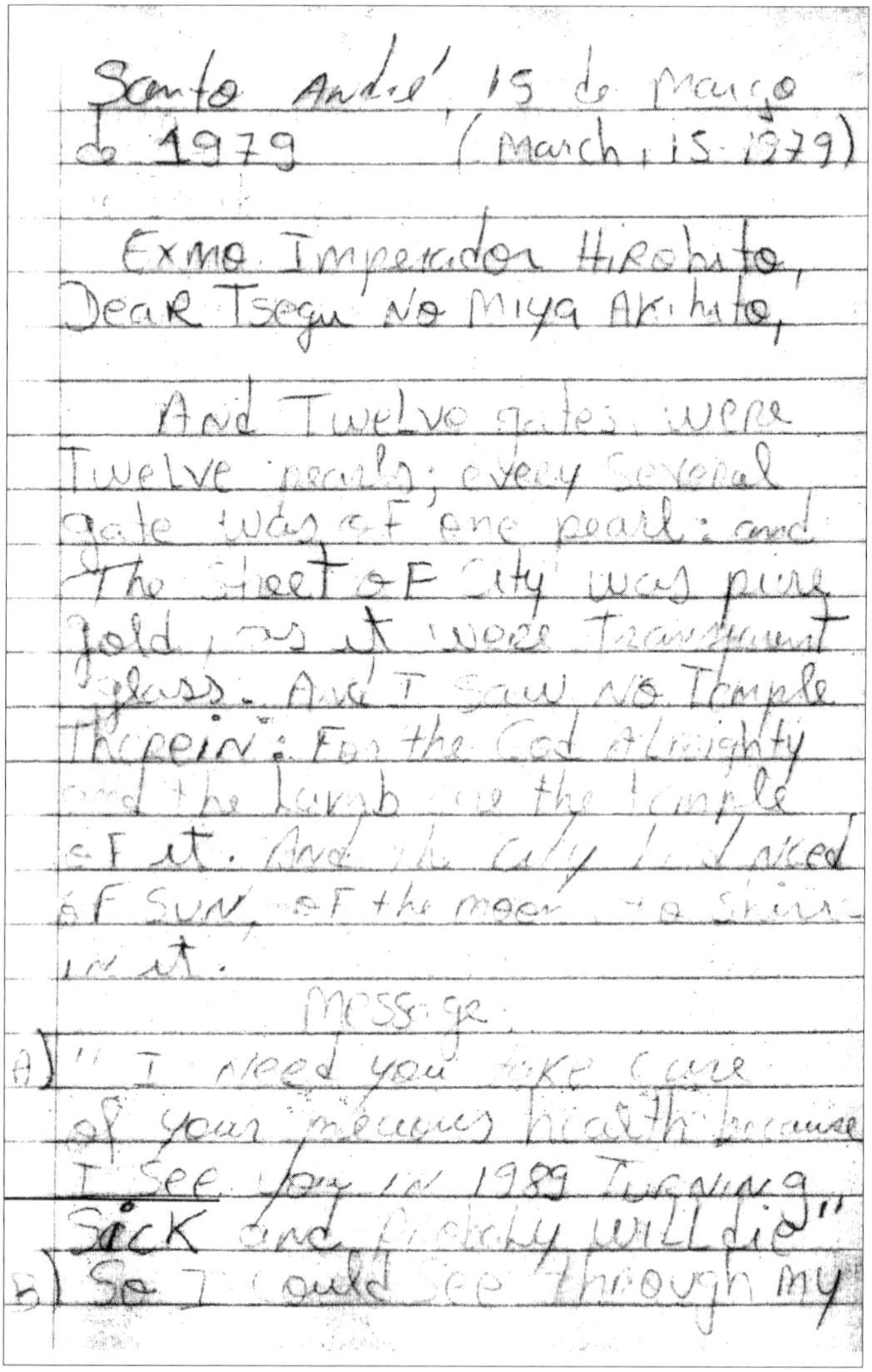
Santo André, 15 de Março
de 1979 (March, 15-1979)

Exmo. Imperador Hirohito,
Dear Tsegu No Miya Akihito,

And Twelve gates were
Twelve pearls; every several
gate was of one pearl: and
The street of City was pure
gold, as it were Transparent
glass. And I saw no Temple
Therein: For the God Almighty
and the Lamb are the Temple
of it. And the city had no need
of sun, of the moon, to shine
in it.

Message

A) "I need you take care
of your precious health because
I See you in 1989 Turning
Sick and probably will die"
B) So I could see through my

事件6－1文書
昭和天皇あての手紙

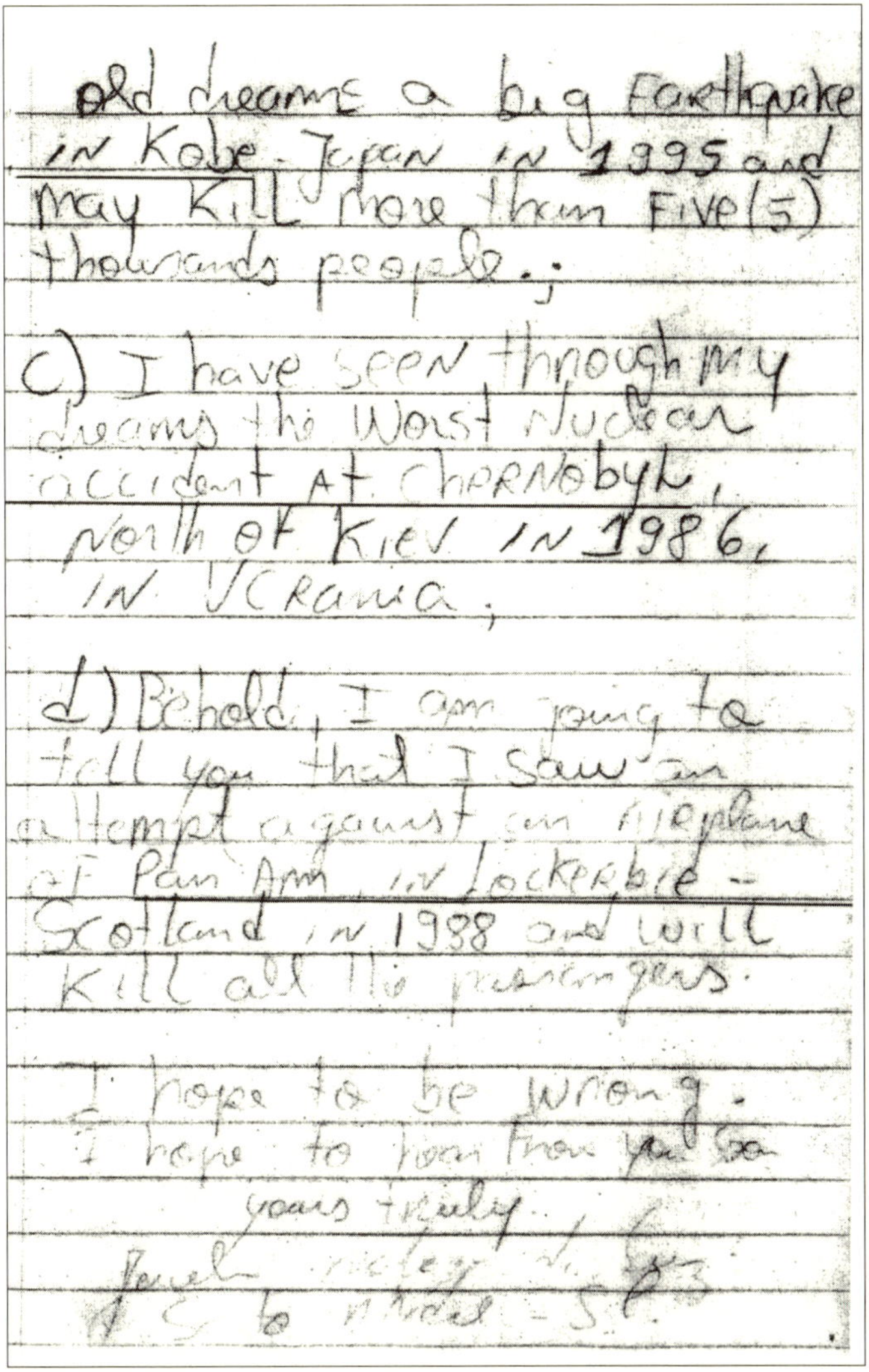

old dreams a big Earthquake
in Kobe. Japan in 1995 and
may kill more than Five(5)
thousands people.;

c) I have seen through my
dreams the Worst Nuclear
accident at Chernobyl,
north of Kiev in 1986,
in Ucrania;

d) Behold, I am going to
tell you that I saw an
attempt against an airplane
of Pan Am, in Lockerbie -
Scotland in 1988 and will
kill all the passengers.

I hope to be wrong.
I hope to hear from you soon
yours truly..

事件6－2文書
神戸地震とチェルノブイリ原発事故の警告

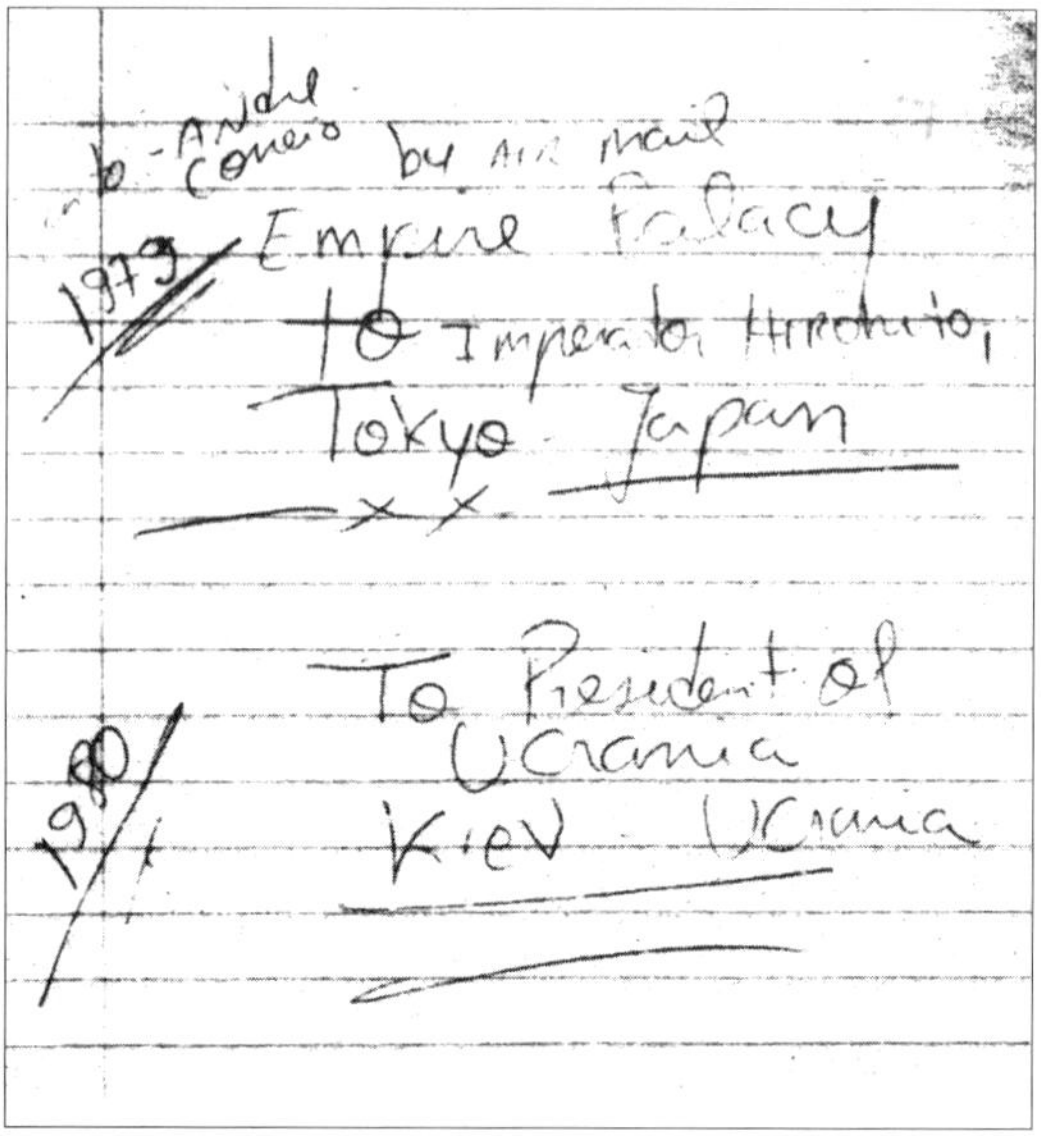

事件６－３文書
昭和天皇とウクライナ大統領に送った年号

さらに、次の項目には「一九八八年に、スコットランドのロッカビーで、パンアメリカン航空機がハイジャックされ、旅行客全員が死ぬでしょう」とある。

チェルノブイリの原子力発電所で起きた原子炉の融解事故は、一九八六年四月二十六日であった。

スコットランド・ロッカビーの上空を飛行中のパンナム１０３便は、一九八八年十二月二十一日に空中爆発を起こして墜落し、乗客乗員全員が死亡した。

これらの手紙の配達証明はなく、調査できない。

事件7　F1レーサー、アイルトン・セナの事故（一九八九年予知→一九九四年発生）

アイルトン・セナはブラジルの生んだ天才レーサーで、当時F1で連戦連勝を続け、誰もかなう者がいなかった。しかし、その絶頂期に事故で他界した。

ジュセリーノ氏は、その事故が起きる七年ほど前に彼の死を予知し、何度か警告の手紙を出していた。

セナあてに送った最初の手紙（事件7―1―1文書）は、一九八九年八月十七日に出されている。このころから、手紙はタイプ文字になっている。

「ここにわれわれのメッセージがあります――私は夢の中で、アイルトン・セナという名のドライバーが高速で走っているのを見ました。このレースは彼のプロ経歴にとって重要なグランプリのようです。しかし、このグランプリとサーキットには大変な危険が潜んでおり、彼のマシーンはコントロールを失い、コース脇のコンクリート壁に激突して、コース上で大破します。偉大なるセナは大切な命を失います。これは二〇〇〇年を迎える前に起きます。それで、この偉大なるドライバーは気を付けなくてはなりません。――敬意を表す大群衆が道路に集まります。その後F1レースは長い間、その光を失うことになります。そして、後にドイツ生まれの外国人の活躍で、再び光を取り戻すことになります（一九八九年八月十五日に予知しました）。

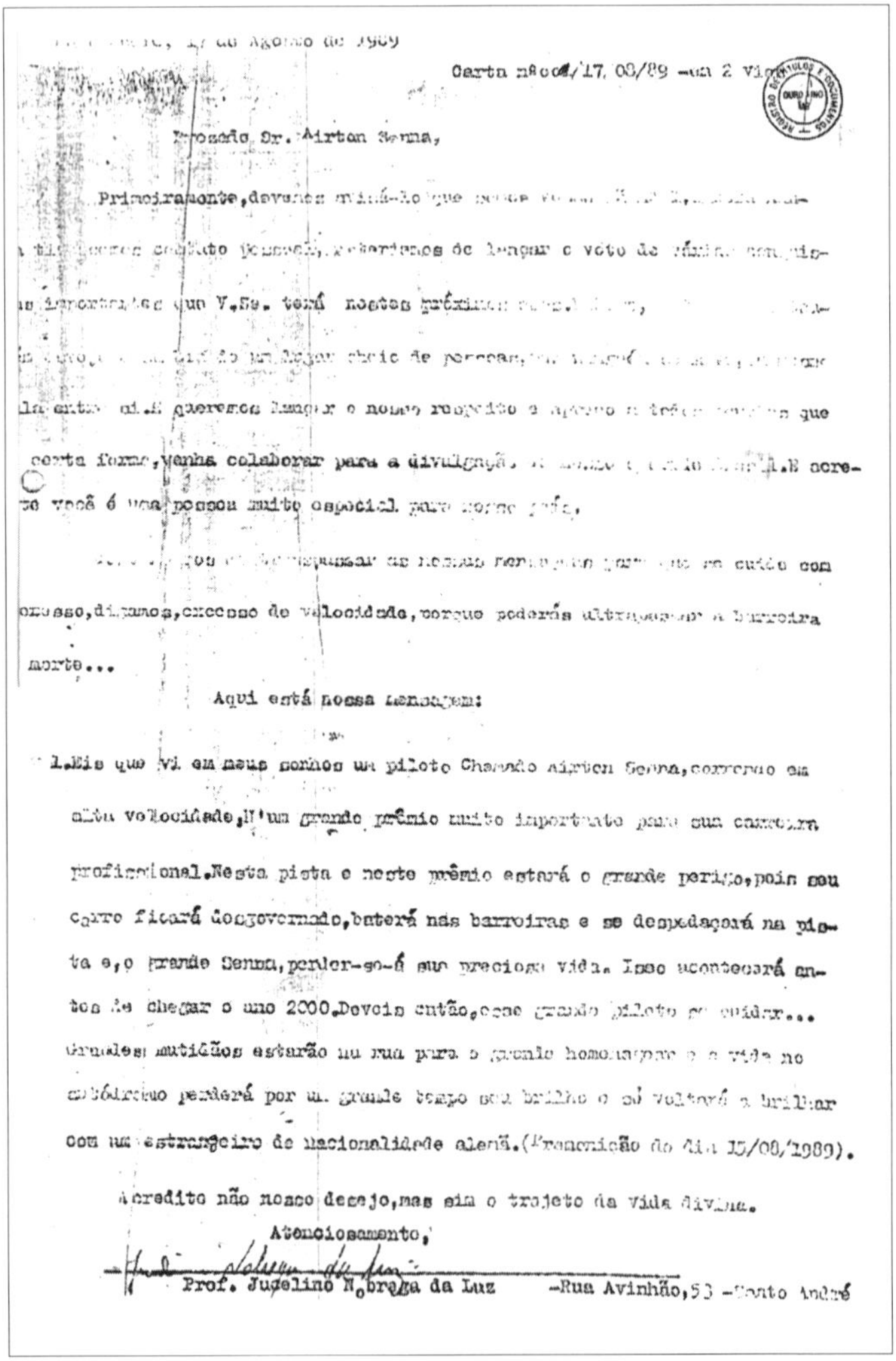

[illegible], 17 de Agosto de 1989

Carta nº 001/17.08/89 – em 2 vias

Prezado Sr. Airton Senna,

Primeiramente, devemos [illegible] que [illegible] contato pessoal, [illegible] de lançar o voto de [illegible] importantes que V.Sa. terá nestes próximos [illegible] um lugar cheio de pessoas, [illegible] entre [illegible] queremos lançar o nosso respeito e apreço a [illegible] que [illegible] certa forma, venha colaborar para a divulgação [illegible]. E creio que você é uma pessoa muito especial para [illegible].

[illegible] nossas mensagens [illegible] com [illegible] excesso, digamos, excesso de velocidade, porque poderás ultrapassar a barreira [illegible] morte...

Aqui está nossa mensagem:

1. Eis que vi em meus sonhos um piloto chamado Airton Senna, correndo em alta velocidade, n'um grande prêmio muito importante para sua carreira profissional. Nesta pista e neste prêmio estará o grande perigo, pois seu carro ficará desgovernado, baterá nas barreiras e se despedaçará na pista e, o grande Senna, perder-se-á sua preciosa vida. Isso acontecerá antes de chegar o ano 2000. Devois então, esse grande piloto se cuidar... Grandes multidões estarão na rua para o grande homenagear e a vida no automobilismo perderá por um grande tempo seu brilho e só voltará a brilhar com um estrangeiro de nacionalidade alemã. (Premonição do dia 15/08/1989).

Acredito não nosso desejo, mas sim o trajeto da Vida Divina.

Atenciosamente,

Prof. Jucelino Nobrega da Luz –Rua Avinhão, 53 –Santo André

事件7－1－1文書
アイルトン・セナに送った死を予告する警告文

聖なる人生の歩みを信じ、それが防がれることを。心を込めて――ジュセリーノ・ダ・ルース」

予知として、セナの死の状況を見ているとともに、その後のF1レースの低迷と、一九九五年ころから頭角をあらわすドイツ人ミハエル・シューマッハの活躍を暗示していることは注目に値する。

この手紙の発送は、郵便局の受け付け証明があり、日付の消印があることによって、発信が証明されている。

郵便局の受け付け証明書に押された消印の日付は、一九八九年八月十七日、あて名は「ブラジルのF1ドライバー　誇り高きアイルトン・セナ様へ」、住所は「サンパウロ・インテルラーゴス・サーキット」となっている。

この文通の内容を確保し、発送証明に基づいて書類として保存するために、手紙が後日、公証人役場に内容証明で登録された（事件7―1―2文書）。

この登録証（事件7―1―3文書）は、郵便局の受け付け証明書を中央にして、その上に登録日時（二〇〇二年十月二十一日）と割り印が押され、担当者のサインがある。下には公証人役場の登録証明と印が押されている。

また、ここで紹介した手紙の文面も登録資料に含まれている。

REGISTRO de TITULOS E DOCUMENTOS

Ouro Fino Estado de Minas Gerais

Oficial: Rita de Cássia Vicentini Quáglia de Carvalho

Oficial Substituto: Gustavo Passos de Carvalho

Escrevente : Maria José Mendonça

REPÚBLICA FEDERATIVA DO BRASIL CERTIFICO que a pedido verbal de pessoa interessada que revendo os livros do Cartório de Títulos e Documentos verifiquei que consta o registro sob nº5523 do Livro B.11 da forma que segue:

Nº 5523 – Carta nº 001/17/08/89 – em duas vias. Prezado Sr. Airton Senna, primeiramente, devemos avisa-lo que somos vosso fã nº1, embora nunca tivéssemos contato pessoal, gostaríamos de lançar o voto de várias conquistas importantes que V.Sa. terá neste próximos anos. Embora, neste brilho também esteja a sombra de um lugar cheio de pessoas, mas ninguém move, ou mesmo fala entre si. E queremos lançar o nosso respeito e apreço a todos aqueles que de certa forma, venha colaborar para a divulgação ao nosso querido Brasil. E acredite você é uma pessoa muito especial para nosso país. Contaremos do transpassar as nossas mensagens para que cuide com o excesso, digamos, excesso de velocidade, porque poderás ultrapassar a barreira da morte... Aqui está nossa mensagem:. 1. Eis que vi em meus sonhos um piloto chamado Airton Senna, correndo em alta velocidade, num grande prêmio muito importante para sua carreira profissional. Nesta pista e neste prêmio estará o grande perigo, pois seu carro ficará desgovernado, baterá nas barreiras e se despedaçará na pista e, o grande Senna, perde-se-á sua preciosa vida. Isso acontecerá antes de chegar o ano 2000. deveis então, esse grande piloto se cuidar... grandes multidão estarão na rua para o grande homenagear e a vida no autódromo perderá por um grande tempo seu brilho e só voltará a brilhar com um estrangeiro de nacionalidade alemã. (premonição do dia 15/08/1989). Acredite não nosso desejo, mas sim o trajeto da vida divina. Atenciosamente, Prof. Jucelino Nóbrega da Luz, rua avinhão, 53 – Santo André. Protocolado sob nº7898 em 21 de outubro 2002

EMOLUMENTOS
SRI-R$ 1,50
TFJ-R$ 0,51
Total- R$ 2,01

Selo de Fiscalização
ATD 44676

CERTIDÃO

CERTIFICO, que a presente cópia e reprodução autêntica da ficha a que se refere, extraida nos têrmos do artigo 19 § 1º da Lei nº6.015/73 modificada pela de 6.216/75. Dou fé

Ouro Fino 04 / 10 / 2003

O Oficial

事件7－1－2文書
セナあて書簡の内容証明登録証

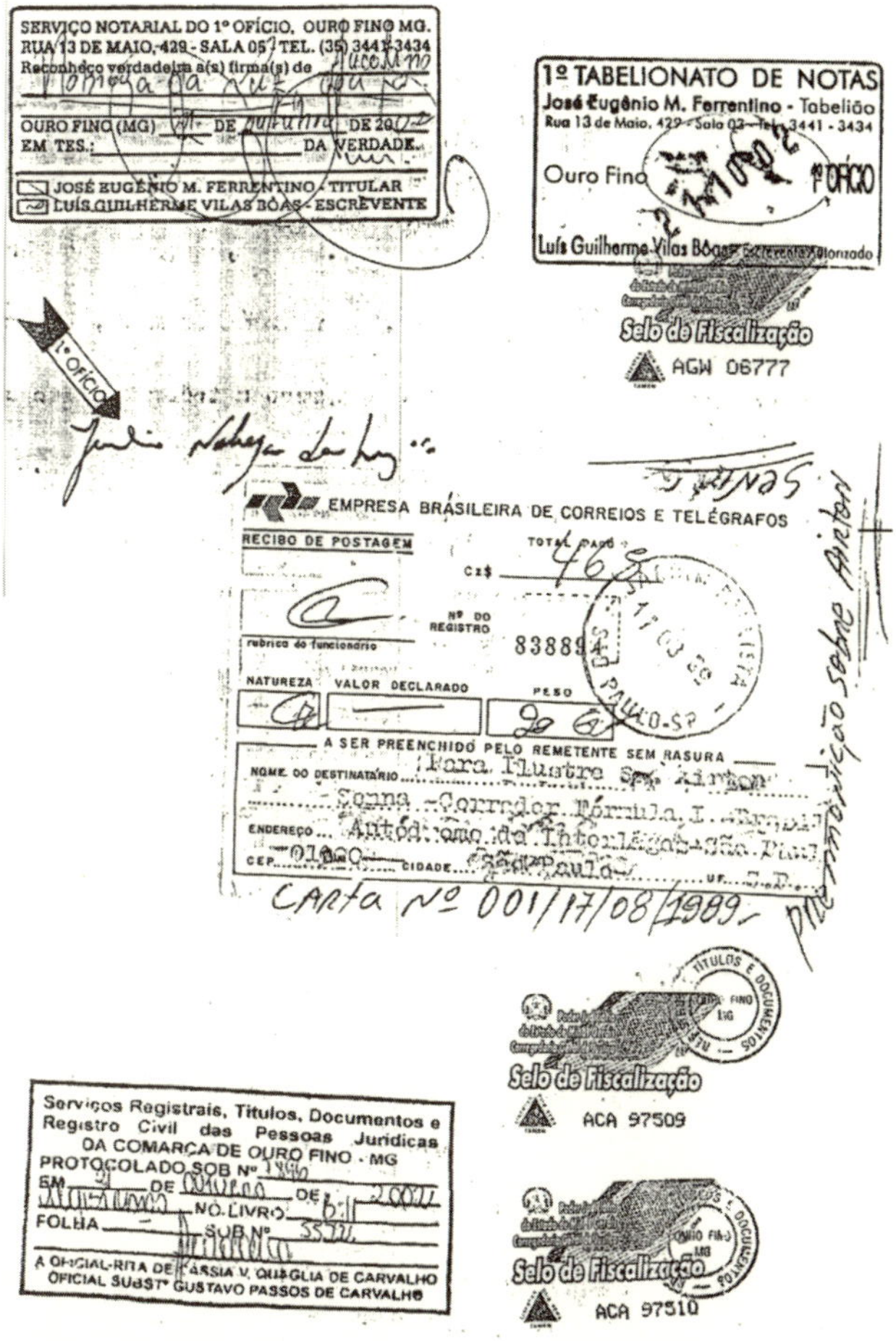
SERVIÇO NOTARIAL DO 1º OFÍCIO, OURO FINO MG.
RUA 13 DE MAIO, 429 - SALA 05 - TEL. (35) 3441-3434
Reconheço verdadeira a(s) firma(s) de
OURO FINO (MG) ___ DE ___ DE 20__
EM TES.: ___ DA VERDADE.
JOSÉ EUGÊNIO M. FERRENTINO - TITULAR
LUÍS GUILHERME VILAS BÔAS - ESCREVENTE

1º TABELIONATO DE NOTAS
José Eugênio M. Ferrentino - Tabelião
Rua 13 de Maio, 429 - Sala 03 - Tel. 3441 - 3434
Ouro Fino 1º OFÍCIO
Luís Guilherme Vilas Bôas - Escrevente Autorizado
Selo de Fiscalização
AGW 06777

1º OFÍCIO

EMPRESA BRASILEIRA DE CORREIOS E TELÉGRAFOS
RECIBO DE POSTAGEM
TOTAL PAGO Cz$ 46
Nº DO REGISTRO 83889
rubrica do funcionário
NATUREZA　VALOR DECLARADO　PESO
A SER PREENCHIDO PELO REMETENTE SEM RASURA
NOME DO DESTINATÁRIO Para Ilustre Sr. Airton Senna - Corredor Fórmula I - Brasil
ENDEREÇO Autódromo de Interlagos - São Paulo
CEP 01000　CIDADE São Paulo　UF S.P.
CARTA Nº 001/17/08/1989
Premonição sobre Airton Senna

Selo de Fiscalização
ACA 97509

Serviços Registrais, Títulos, Documentos e Registro Civil das Pessoas Jurídicas DA COMARCA DE OURO FINO - MG
PROTOCOLADO SOB Nº ___
EM ___ DE ___ DE 2002
FOLHA ___ NO LIVRO ___
SOB Nº ___
A OFICIAL-RITA DE CÁSSIA V. QUAGLIA DE CARVALHO
OFICIAL SUBSTº GUSTAVO PASSOS DE CARVALHO

Selo de Fiscalização
ACA 97510

事件７－１－３文書
公証役場登録印

この手紙を送った後に、不審な電話が何本かかかってきただけで、セナ自身に届いているのかどうか分からず、返事もないため、約一年半後に再び手紙（事件7―2―1文書）を書いている。このときには事故発生の期日が予知夢によって特定されてきており、事件が近づくに連れ、予知内容がより詳しくなっている。

あて先は、同じインテルラーゴス・サーキット場である。

「プエノ・ブランドン市　一九九一年一月二十八日

尊敬するアイルトン・セナ様へ

あなたからまだ何も返事を得ることができないので、私は郵便局に問い合わせました。手紙は確かにインテルラーゴス・サーキットへ届けられたということです。しかし、今、私はもっと心配しています。と言いますのは、事故が起きるのは二〇〇〇年まではなく、一九九四年五月一日なのです。この日こそ、あなたの致命的な事故が起きる日なのです。これは、あなたの死を望んでいる人たちによって仕組まれるためです。では、どのようにそれが起きるかをお伝えしたいと思います。

メッセージ――

一九九四年のそのとき、グランプリレースが開催されます。しかし、そこにあなたの事故を起こす人たちが集まります。残念なことに、あなたはスポンサーが変えられます。そしてこの会社の支配人の一人が、あなたの致命的な事故と死の計画を持っているのです（彼の名前を私

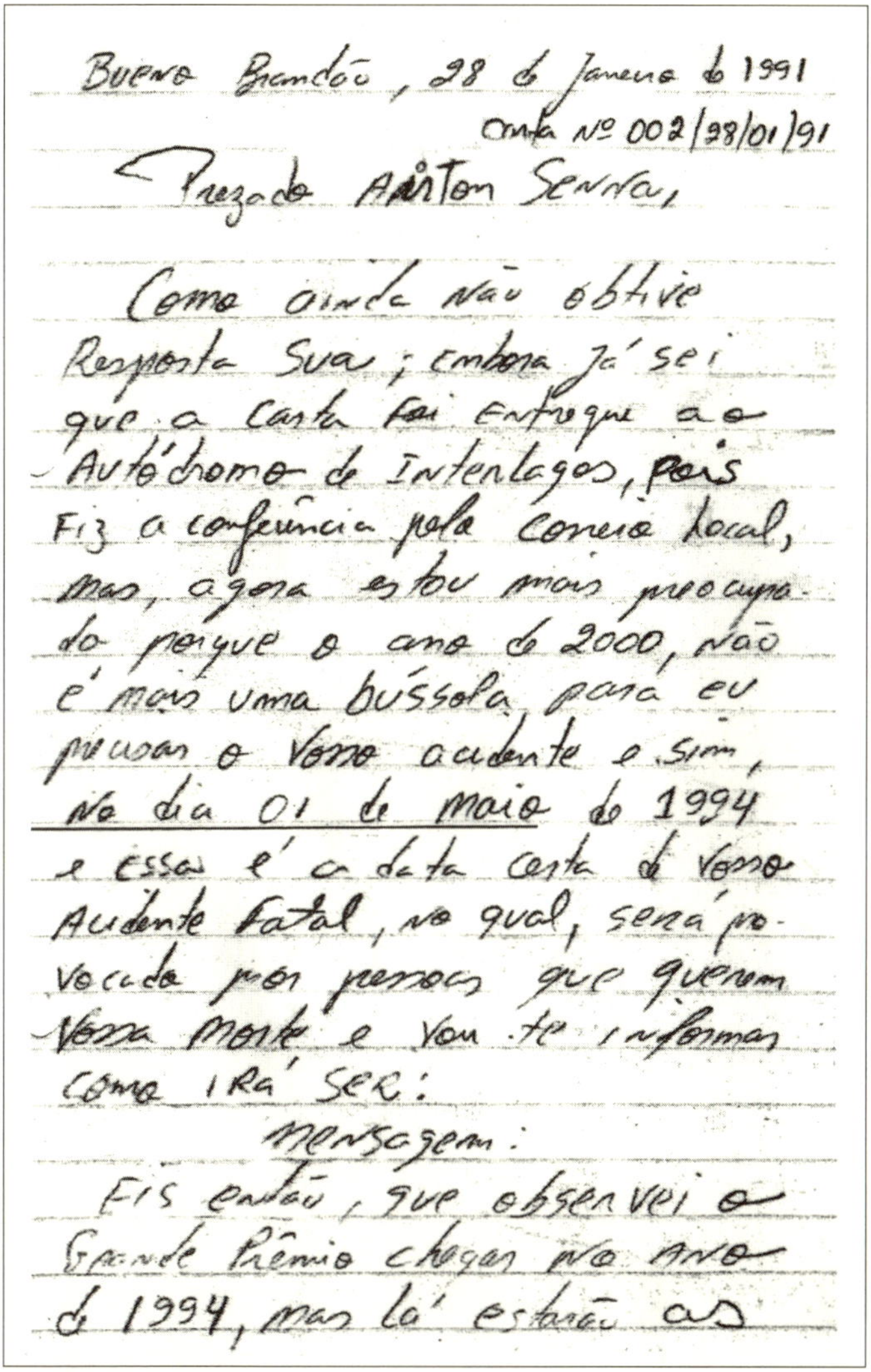

Bueno Brandão, 28 de Janeiro de 1991
Carta Nº 002/28/01/91

Prezado Airton Senna,

Como ainda não obtive
Resposta Sua; embora já sei
que a carta foi entregue ao
Autódromo de Interlagos, pois
Fiz a conferência pelo correio local,
mas, agora estou mais preocupa-
do porque o ano de 2000, não
é mais uma bússola para eu
prever o Vosso acidente e sim,
no dia 01 de maio de 1994
e essa é a data certa do Vosso
Acidente Fatal, no qual, será pro-
vocado por pessoas que querem
Vossa Morte e vou te informar
como irá ser:

Mensagem:

Eis então, que observei o
Grande Prêmio chegar no ano
de 1994, mas lá estarão as

事件7－2－1文書
セナあての再警告書簡

はもう知っています）。それで、あなたのレース・マシーンは安全ではないことになります。それは事故を起こすためにステアリング・コラムを正しく取り付けないからです。彼らは証拠を残したくないので、衝突の前にカメラ映像も止められます。この事故は、あなたの座を狙っている外国人のドライバーを有利にするため、あなたがこの時期に走っているチームの整備士、タイヤ交換士（この人がタイヤを交換する）、そして契約会社の支配人の三人によって引き起こされます。ですから、絶対に一九九四年五月一日には走らないでください！　懇願します。運転することは命を非常な危険にさらすことになりますから……（一九九一年一月十五日予知）。

（監修者注――実際はカメラは止まらず、映像は世界に流れた）

聞いてください、もしこの日の死の計画を避けるならば、セナさん、あなたには何も起きません。私には確信があるのです。よろしいですか……。

一九八九年八月十七日の登録番号８３８８９４の手紙を送った五日後に、とても奇妙な電話がかかってきました！　ですから私はとても心配しています。気を付けてください。

数千万人のファンと同様、あなたは私のアイドルでもあります。そして私はあなたの死を見たくないのです。

末尾に署名します。あなたの崇拝者としての抱擁を…。ジュセリーノ・ダ・ルース　教師」

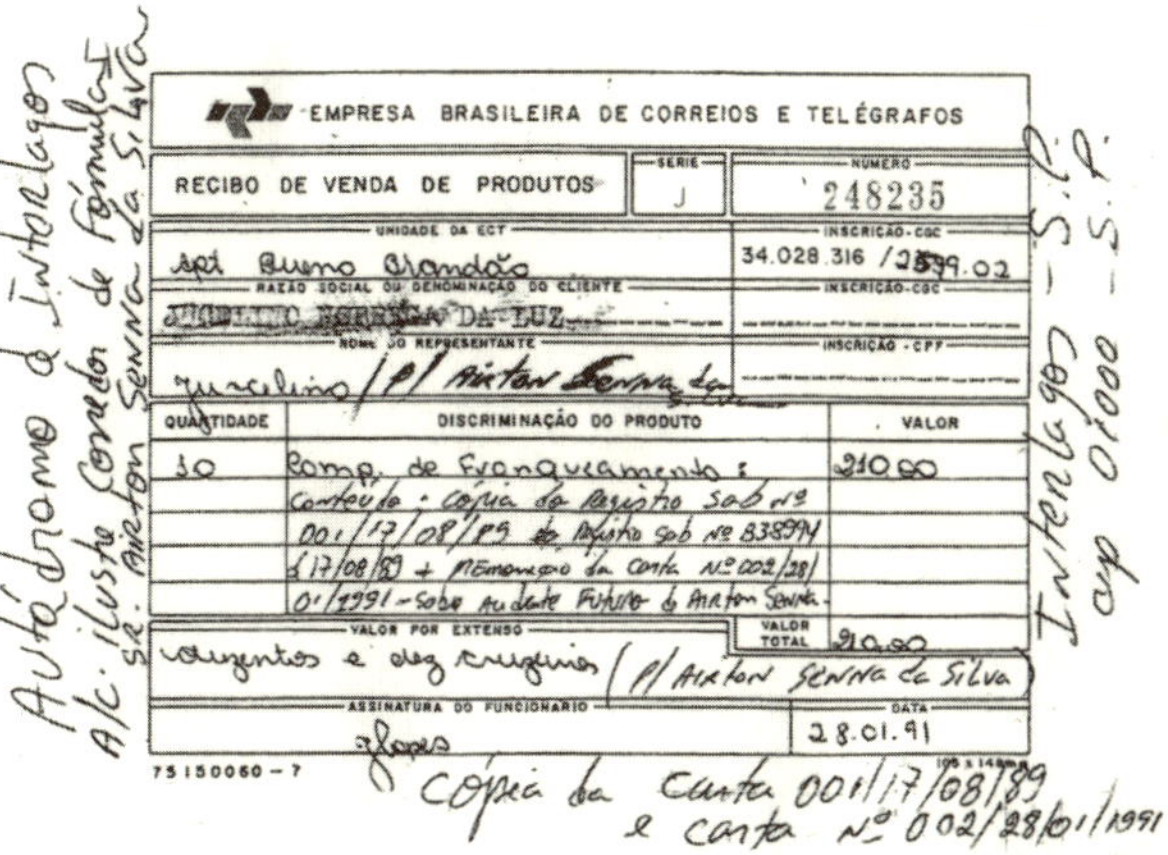

EMPRESA BRASILEIRA DE CORREIOS E TELÉGRAFOS

RECIBO DE VENDA DE PRODUTOS	SERIE J	NUMERO 248235
UNIDADE DA ECT: Apt Bueno Brandão		INSCRIÇÃO-CGC 34.028.316/2599.02
RAZÃO SOCIAL OU DENOMINAÇÃO DO CLIENTE: [redacted]		INSCRIÇÃO-CGC
NOME DO REPRESENTANTE: Juscelino /p/ Airton Senna da Silva		INSCRIÇÃO-CPF

QUANTIDADE	DISCRIMINAÇÃO DO PRODUTO	VALOR
30	Comp. de Franqueamento: conteúdo: cópia do Registro sob nº 001/17/08/89 do Registro sob nº 838994 (17/08/89) + Memorando da Carta Nº 002/28/01/1991 – sobre Acidente Futuro do Airton Senna.	210,00
VALOR POR EXTENSO: duzentos e dez cruzeiros (p/ Airton Senna da Silva)		VALOR TOTAL 210,00
ASSINATURA DO FUNCIONÁRIO: Jlopes		DATA 28.01.91

75150060-7

Autódromo de Interlagos
A/c: ilustre Corredor de Fórmula 1
Sr. Airton Senna da Silva
Interlagos – S.P.
Cep 01000 – S.P.
Cópia da Carta 001/17/08/89
e carta Nº 002/28/01/1991

事件7－2－2文書
郵便局の受け付け証明書

アイルトン・セナは、一九八八年にマクラーレンに移籍してから、一九九四年にウィリアムズへ移った。

予知は的中し、一九九四年五月一日、イモラのサーキット場アウトドローモ・エンツォ・エ・ディノ・フェラーリで、高速コーナー（タンブレロ）を曲がりきれずに、アイルトン・セナが死亡したというニュースが世界中を駆け巡った。

原因はやはりウィリアムズ・マシーンのステアリング・コラムだったことが明らかになっている。

事故直後に、フェラーリの元設計者であり有名な技術者でもあったマウロ・フォルギエリの指示によって調査が開始され、ステアリング・コラムがタンブレロ高速コーナーで折れて、ウィリアムズ・マシーンがコントロール不能に陥ったことを突き止めた。

激突して大破したマシーンの破片（サスペンション・アーム）が、セナのヘルメットのバイザーを貫通して、頭部を弾丸のように直撃したのだった。

この予知文書には、一九九一年一月二十八日付の郵便局の受け付け証明書があり、それには局員のサインが見てとれる（事件7―2―2文書）。

ほかに、イタリアに送られた事故調査当局のあいまいな姿勢を非難している数多くの手紙にも書留郵便としての証明が付けられている。

事件8　ベルリンの壁崩壊とブラジルの優勝（一九八九年予知→二〇〇二年発生）

ジュセリーノ氏が師と仰ぐ、ブラジルの有名な心霊能力者であるフランシスコ・シャビエル氏にあてた、この一九八九年九月二日の手紙（事件8―1〜3文書）には、出会ったときの会話や、死後、彼の墓前に献辞を捧げる約束などが書かれており、ぜひともその内容を紹介しておきたい。

「私が、あなたがお住まいのウベラバ市ミナス・ジェライス州をお訪ねしたとき、この地球で最高の宝物は〝愛と謙虚さ〟だとおっしゃられました。

そして私の持てる夢の予知力によって、〝時がとてつもない扉を開くだろう〟とも言われま

Bueno Brandão,02 de setembro de 1989

Carta nº0001/02/09/89 -em 2 Vias

Prezado Senhor Francisco Cândido Xavier(Chico Xavier),

Há 10 anos atrás,estive pessoalmente conversando com V.Sa. à respeito de minha situação:como sentimento interno havia se manifestado para que lhe procurasse,disse-lhe ainda que era sensitivo e V.Sa. disse-me que continuasse esse trabalho brilhante que estava fazendo,pois um dia eu iria avisar-te da vossa saúde e de que no dia da sua partida material desta terra,gostaria que eu enviasse bem antes uma mensagem e depois quando se concretizasse o fato, então,poderia enviar uma cópia da mensagem para ser colocado em vosso túmulo.

No entanto,estava apenas querendo receber vossa mensagem de amor e paz, e foi justamente você que me pedia isso;porque achava difícil uma pessoa que passasse mensagens tão lindas e verdadeiras,gostasse de receber uma mensagem de uma pessoa simples como eu.

Embora quando de passagem por Uberaba-M.G.,V.Sa. disse-me que a melhor riqueza desta terra são duas coisas:"humildade e amor".E que o tempo abriria uma porta imensa nos meus sonhos através de minhas premonições e de que jamais usasse isso como fruto material.

Não pude mais visitá-lo,mas estou com muita saudade;porque você é uma pessoa muito bondosa e carismática e vossa mensagem está se concretizando;pois já estou morando em Minas Gerais.

Desejo ressaltar minha preocupação com os aspectos que V. Sa. tão bem enfatiza em seu articulado,razão que me leva a manifestar meu irrestrito apoio às suas mensagens e me conduz a renovar o compromisso de continuar lutando,como

事件８－１文書
13年前に母国のサッカー優勝と本人の死を予告したブラジルの偉大な聖者への書簡

した。

また、その力を〝決して物質的な利益のために使わないように〟とおっしゃいました。その後、再びそちらへ訪問することができませんでしたが、私はとても懐かしく思います。それはあなたがとても親切で尊敬に値する方であるからです。

そのとき言われたあなたのメッセージは現実になっています。言葉どおり私はもうミナス・ジェライスに住んでおります……」

この後には、手紙が書かれた当時にジュセリーノ氏が受け取った夢によるメッセージが書かれているが、理解するのが難しく、多少説明する必要があるだろう。

「ある日曜日に、シャビエル先生が、同じ人種で同じ言語の国民が、とても高い壁によって東と西に分割されていて、その壁の上に座っておられるのを夢に見ました。さらにそこで、この高い壁が崩れて両民族が結合するのを見ました。これはあなたの健康が思わしくないという最初の合図です……」

これはシャビエル師の健康に関係していると同時に、明らかに東西ドイツのことでもある。この手紙が書かれた二カ月後の、一九八九年十一月九日に、ベルリンの壁が崩壊したからである。そのことは、この後に続く文章で明らかになるとともに、別の出来事の予知につながっていくのである。

ジュセリーノ氏の顕在意識は、あくまでも師の健康状態にあるが、他の重大な出来事が混ざ

exemplo de vosso caminho árduo e cheio de espinhos,mas com um final cheio e repleto de luz e rosas...

Aqui está a minha mensagem para que reflita e se conduza sobre os auspícios da"Luz Divina":

"Eis que vi em um sonho,Chico Xavier n'um Domingo,sentado em um muro bem alto de uma Nação de povos iguais,línguas iguais e de divisão Ocidental e Oriental;

Eis que também observei um muro bem alto cair e os dois povos se unirem,o primeiro sinal de que vossa saúde não anda bem...;

Eis que notei que surgirá uma grande competição mundial e esta Nação,estará participando;

Eis que vi a Pátria mãe,de Chico Xavier nesta competição,será o segundo sinal;

Várias nações participarão desta competição,mas apenas as duas se confrontarão no final;

Eis que a soma do Ocidente e Oriente,será o remaliddo final daat competição;

A Pátria mãe de Chico Xavier,estará totalmente em festa,mas também o luto manifestar-se-à neste último sinal."

Então,gostaria que se cuidasse e que Deus lhe proteja em vossa jornada, continuando sempre ao inteiro dispor,valho-me da oportunidade para lhe renovar o meu apreço e estima.

Atenciosamente,

Prof. Jucelino Nobrega da Luz

事件８－２文書
ベルリンの壁崩壊も予知している

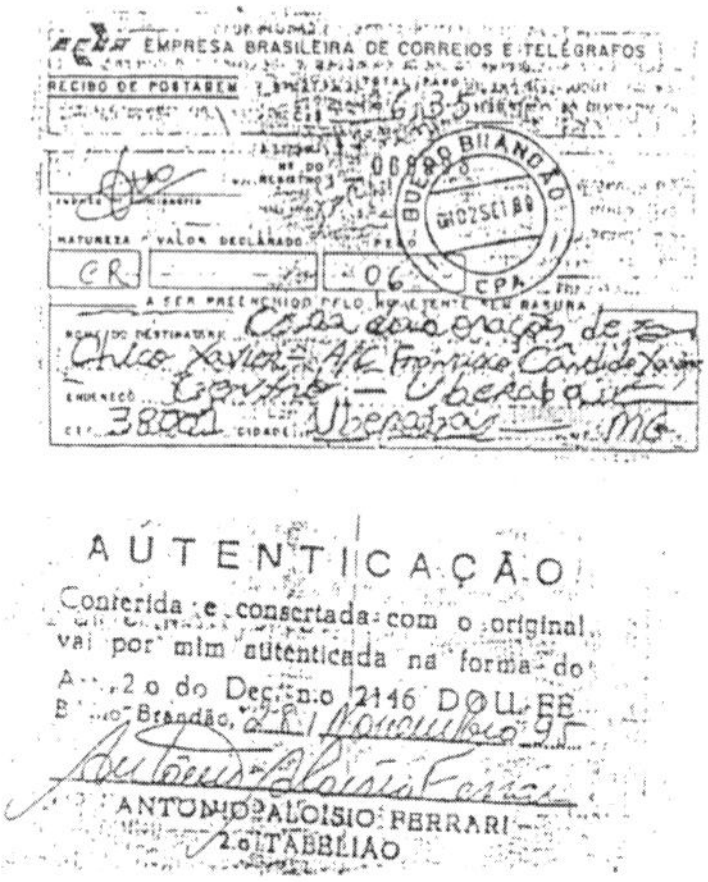

事件８－３文書
公証役場登録証

り込んでいるのだ。この文には予知したイメージをどう解釈するかという点における微妙さが、よく出ている。

「とても大きな世界の競合が行われているのです。そしてこの国が参加していることを夢に見ました。これは第二の合図です。多くの国がこの競合に参加しますが、しかしわずか二カ国だけが最後の決勝戦を行うのです……」

　これは、シャビエル師に最初に会ったとき、師の死期に連動して起きるといわれた出来事が混ざっている。つまり、二〇〇二年六月に日本と韓国共同で行われた、サッカーのワールド・カップのことである。最後の決勝戦にはブラジルとドイツが勝ち進んでいるが、ドイツという国に関係し、東西ドイツの統一が出てきていたということであろう。

「この競合の最終的な結果が、東と西の統合です。シャビエル先生の母国はお祭りになっていますが、この最後の合図によって、嘆き悲しみが現れるのです……」

　この文の解釈は次のようになる。

二〇〇二年六月三十日、日曜日のこの試合に、ブラジルは二対〇で勝利して五度目のワールド・カップ世界一になった。

しかし、同時にこの日にシャビエル師の死亡が報道された。そして二日後の七月二日に埋葬された。ワールド・カップと先生の死は同時進行だったのである。

この手紙の裏には、一九八九年九月二日印が押されたブエノ・ブランドン市の公式郵便受け付けレシートが張られ、その下に、市の第二公証役場証明印があり、一九九五年十一月二十八日の日付で、公証人アントニオ・アロイジオ・フェラーリが登録立証サインをしている（事件8―3文書）。

事件9　東京地下鉄サリン事件やファティマの奇跡（一九八九年予知→一九九三年より発生）

この文書は一九八九年九月二十六日付で、ゴイアニア市の市長あてに出された手紙（事件9―1～3文書）で、いくつかの出来事に関する警告がタイプ文字で書かれている。

第一項には、「人体臓器売買の事実の一部が、二〇〇三年もしくは二〇〇四年に露見します（一九八九年八月十日予知）」としている。

事件は二〇〇三年十二月に起きている。マスコミは、ブラジル連邦警察がペルナンブコ州で人体臓器を南アフリカやヨーロッパに密輸していた犯罪組織を解体したと報道した。この組織は、一年ほどの間に貧しい集落から人を誘い出し、少なくとも三十個の腎臓を移植用に売買していたということが明らかにされている。

第二項には、東京の地下鉄事件のことが書かれている。「私が日本について見たのは、東京の地下鉄駅で、サリンといわれる毒ガスを使って、アウム（オウム）真理教という名の新興宗教のリーダーが引き起こす事件です。このことは一九八九年八月に天皇陛下と警察当局にも手紙を送りましたが、受け取りの返事はありませんでした（一九八九年八月十一日予知）」

手紙が出された六年後に事件は実際に起きた。一九九五年三月二十日に、東京の三路線の地下鉄の五本の電車が毒ガスのサリンで攻撃された。この事件の結果、オウム真理教のリーダー麻原彰晃の指示で起きたテロ攻撃によって、十二人が死亡し、五千五百人以上が重軽傷を負った。

第三項にも同じような事件が取り上げられている。「一九九三年に、デビッドという狂人がＦＢＩ（アメリカ連邦警察）に追われてから、テキサス州ワコー市で百人ほどを道連れにして死亡します。これに関する情報は、以前に警察当局に送りました（一九八九年八月十二日予知）」

Santo André,26 de setembro de 1989

Carta nº001-A/26/09/89-em 2 vias
Assunto:Predições Recentes

Exmo. Prefeito Municipal de Goiânia(Goiânia),

Conforme a outra parte do registro do Sedam,cujo envio faz parte da carta nº 001/26/09/89,peço-lhe a sua inteira e honrada atenção e que seja tomada as devidas providências urgentemente,pois minhas premonições, nunca falham e estou ficando preocupado com a situação do nosso querido Brasil,necessito de vosso apoio conforme solicitado na outra carta.

Premonições:

1.Eis que vi nos Estados do Mato Grosso(Sul/Norte), Goiás/Goiânia e no Amazonas,um grande tráfico que se iniciará no ano de 1995,onde Médicos e pessoas de importantes hospitais estarão envolvidos,pois irão começar a contrabandear órgãos do corpo humano.E em todo Brasil,muitas pessoas irão desaparecer.Não serão veiculados nos noticiários,porque as pessoas que participarão deste contrabando de órgãos têm grande influência.Aparecerão grandes hospitais envolvidos neste contrabando,que serão descobertos parcialmente nos anos de 2003 ou 2004;embora,continuará a se expandir por todo Brasil.Muitas pessoas continuarão a desaparecer por todo o Brasil e serão mortas para a retirada de seus órgãos.Haverá médicos brasileiros e do exterior envolvidos nesse crime e,a rota do crime serão nos estados supracitados.(Premonição do dia 10/08/1989);

2.Eis que vi no Japão,um grande atentado no Metro de Tóquio; será usado um tipo de Gás chamado de Sarim,por um líder de uma Seita, com o Nome

事件９－１文書
東京地下鉄サリン事件を６年前に予知

予知された年にこの事件は起きた。一九九三年四月十九日、ＦＢＩはブランチ・ダビディアン新興宗教の所有施設に立ち入り捜査を開始した。団体の指導者デビッド・コレシュは五十一日間立てこもった末、銃撃戦となり、信者八十人を道連れにして自殺した。

第四項は、ファティマの奇跡に関する予知である。「一九一七年にポルトガルのファティマで起きた聖母の幻視で、三つの啓示を授かった最後の生存者である修道女ルシアは、自分が目撃したことを二〇〇五年に、パッパ（法王の愛称）に対して現職最後の告白をします（一九八九年八月十三日予知）」

ファティマの奇跡について簡単に説明すると、一九一七年五月十三日から十月まで、毎月十三日に、上空に飛来した光体とともに空中に出現した聖母マリアは、三人の牧童、フランシスコ・マルトとジャシンタ兄弟、ならびに従姉のルシアに対し、三つの有名な秘密の啓示を与えた。

最初の二つのメッセージは、第一次世界大戦の終結、そして第二次世界大戦の開始と、二人の子どもの早過ぎる死の予告であった。三番目の告知は、バチカンによれば、一九八一年五月十三日にサンピエトロ広場で前ローマ法王ヨハネ・パウロ二世への暗殺未遂事件に関係したものだとされている。

ルシアはその後修道女となり、ジュセリーノの暗示的な予言どおり、二〇〇五年二月十三日

de Verdade Suprema, liderada por um grande fanático - já enviei uma carta no mês de Agosto, para o imperador do Japão e autoridades, não obtive ainda nenhuma resposta. (Premonição do dia 11/08/89);

3. Eis que também observei nos EUA, precisamente no Texas/Wago, o FBI cercar outro lunatíco David, no ano de 1993 e morrerão quase 100 pessoas. Enviei cartas ao Governo daquele país. (Premonição do dia 12/08/89);

4. Eis que observei em Portugal a Virgem Maria fazer quatro(4) revelações, nas quais, a última foi selado na cidade de Nsa. de Fátima e dela me incubiu de fazer a revelação no ano de 2005. Sòmente cinco(5) pessoas na terra, saberão desta revelação e uma delas é o nosso Papa. (premonição do dia 13/08/89);

5. Eis que vi um Metalúrgico ganhar as eleições de 2002, este homem virá de São Bernardo do Campo-S.P., seu nome será espalhado por todo Brasil. Mas, antes perderá Três vezes. É conhecido como LULA. (Premonição do dia 14/08/89);

6. Eis que também observei grandes guerras, enchentes, atentados contra os EUA, Filipinas, Russia e Filipinas entre 2000 a 2003, digo, Indonésia e surgirá grandes Crises mundiais e dois(2) países ameaçarão o mundo, porque produzem escondidos Bombas quimicas, nucleares e biológicas. Eles terão a intenção de dominar o mundo (Coréia do Norte e Iraque), aliados terão de montão, pois não temerão os EUA. (Premonição do dia 15/08/89);

7. Eis que observei um grande tráfico de drogas e armas se alastrar por todo o Brasil, grandes rebeliões se espalharão e as vendas de armas e drogas, e entrarão por vários países de fronteiras com o Brasil.

事件９－２文書
ファティマの奇跡に関する予知

に、ポルトガルの聖テレーザ・デ・コインブラのカルメル修道会で九十七歳の天寿を全うした。
ファティマ第三の予言については異説があり、ルシアが一九八二年に法王に送った手紙に書かれていたといわれる。それによれば「聖母マリアは、ロシアが過ちを世界に広め、戦争を起こして多くの国民が滅びると申しました。そして教会を迫害し、善人は殉教し、聖人祭司はとても苦しめられるのです」というもので、この内容を阻止するよう強く法王に懇願している。この予言の結末がどうなるかは、歴史が証明するのだろう。

第五項はブラジルの大統領選挙の予知である。「冶金工員が二〇〇二年のブラジル大統領に選出されます。この人はサンパウロのサン・ベルナルド・ド・カンポ市出身で、通称ルーラという名で知られています(一九八九年八月十四日予知)」
この予言もそのとおりになった。二〇〇二年十月二十七日、ルイス・イナシオ・ルーラ・ダ・シルバ氏は、ブラジル連邦共和国の大統領に選出された。

六番目には世界の未来が書かれている。「私は大きな戦争と大洪水が、二〇〇〇年から二〇〇三年の間に、米国、フィリピン、ロシアで起きるのを見ました。またフィリピン、ロシア、インドネシアではテロ犯罪が多発し、北朝鮮とイラクは細菌兵器や化学兵器、そして核兵器を隠し持ち、アメリカを恐れず世界征服を狙っています」といった概要が記されているが、今日

Também observei uma devastação no Amazonas, florestas sendo derrubadas por um comércio lucrativo e ilícito e grandes políticos envolvidos com todo esse tipo de tráfico ilegal. No Rio de Janeiro, serão presos vários nomes do tráfico; embora não resolverá o grande problema, pois grandes personalidades estarão envolvidas no esquema deste comércio. Surgirão grandes Facções criminosas por toda parte. (Premonição do dia 16/08/89).

Que os auspícios Divinos iluminem nosso Brasil e, aguardo vossa manifestação e apoio para denunciar esses crimes.

Acredite-me a tarefa de ouvir é quase impossível. Subscreva-me.

Cordialmente,

Prof. Jucelino Nobrega da Luz

1º OFÍCIO

Rua Avinhão,53 -Santo André-S.P. Cep:09000

IMPACT PUBLICIDADE LTDA.
IMPRENSA - RÁDIO - TELEVISÃO - PUBLICIDADE EM GERAL

AGRADECEMOS A CONFIANÇA
RUA ASDRUBAL DO NASCIMENTO, 466 - CEP 01316 - (SEDE PRÓPRIA)
TELEFONE: 34-5118 (TRONCO CHAVE) — SÃO PAULO-SP

CGC (MF) Nº 43.148.691/0001-68
INSCR. MUNICIPAL Nº 1.059.709-3

RECIBO № 700 Cz$ 70,00

Recebemos de Jucelino Nobrega da Luz c.c.c.c.c.c.c.c.c.c.c.c.c.c.c.c.c.c.c.c.
a quantia de Setenta cruzados novos c.c.c.c.c.c.c.c.c.c.c.c.c.c.c.c.c.c.
c.c.c.c.c.c.c.c.c.c.c.c.c.c.c.c.c.c.c.c.c.c.c.c.c.c.c.c.c.c.c.c.c.c.
referente a anúncio no jornal DIARIO CATARINENSE do dia 30.09.1989
tamanho 2X6 cms titulo Premonições -são sete(7) resumidas no verso.
seção: esoterismo - carta nº001-A/26/09/89.resumo

São Paulo, 29 de Setembro de 1989

ALEXANDRE

事件９－３文書
下部は東京地下鉄サリン事件文書等の公証役場登録証

までを振り返ると、予知された状況になっているといえる。
七番目には、ブラジルの犯罪に触れ、「国境を越えて多くの麻薬と武器の密輸が行われているのを見ます」と、言っている。
今日、ブラジル国内はますます犯罪が多くなっており、警察より犯罪組織のほうが強力な武器を所持している。そのため社会的混乱が大きな問題になっていることは、この予知が的確であったことを証明している。

市長に送ったこの七項の予知を、ジュセリーノ氏はインパクトという広告代理店に頼み、一九八九年九月三十日にカタリネンセー・デイリー・プレス紙に告知記事を出している。その時の代理店の領収書と一緒に、予言内容が公証人役場に登録（事件9—3文書）されているのが分かる。代理店に支払われた金額は七〇クロザード（ブラジルの旧通貨単位）となっている。手紙文の各ページの右上に、役場の受理確認印が押されている。

事件10　9・11テロとイラク戦争（一九八九年予知→一九九三年〜二〇〇四年発生）

この事件は、さまざまな出来事の警告書簡の中に数多く登場している。同じような文章の繰り返しが多くあることは、ジュセリーノ氏の姿勢と、その頑固さがよく表れている。代表的な書簡を選んで掲載する。

文書1――米大統領、英領事館への手紙（事件10―1―1文書）

最初の書簡は、一九八九年十月二十六日付で、アメリカのブッシュ大統領（父・ジョージ・H・W・ブッシュ）あてである。この手紙では、簡潔にワールド・トレード・センターへの二回の攻撃の危険性を警告している。第一回目は一九九三年に起きるが、日付は特定していない。二回目は二〇〇一年九月十一日としている。

続いて、二〇〇四年三月十一日にマドリードの電車の駅で起きる、テロ攻撃を警告している。同じように、ロンドンでも五百キロ爆弾（爆薬の化学物質にも言及しているが、これは事件18で述べる）によるテロが仕掛けられるとし、これについては「後日イギリス政府に、このテロを防ぐために知らせます」といっている。

最後に、「私はクリチーバ市で休暇をとっていますが、アメリカとイギリスのことが心配です」と書いている。

この予知警告が、現実にどう起きたかを調べてみると、確かに一九九三年にワールド・トレード・センターの駐車場で爆弾が爆発している。起きたのは二月二十六日であった。

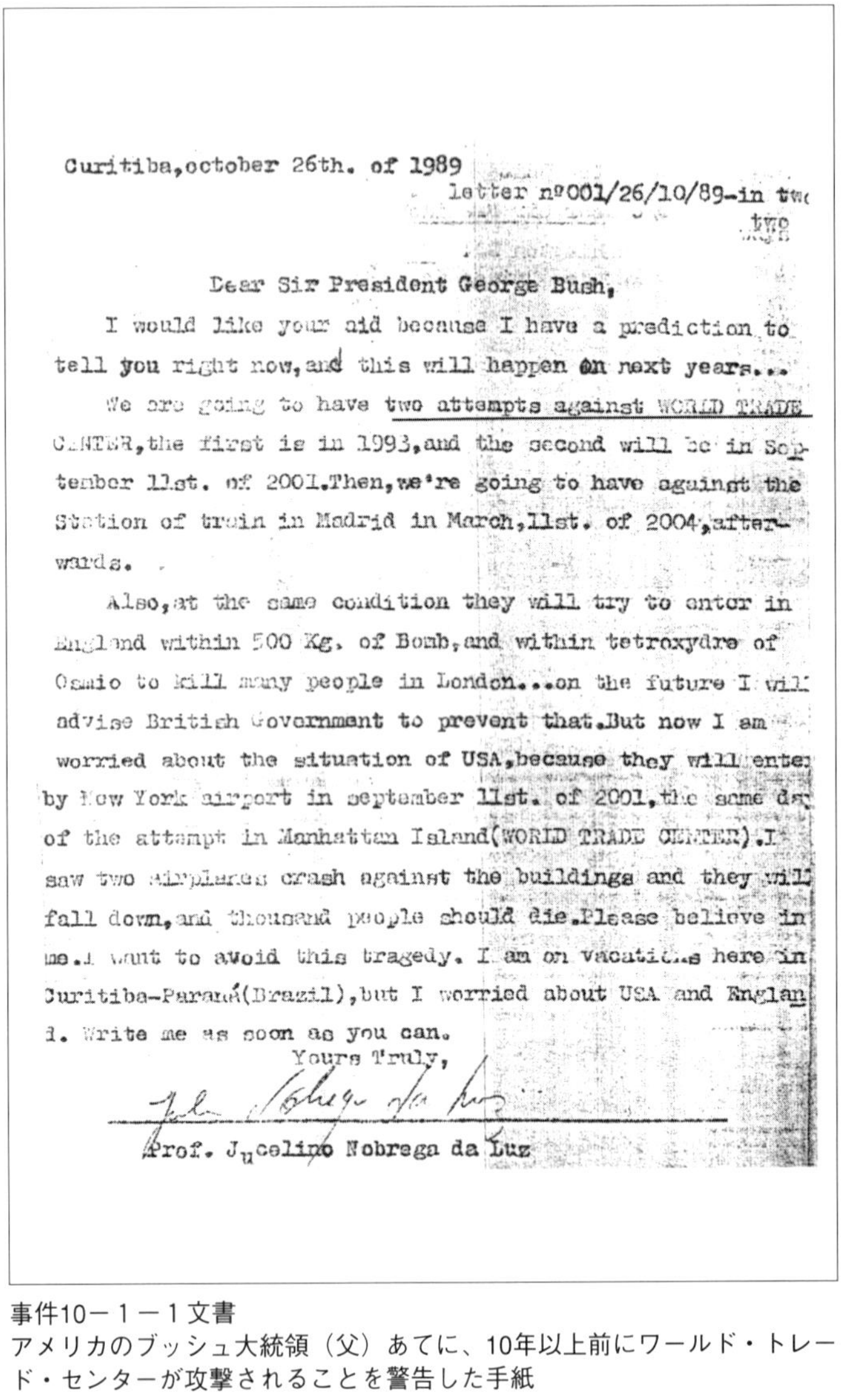

Curitiba,october 26th. of 1989

letter nº001/26/10/89-in two
two

Dear Sir President George Bush,

I would like your aid because I have a prediction to tell you right now,and this will happen on next years...

We are going to have two attempts against WORLD TRADE CENTER,the first is in 1993,and the second will be in September 11st. of 2001.Then,we're going to have against the Station of train in Madrid in March,11st. of 2004,afterwards.

Also,at the same condition they will try to enter in England within 500 Kg. of Bomb,and within tetroxydre of Osmio to kill many people in London...on the future I will advise British Government to prevent that.But now I am worried about the situation of USA,because they will enter by New York airport in september 11st. of 2001,the same day of the attempt in Manhattan Island(WORLD TRADE CENTER).I saw two airplanes crash against the buildings and they will fall down,and thousand people should die.Please believe in me.I want to avoid this tragedy. I am on vacations here in Curitiba-Paraná(Brazil),but I worried about USA and England. Write me as soon as you can.

Yours Truly,

Prof. Jucelino Nobrega da Luz

事件10－１－１文書
アメリカのブッシュ大統領（父）あてに、10年以上前にワールド・トレード・センターが攻撃されることを警告した手紙

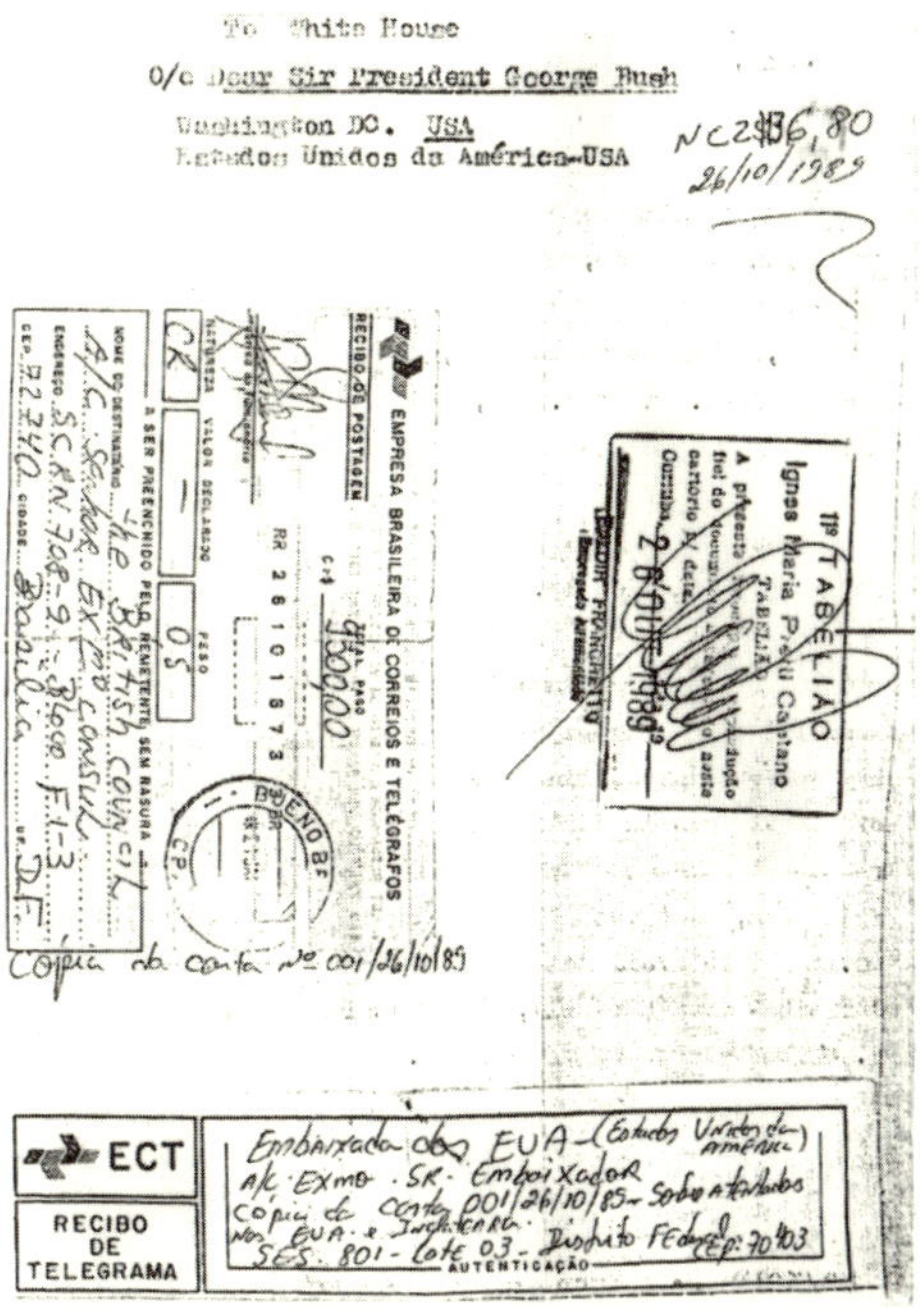
To White House
O/c Dear Sir President George Bush
Washington DC. USA
Estados Unidos da América-USA

EMPRESA BRASILEIRA DE CORREIOS E TELÉGRAFOS
RECIBO DE POSTAGEM

11º TABELIÃO
Ignes Maria Prestes Caetano
TABELIÃ

Cópia da carta nº 001/26/10/85

ECT
RECIBO DE TELEGRAMA
Embaixada dos EUA (Estados Unidos da América)
AUTENTICAÇÃO

事件10－１－２－文書
ブッシュ大統領（父）あての文書の公証役場登録証

そして9・11テロは、まさに予知した日に起きている。二〇〇一年九月十一日に、二機の旅客機が衝突し、センター・ビルは崩壊した。死者と行方不明者合わせて五千人以上の犠牲者が出た。同じ日にワシントンのペンタゴンの建物にもテロ攻撃が及ぶ。

この手紙のコピーは、一九八九年十月二十六日の日付で、パラナ州クリチーバ市の第十一公証役場へ登録されている。書類の裏に公証役場の印と日付が押されている（事件10—1—2文書）。また他日に送った同内容の手紙の受付証明書が添付されており、日付が読み取りにくいが、一月二十一日の日付印で、首都ブラジリアのイギリス領事へ送ったと記されている。しかしこれはイギリス大使の自宅住所に送るべきだっただろう。下のほうに同じく郵便局の引き受け印があり、同内容の手紙を、アメリカ・ワシントンのホワイトハウスへ送ったと注釈が書かれている。

文書2——マスコミの報道拒否書簡（事件10—2文書）

文書1の内容の手紙は方々に送ったようで、アメリカの新聞社であるマイアミ・ヘラルドから予知警告という、まことに微妙なテーマに基づく情報に対して、不審と疑いが込められた表現の返信文が送られてきている。政府やマスコミにはこの手の手紙が多々送られているためだろうか。

会社ロゴマークのレターヘッドが付いているこの手紙の発信は、一九九五年八月十一日付である。執筆担当者のサインが入っている正真正銘の文書といえる。

「私どもは読者の皆様からのお便りをいただくことは常に喜びとするものです。

あなたから受け取った一九八九年十月二十六日付の手紙にある、ワールド・トレード・センターに対する二〇〇一年九月十一日にあるだろうというテロ攻撃についての文面は正当に評価いたします。

また、あなたはアメリカが二つの戦争を起こすと語っておられます。そして最後はイラクに

MHPC

The Miami Herald Publishing Company

Isabel Entenza
Manager
International Operations

August 11, 1995

Jucelino Nobrega da Luz
[redacted]
Bueno Brandão - mg.
Brasil

Dear Mr. Nobrega da Luz :

Thank you for taking the time to respond to our survey.

We are always happy to hear from our readers. We truly appreciate your letter copy of October 26 ,1989,where you tell us about an attempt at THE WORLD TRADE CENTER,according your comments it will be in September 11,2001.
You also tell us in advance that USA should have two wars,and the last will be against IRAQ.Concerning your letter SADDAN HUSSEIN will scape and would be hidden in Tikrit, exactly in AD DAWR
Unfortunately, we can't publish this matter because it may cause astonishment.
We are proud to have readers all over the world and to count you among them.

Thanks again for your interest in the MIAMI HERALD INTERNATIONAL EDITION.

Sincerely,

Isabel Entenza

事件10－２文書
アメリカの新聞社から送られた報道拒否返信

対してであろうと。さらにサダム・フセインは逃走して、チクリート、正確にはイラク中部ダウルに隠れると。

不運にも、私どもはこのような内容を発表することができません。なぜなら、恐怖を引き起こすかもしれないからです。

わが社は世界中の読者を誇りに思います。そしてその中にあなたもおられます。

重ねて、あなたのマイアミ・ヘラルド紙・国際版への関心に感謝いたします。

心から　イザベル・エンテンザ」

この警告文書の内容は、正確に予知どおり発生した。

国際メディアは、二〇〇一年九月十一日にワールド・トレード・センターが攻撃されたと報じた。

二〇〇一年九月十三日に、アメリカ軍がアフガニスタンで戦争を開始する。

二〇〇三年三月二十日に、アメリカはイラクに侵攻した。

二〇〇三年十二月十三日に、サダム・フセインは、予知書簡に書かれたとおりの場所で逮捕された。

文書3――ビル・クリントン大統領への書簡（事件10―3文書）

政権が変わっても、あきらめることなくジュセリーノ氏は警告を送り続ける。最初の警告か

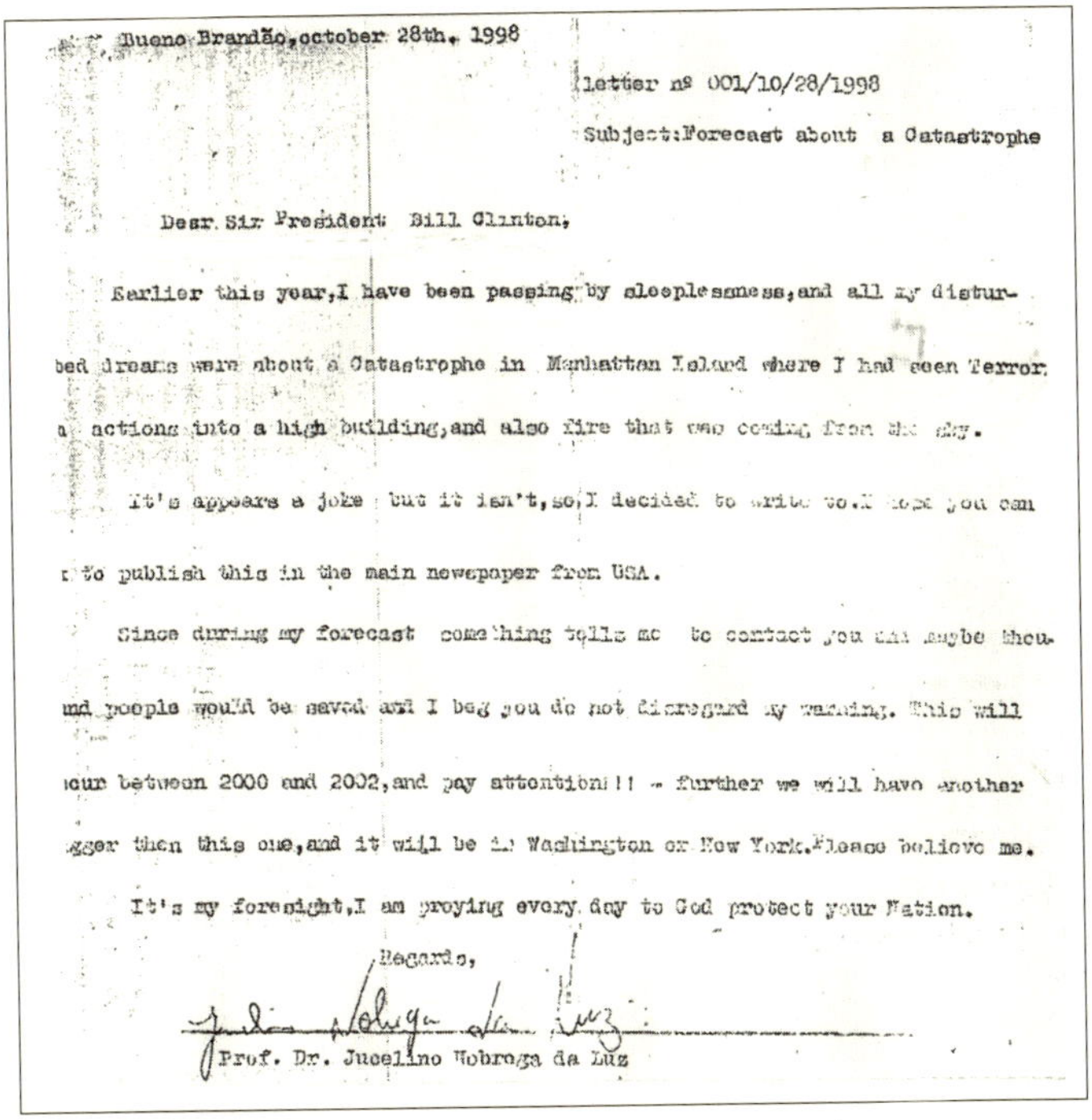

Bueno Brandão, october 28th. 1998

letter nº 001/10/28/1998

Subject: Forecast about a Catastrophe

Dear Sir President Bill Clinton,

Earlier this year, I have been passing by sleeplessness, and all my distur-
bed dreams were about a Catastrophe in Manhattan Island where I had seen Terror
actions into a high building, and also fire that was coming from the sky.

It's appears a joke but it isn't, so I decided to write to. I hope you can
to publish this in the main newspaper from USA.

Since during my forecast something tells me to contact you and maybe thou-
sand people would be saved and I beg you do not disregard my warning. This will
ocur between 2000 and 2002, and pay attention!!! – further we will have another
bigger then this one, and it will be in Washington or New York. Please believe me.

It's my foresight, I am praying every day to God protect your Nation.

Regards,

Prof. Dr. Jucelino Nobrega da Luz

事件10ー３文書
10年以上前に９・11テロを警告したクリントン大統領への手紙

ら十年後の一九九八年十月二十八日に、今度は当時のアメリカ大統領ビル・クリントンあてである。

「私は過去に見た夢のことで大変心配しています。それはマンハッタン島に対するテロ攻撃です。高層ビルが空からやってくる火に包まれるのです。

　冗談のように思われるでしょうが、そうではありません。ですから私はこうして、このことをアメリカの主要新聞で公表していただくことを願って、お手紙を差し上げています。

　私に語る何者かが、人々の安全のためにあなたに接触するように言いました。どうぞお願いですから私の警告を無視しないでください。これは二〇〇〇年から二〇〇二年の間に起きますが、注意してください、それ以上の大きなことがワシントンもしくはニューヨークにやってきます。私を信じてください。

これは先見の明であり、私はあなたの国が守護されるよう日々祈っております。

ジュセリーノ・ダ・ルース」

この時期に、同じ内容で、ホワイトハウス、FBI、国連、ケンブリッジ大学、米上院議長、そしてアメリカとイギリスの新聞社などに送られた手紙が存在している。またEメールでアメリカの国務省に送られている。

文中にある、「それ以上の大きなこと」とは、近未来に関する別項の、テロもしくは災害を指すと思われる。

文書4――フセイン所在場所の詳細（事件10―4―1文書）

9・11テロが発生したため、焦りを感じて、さらに返答を求めようと、ブラジル駐在のアメリカ女性大使に手紙を出す。これまでの警告を繰り返し、それまで送付した手紙についても言及しながら、サダム・フセインの所在について詳細に記すとともに、マドリードへのテロ攻撃にも触れている。手紙の文章はタイプ打ちのポルトガル語である。

手紙の日付は、センター・ビル倒壊の二日後、二〇〇一年九月十三日である。

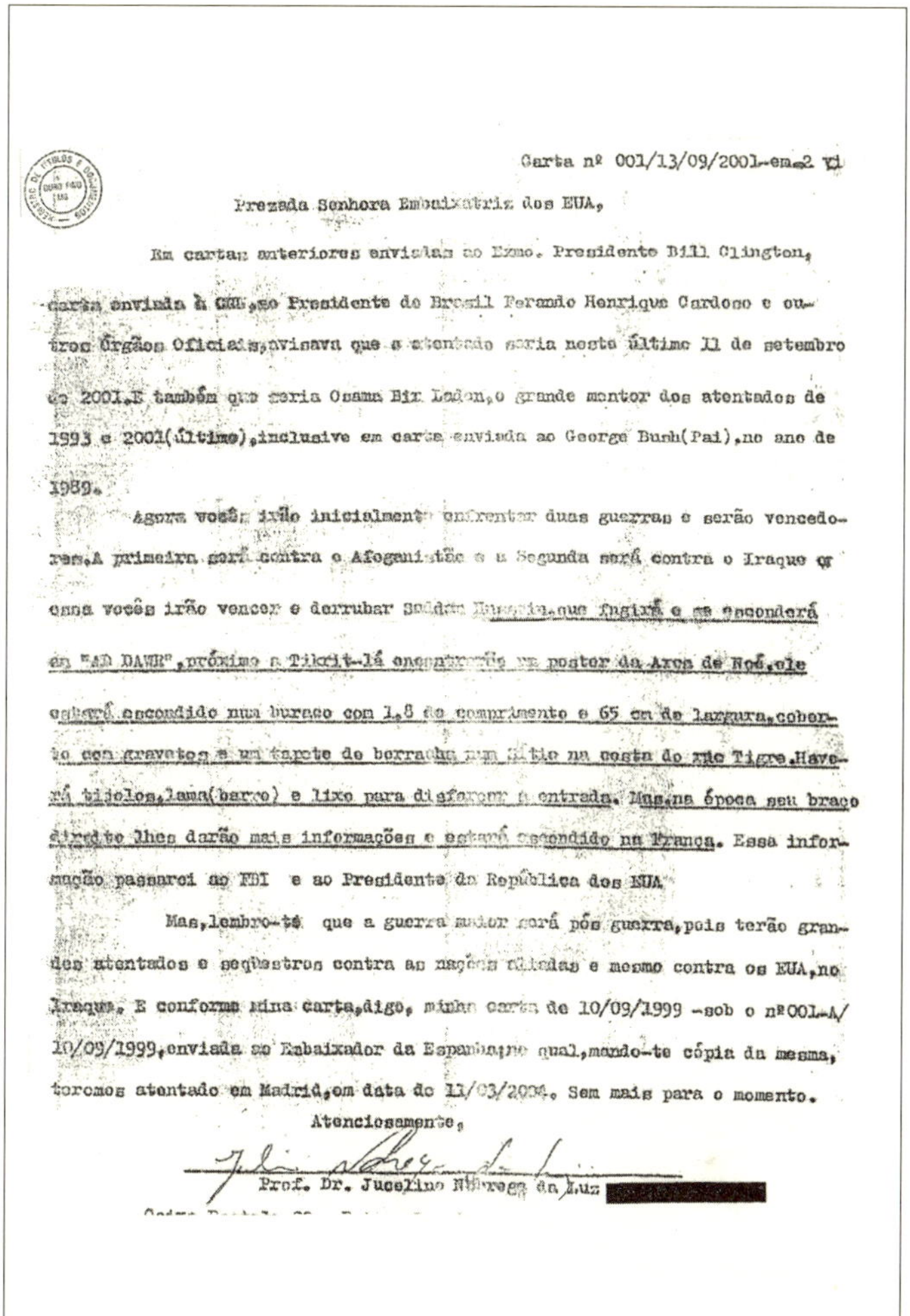

Carta nº 001/13/09/2001-em 2 vi

Prezada Senhora Embaixatriz dos EUA,

Em cartas anteriores enviadas ao Exmo. Presidente Bill Clington, carta enviada à CNN, ao Presidente do Brasil Fernando Henrique Cardoso e outros Órgãos Oficiais, avisava que o atentado seria neste último 11 de setembro de 2001. E também que seria Osama Bin Laden, o grande mentor dos atentados de 1993 e 2001(último), inclusive em carta enviada ao George Bush(Pai), no ano de 1989.

Agora vocês irão inicialmente enfrentar duas guerras e serão vencedores. A primeira será contra o Afeganistão e a Segunda será contra o Iraque e essa vocês irão vencer e derrubar Saddam Hussein, que fugirá e se esconderá em "AD DAWR", próximo a Tikrit-lá encontrarão um poster da Arca de Noé, ele estará escondido num buraco com 1.8 de comprimento e 65 cm de largura, coberto com gravetos e um tapete de borracha num sítio na costa do rio Tigre. Haverá tijolos, lama(barro) e lixo para disfarçar a entrada. Mas, na época seu braço direito lhes darão mais informações e estará escondido na França. Essa informação passarei ao FBI e ao Presidente da República dos EUA

Mas, lembro-te que a guerra maior será pós guerra, pois terão grandes atentados e seqüestros contra as nações aliadas e mesmo contra os EUA, no Iraque. E conforme mina carta, digo, minha carta de 10/09/1999 -sob o nº001-A/10/09/1999, enviada ao Embaixador da Espanha, na qual, mando-te cópia da mesma, teremos atentado em Madrid, em data de 11/03/2004. Sem mais para o momento.

Atenciosamente,

Prof. Dr. Jucelino Nóbrega da Luz [redacted]

事件10－４－１文書
サダム・フセインの所在情報をアメリカ大使館へ送った手紙

Protocolado no Correios:

Embaixada dos Estados Unidos da América

A/C Exma. Sra. Embaixatriz

SES 801 -Lote 03 ST. E. Sul

Brasília D.F.

Cep:70403.900

CORREIOS

RECIBO DE POSTAGEM

RC 0 7 9 9 2 0 1 6 1 BR

A SER PREENCHIDO PELO REMETENTE SEM RASURA

DESTINATÁRIO DO OBJETO / DESTINATAIRE

Embaixada dos Estados Unidos - A/c Embaixador

SES 801 - Lote - 03 St. E. SUL

70403-900 Brasília DF Brasil

VEJA, DO OUTRO LADO, O ENDEREÇO PARA DEVOLUÇÃO DESTE IR.

Selo de Fiscalização

BCH 42011

Pouso Alegre - MG

事件10－４－２文書
アメリカ大使館あて書簡の公証役場証明書

ブラジリアにあるアメリカ大使館へ送った手紙の郵送証明書が少なくとももう二枚あり、書留受取人のサインと確認番号が読み取りにくいが、二〇〇一年十一月二十日と二十二日のものである。

手紙と郵送証明には、受け付け証明書と配達証明書が付けられて、いずれも公証役場の登録印が押されている（事件10—4—2文書）。

ジュセリーノ氏が、警告を出しているにもかかわらず返答がないことに対し、相手の姿勢をさらに追及しようとする強い気持ちが表れている。

文書5——ジョージ・ブッシュ大統領への手紙（事件10—5文書）

今度は、現職のジョージ・W・ブッシュ大統領へ、自分の予知夢を説明しようとする手紙を出している。9・11テロの二十日後、アフガニスタン侵攻の十七日後で、まだイラクとの戦争は始まっていない。

この手紙には、次のように述べられている。

「二〇〇一年十月一日、親愛なるジョージ・ブッシュ大統領殿——あなた自身が、これから二年間のうちに、アメリカを二つの戦争に突入させていくことになります。一つはアフガニスタンで、次はイラクです。しかし私は前もってお話しします。イラクに侵攻した時、サダム・フセインは雲隠れしてしまいますが、最後にあなたは彼を見つけ出すでしょう。彼はダウルにひ

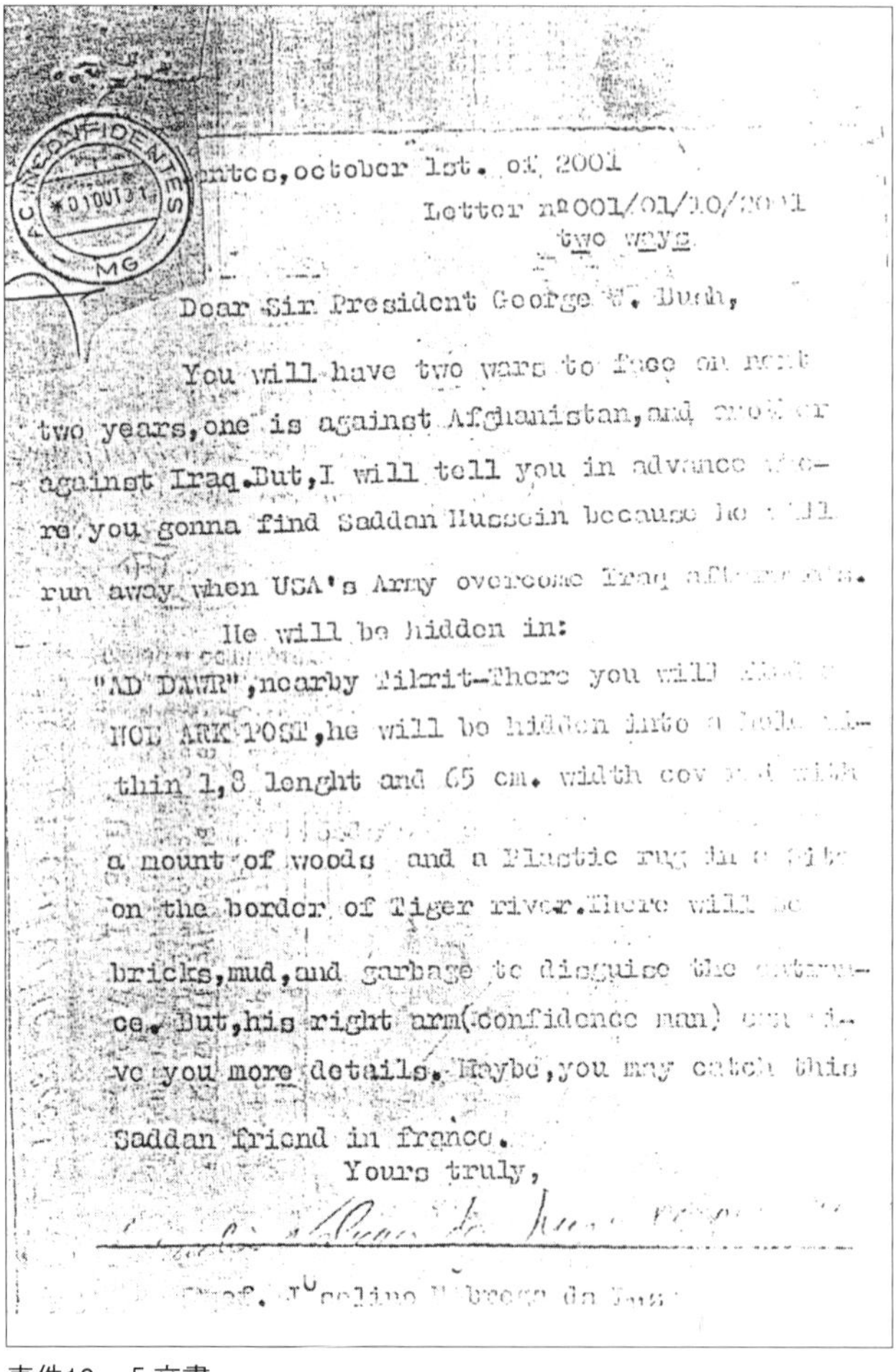

...ntos, october 1st. of 2001

Letter nº001/01/10/2001

two ways.

Dear Sir President George W. Bush,

You will have two wars to face on next two years, one is against Afghanistan, and another against Iraq. But, I will tell you in advance whe-re you gonna find Saddan Hussein because he will run away when USA's Army overcome Iraq afterwards.

He will be hidden in:

"AD DAWR", nearby Tikrit-There you will [illegible] HOE ARK POST, he will be hidden into a hole wi-thin 1,8 lenght and 65 cm. width covered with a mount of woods and a Plastic rug in a site on the border of Tiger river. There will be bricks, mud, and garbage to disguise the entran-ce. But, his right arm(confidence man) can gi-ve you more details. Maybe, you may catch this Saddan friend in france.

Yours truly,

Prof. J[illegible] da Luz

事件10－５文書
フセインの詳細な所在を知らせる現ブッシュ大統領あて書簡

そみます。チクリートの近くの、ノアの箱舟のポスターがある所です。彼はチグリス川の横にある木の板とプラスチックの敷物に覆われた洞穴に隠れているのです。入り口はレンガと泥やゴミで偽装されているでしょう。これについてはフセインが信頼し、右腕といわれた男がもっと多くの詳細を語ります。あなたはこのサダムの友人をフランスで捕らえるでしょう」

この書面には、二〇〇一年十月一日にアメリカへ送られたという発送証明が付いている。このころ、ほかにも大統領あてにテロや自然災害を警告している発送証明付き書簡がいくつもある。

この後、フセイン発見については、次のように報道された。

二〇〇三年七月三日に、アメリカはサダム・フセインを逮捕に導くことができた情報に、二千五百万ドルの報酬を提供すると発表した。このアメリカ国務省が出す報酬は、前独裁者の親類でも受け取ることができるという説明がついていた。

隠れていたサダム・フセインは、二〇〇三年十二月十三日、チクリート近くのダウル市で地下室にいるところを発見され逮捕されたということが、翌十四日に世界中に発表された。

フセインの逮捕に関わった、アメリカ陸軍第四歩兵部隊のレイモンド・オディアーノ将軍によれば、フセイン自身に〝近い〟家族十人ほどを尋問して、その居場所を聞き出すことができたという。最終的な決め手は、〝彼らの内から〟得られ、それによって彼の故郷近くのチクリートでの逮捕につながったという。しかし将軍は、親類の誰から情報を得たかについては何も発表しなかった。よってアメリカ当局は、この報酬を誰に支払うかは決めていないとしている。そして、フセイン所在の最初の情報は、アメリカ軍が尋問したイラク人捕虜とクルド勢力の協力によって得られたと強調した。

事件11　中国、日本の大地震と南米の強風被害（一九九〇年予知→二〇〇一年～二〇〇八年発生）

この文書（事件11―1文書）は、一九九〇年六月一日に、パラナ州の新聞社編集局あてであるが、そのほかにもポルト・アレグレ市役所、フロリアノポリス市役所、クリチーバ市役所へ同じ内容の手紙を送っており、いずれも発送証明がある。さらに最近になって、ブラジリアの中国大使館へ、近未来の災害予知を送付している。送付の日付は二〇〇五年一月八日である。

予知事件は五件あり、ブラジルだけでなく、世界各地での災害を含んでいる。

「私は長い間、世界の出来事をあらかじめ夢で見てきましたので、その重要な事柄をここにお伝えいたします。ほとんどの場合、問題が起きることが事前に把握できます。特にブラジル南部の人々に伝えることで、建設的な結果が得られると思いますので、私のメッセージを確認し

3o. OFICIAL DE REGISTRO
DE TITULOS E DOCUMENTOS
MICROF SOB. no. 00964018

Bueno Brandão,01 de junho de 1990

Carta nº0001/01/06/1990-em 2 vias

Prezado Editor Chefe do Estado do Paraná,

Venho a muito tempo acompanhando os fenômenos e através de minhas mensagens,consigo transpassar algumas que são de extrema importância e muitas vezes,conseguimos minimizá-las perante o problemas que poderiam causar.O que me leva até esse honrado jornal é a necessidade de fazer uma publicação para o povo do Sul,no qual, acredito que irá trazer um grande efeito positivo.Observe abaixo a minha premonição e pretendo transpassá-la para outras autoridades dessa região.

Mensagem:

1) "Eis Então,que observei no ano de 2003,o Furacão Catarina,passar pela região Sul do Brasil e trazer grandes destruições. Então,observei no ano de 2004,surgirá no Sul do País,um fenômeno ainda pouco desconhecido pelos moradores do Rio Grande do Sul,Santa Catarina e Paraná, o Ciclone Tropical,que trará grandes destruições. Também observei através de meus sonhos dois(2) Tornados destruirem casas no Sul de Santa Catarina,precisamente em Criciúma;será a região mais atingida,com ventos de mais de 100 quilômetros por hora e em algumas partes da região além desse Tornado,que chegará em 03/01/05, terão chuvas de granizos,etc.

Eis ainda,que pude observar no dia 16 de julho de 2006,um Tufão aproximar da costa da Região Sul do País e poderá fazer muitas vítimas fatais;esse será mais forte do que,o Ciclone extra-tropical Catarina, que atingirá o Sul do País,em março de 2003."

2) Eis que observei,na Argentina uma grande crise no ano de 2003 e 2004,sairão grandes nomes da Política e grandes corrupções alastrarão o país..No ano de 2005,no Reveion(1º de janeiro),será marcado por uma fatalidade dentro de um Clube,onde haverá um incêndio dentro

事件11－１文書
日本で起こる地震も含まれている

てください。当地の官公庁にも、同様の内容を伝えてあります」

前書きに続き、メッセージの第一項が記されている。

「二〇〇三年に、カタリナという名のハリケーンがブラジル南部を通ります。また二〇〇四年には、この地方ではあまり知られていない現象である熱帯性低気圧による強風によって大きな被害がもたらされます。同じく私の夢の中で、二つのトルネードがサンタ・カタリナの南部で多くの家を破壊するのを見ました。正確にはクリシウマ市で時速一〇〇キロの風速になり、この地区は最も被害が大きくなります。さらに二〇〇六年七月十六日にブラジル南部の海岸地域に、それよりもっと強いハリケーンが襲います」というのが第一項にある。

二〇〇四年三月二十七日に、ニュースはサンタ・カタリナ州で熱帯低気圧が発達してハリケーンになったと報じた。このハリケーンはサンタ・カタリナ州からリオ・グランデ・ド・スール州までを襲い、クリシウマ市はもっとも大きな被害を受けた地域の一つだった。南米のこの地域でのハリケーンの発生は珍しく、近年増加するようになった。

第二項も南米に関するもので「アルゼンチンで二〇〇三年と二〇〇四年に経済政策上の危機が起きます。さらに二〇〇五年一月一日の新年の祭典で、あるクラブ会館で花火による火災が起き、数百人の死傷者が出ます」となっている。

アルゼンチンは、二〇〇一年から二〇〇二年にかけての財政危機の結果、二〇〇三年、二〇

○四年と政界はこの問題に直面し続けていた。
そして二〇〇五年一月一日には、予言どおりブエノス・アイレスのナイトクラブで、花火による火災が発生して、百七十五人が死亡した。


第三項は漠然としたものであるが、地震に関して書かれている。

「アジアで大きな地震が発生し、十メートルの津波によって七つの国が被害を受けます」

これは、二〇〇四年十二月に起きた、スマトラ沖大地震とそれによる津波であると思われる。

これは後に事件13で詳述する。


第四項は、アジアで起きる近未来の災害である。

「二〇〇八年九月十三日に、中国で地震が起き、三十メートル以上の津波が海岸を直撃します。震源地は南寧と海南島です。これによる死者は百万人に上ります。地震の前に小さな地震が頻発し、国家と国民を不安にします」

これは北京オリンピック閉幕の直後ということになる。この詳細については、別にブラジルの中国大使館に手紙を出している。


第五項は、日本を特定している。

5o. OFICIAL DE REGISTRO
DE TITULOS E DOCUMENTOS
MICROF. SOB. no. 00964018

muitos morrerão, provocado por fogos de artifício. O país ficará abalado com centenas de mortos e feridos.

3) Na Ásia um grande Terremoto e uma onda de 10 metros afetará 7 países. Centenas de milhares de mortos; digo, dezenas de milhares que serão mortos e depois disso, surgirá grandes focos de doenças.

4) Um grande Terremoto atingirá a China em 13 de setembro de 2008, poderão morrer mais de um milhão de pessoas e poderá criar uma onda gigante que atingirá outros países vizinhos. Haverão outros menores antes da data supracitada, que poderão abalar o povo e o país. O epicentro será em NANNING e um outro menor na ilha de HAINAN. E ocorrerá Tsunamis de mais de 30 metros de altura.

5) O Japão também sofrerá com um grande Terremoto em 13 de julho de 2007 ou(2008), que poderá levar muitas vidas .

Espero que venha a tomar as providências para que isso seja, assim, minimizado e que Deus proteja toda Raça Humana.

Sou,

Prof. Jucelino Nobrega da Luz - [redacted]

ECT — 1 - SEDEX 2 - NORMAL
NOTA DE ENCOMENDA
Nº 323589
REMETENTE: Jucelino Nobrega da Luz
ENDEREÇO: AV. Nove de Julho, 4130 — SP — CEP ORIGEM 01406
DESTINATÁRIO: Editora - O Estado do Paraná
ENDEREÇO: R. Lourenço Pinto, 118 - Curitiba — SP — CEP DESTINO 80010
VALOR DECLARADO
ASS. DO USUÁRIO
ASS. EMPREGADO DA ECT
AUTENTICAÇÃO
PORTE 21045
AD VALOREM
AVISO DE RECEBIMENTO
EMBALAGEM
TOTAL 21045
A POSTAGEM DE ENCOMENDAS É REGULAMENTADA PELA LEI 6538 DE 22.06.1978

事件11－2文書
第５項が日本の地震である。下部は郵便局の受け付け証明書

「二〇〇七年もしくは二〇〇八年の七月十三日に、日本も巨大な地震の被害を受け、大勢の命が奪われます」

（監修者注①――日本に関する地震の予知は、事件21にも出てくるが、地名が明確ではない。日本を襲う一連の地震については、一九九三年ころから日本に手紙を出しているということを、二〇〇六年十二月三十日のテレビ朝日年末特番の取材でジュセリーノ氏は述べている。巻末年表参照）

（監修者注②――この後、ブラジル国内の多数の有名人や政治家、実業家などの事故や健康に関する文書が続き、高い確率でそれらの事件が起きたことの検証が行われているが、日本ではなじみのない人たちなので割愛する。ただ、興味深いのは「アメリカがアフガンとイラクの二つの戦争で勝利するが、イラク市民の犠牲が多くなり、アメリカ国民の世論に負けます」と記された部分が紛れていることだ。これは今日の状況を見事に表現している。また「二〇〇四年にスペインのマドリードで地下鉄のテロ事件が起きます」となっている。この件は事件16で詳しく取り上げる。発送の日付は一九九五年で、郵便局の受け付け証明書が確認できる。事件11―2文書参照）

事件12　ダイアナ妃暗殺（一九九五年予知→一九九七年発生）

　これまで見てきたように、ジュセリーノ氏の手紙には、一通の手紙に多くの予知夢が記述され、一見無関係な予知が紛れているものもある。また時間が進むにつれて事件の内容が詳しくなったり、発生時期が変わっていく場合も見受けられる。

　ダイアナ妃の事故に最初に触れた文書は、一九九五年に当時のブラジル大統領エンリケ・カルドゾ氏にあてた手紙（事件12―1文書）の第三項に出てくる。ブラジルの有名なカントリー歌手の病死予知と並べて、「一九九七年か一九九八年に、ダイアナ妃を失って……」と、一行書かれている。これも公証役場印が押されている。

　次に取り上げる一九九七年三月四日付の手紙（事件12―2―1～2文書）は、彼自身が英語でタイプして、同時に四つの場所に送られている。まずロンドンのダイアナ妃あて、そして三つの新聞社「タイムズ」「デイリー・テレグラフ」「ガーディアン」である。

「親愛なるダイアナ妃へ

あなたのような有名な方にお手紙を差し上げることを、大変光栄に感じています。私は真実と誠実な気持ちで、この予知を申し上げたいと思いますので、なにとぞお聞きいただきますようお願いいたします。

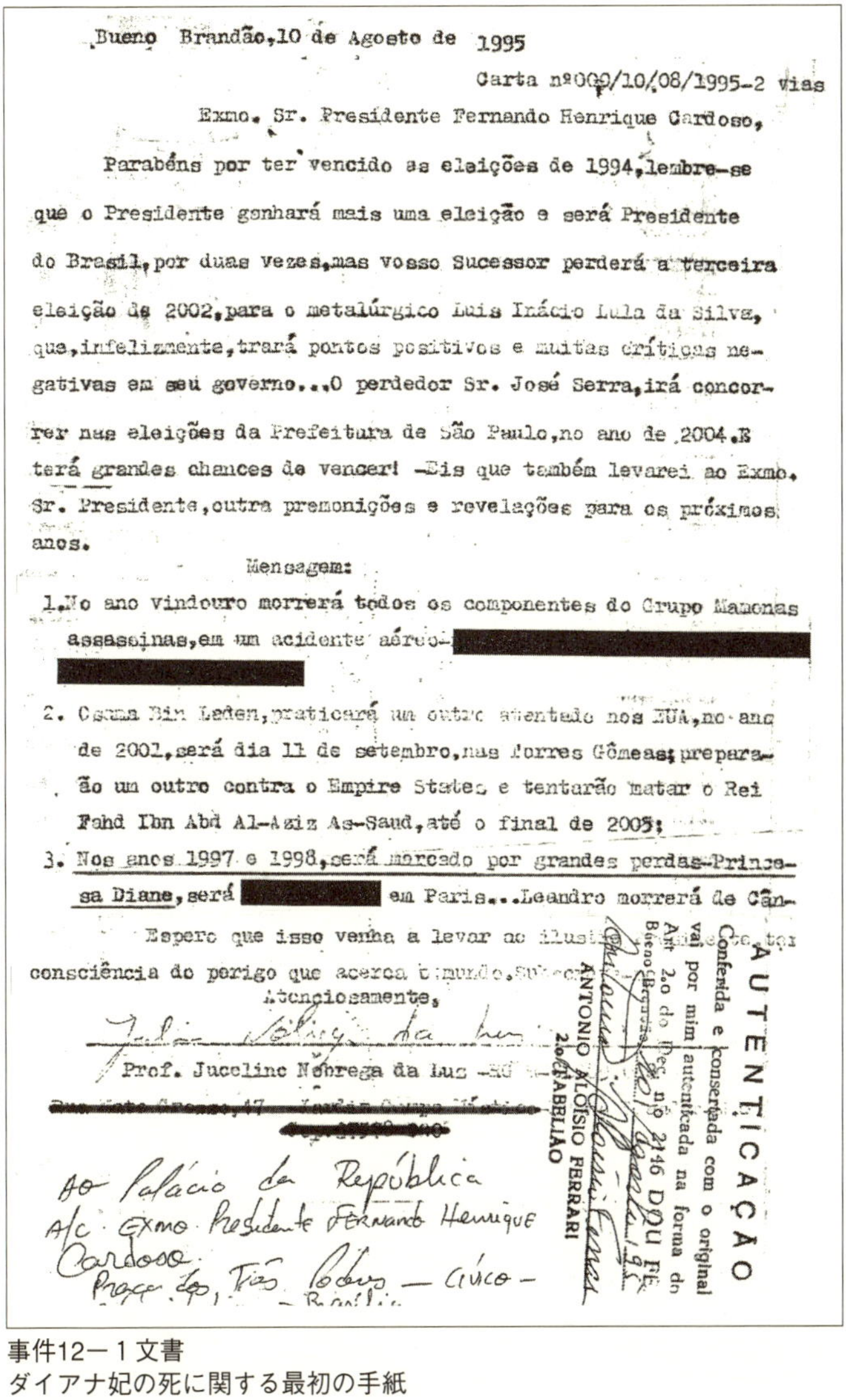

Bueno Brandão,10 de Agosto de 1995

Carta nº009/10/08/1995-2 vias

Exmo. Sr. Presidente Fernando Henrique Cardoso,

Parabéns por ter vencido as eleições de 1994,lembre-se que o Presidente ganhará mais uma eleição e será Presidente do Brasil,por duas vezes,mas vosso Sucessor perderá a terceira eleição de 2002,para o metalúrgico Luis Inácio Lula da Silva, que,infelizmente,trará pontos positivos e muitas críticas negativas em seu governo...O perdedor Sr. José Serra,irá concorrer nas eleições da Prefeitura de São Paulo,no ano de 2004.E terá grandes chances de vencer! -Eis que também levarei ao Exmo. Sr. Presidente,outra premonições e revelações para os próximos anos.

Mensagem:

1.No ano vindouro morrerá todos os componentes do Grupo Mamonas assassinas,em um acidente aéreo-[redacted]

2. Osama Bin Laden,praticará um outro atentado nos EUA,no ano de 2001,será dia 11 de setembro,nas Torres Gêmeas;prepara-ão um outro contra o Empire States e tentarão matar o Rei Fahd Ibn Abd Al-Aziz As-Saud,até o final de 2005;

3. Nos anos 1997 e 1998,será marcado por grandes perdas-Princesa Diane,será [redacted] em Paris...Leandro morrerá de Cân-

Espero que isso venha a levar ao ilust... ter consciência do perigo que acerca o mundo.Sub...

Atenciosamente,

Prof. Jucelino Nóbrega da Luz -RG

Ao Palácio da República
A/c Exmo Presidente Fernando Henrique
Cardoso
Praça dos Três Poderes — Cívico —
Brasília

AUTENTICAÇÃO
Conferida e conservada com o original vai por mim autenticada na forma do Art 2.o do Dec. nº 2146 D.O.U. FÉ
ANTONIO ALOISIO FERRARI
2.o TABELIÃO

事件12－１文書
ダイアナ妃の死に関する最初の手紙

Bueno Brandão,March 4th. 1997

Letter nº0001/04/03/1997 -two ways
Matter:Premonition

Dear Madam Lady Diana(Princess),

I find it very interesting getting to know new famous people like you.I tend to be shy getting to know people in person so having the benefit of initially getting to know someone by writing is good for me.I see advantages as getting to know someone in this opportunity.I want a relationship sacred and pure founded on unbridled honesty and trust. Please be honest in your responses and let us tell you some premonitions about yourself. I wish to give you as much information as possible.

Now please allow me to talk about my message,because There will be many difficult times in your life,and I hope your feelings support what I have to tell you.I hope I am not being too vague and you understand the spirit in which I talk about these things.Life is not a utopia or the land of milk and honey as many might think.You as a princess understand this already,I am sure.This is not to say that life is not good.I think there are many blessings to be appreciated.They make life so nice and fulfilling. I can promise you that I am totally dedicated and committed to premonition work. Well,these are my feelings on the subject.There is so much to say and I am trying to explain those things I believe you would wish to know.

Perhaps you are not aware of this,but many people look with disfavor on people participating in "Premontion " as the term is coined.

Message:

" Behold,I saw another sign in heaven,that was telling me about

事件12－２－１文書
ダイアナ妃あての死の陰謀を警告する手紙

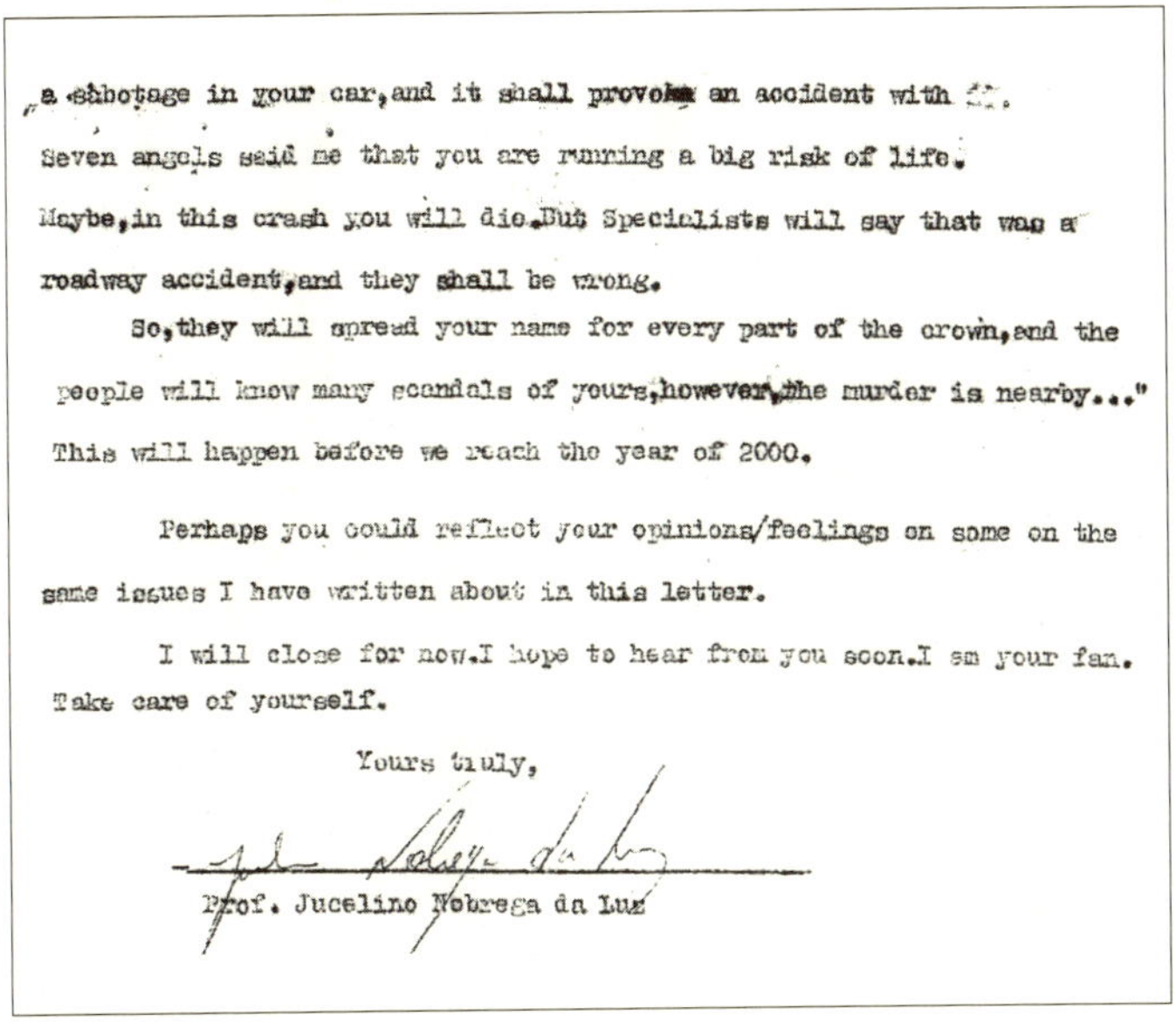
a sabotage in your car, and it shall provoke an accident with ...

Seven angels said me that you are running a big risk of life.

Maybe, in this crash you will die. But Specialists will say that was a roadway accident, and they shall be wrong.

So, they will spread your name for every part of the crown, and the people will know many scandals of yours, however, the murder is nearby..."

This will happen before we reach the year of 2000.

Perhaps you could reflect your opinions/feelings on some on the same issues I have written about in this letter.

I will close for now. I hope to hear from you soon. I am your fan. Take care of yourself.

Yours truly,

Prof. Jucelino Nobrega da Luz

事件12－２－２文書
ダイアナ妃あての手紙２項目

私はできる限り多くの情報をあなたにお渡ししたいのです。なぜなら、あなたの人生に困難な時期が訪れるからです。私が語ることに、あなたの気持ちが耐えられるように願わずにおられません。あいまいな表現にはせずに、率直にお話ししますので、私の意向をぜひともご理解いただきたいと存じます。

とかく人生とは、だれもが願うようなユートピアでもなく、甘いものでもありません。あなたは皇太子妃としてこれらを理解しておられることと確信いたします。それは人生が悪いということではなく、もちろん多くの尊重すべき祝福があります。それらが人生をとても素晴らしく、そして完全にしてくれます。

私は予知ということに、責任を持って真剣に取り組んでおります。あなたが興味を持たれるということを信じ、この件につきまして私の気持ちを忌憚なく語らせていただきます。予知ということをご存じでしょうか。とかくこのようなことは異常なこととして、否定的な目で見る人がいますが、なにとぞご理解ください。

メッセージ――事故を引き起こす悪意のたくらみがあなたに仕掛けられることを、私は天からの合図で知らされました。あなたの命がとても危険にさらされていると、七人の天使が私に語りました。おそらくこの事故であなたは命を失うかもしれません。しかし専門家たちはこれを不運な事故だと語るでしょう。けれども彼らは間違っています。この結果、あなたの名前は王国の隅々まで広まります。そして皇太子妃の多くのスキャンダルが人々に知れ渡ります。このとき殺人者はあなたの近くにおります。これは二〇〇〇年が来るまでに起きます。以上したためましたことが、あなたのお気持ちとご意向に反映されますことを切にお祈りいたします。

これで私の手紙を終わります。早急にご返答いただければ幸いです。私はあなたのファンです。お気を付けください。

心から　ジュセリーノ・ダ・ルース　教師」

手紙に書かれた事件が起きたのは、「二〇〇〇年の前」ではあるが、一九九五年の最初の文書にあるように、一九九七年に事故は発生してしまった。

二度目の書簡が出されて半年後の、一九九七年八月三十一日に、世界中のメディアに驚愕のニュースが流れた。ダイアナ・ウェールズ公妃が、エジプト人実業家ドディ・アル・ファイド氏と運転手のヘンリー・ポール氏とともに、パリで死亡したというものだった。ボディーガードのトレバー・ジョーンズ氏は生き延びた。エルズ・スティファン判事は、運転手の飲酒とスピードの出し過ぎが事故の原因だと結論づけ、さらに証人たちから激しく批判されたにもかかわらず、パパラッチの行動はフランスの法律では罪にならないとした。

　しかしその後、さまざまな疑惑が提起されてきている。例えば、二〇〇五年六月十三日のデイリー・エクスプレス紙によれば、「ダイアナ妃の死亡原因を調べた英国の調査員が、運転していたポール氏は事故が起きる一週間前に、十一万ユーロ（約一千六百万円）の支払いを英国ポンドで受け取り、事故で死亡する前にさまざまな国で十三の銀行口座に分配していた」という不可解な記事を載せている。これはダイアナ妃が陰謀の被害者だったという考えを補強する形になった。しかし、実際の首謀者が誰だったかは謎のままである。

事件13　スマトラ沖大地震とインド洋津波（一九九六年予知→二〇〇四年発生）

　この大災害は、９・１１テロ事件と並び、送り先からの返答を含む、確証となる文書が豊富に存在しており、内容も非常に詳細で、高い精度がある。

文書１――モルディブ大統領あて、ほか

まず取り上げる文書は、一九九七年四月三十日に当時のモルディブ大統領マウムーン・アブドゥル・ガユーム氏にあてた第一回目の書簡（事件13—1—1文書）である。

「あなたの国民の命に関わる重要なお知らせですので、どうぞこの手紙に対するご理解のほどを切にお願いいたします。

私は夢の中で、二〇〇四年に南アジアを直撃するとても大きな地震を見ました。それは十二月二十六日、朝の七時に起きます。マグニチュードは8・9です。これによって十メートルの津波が発生し、インドネシアのアチェ州に始まって、インド、マレーシア、スリランカ、タイ、モルディブ、そしてミャンマーとモーリシャスまでにも広がります。間違いなく一万人以上の人々の命が失われるでしょう。どうぞ私が申し上げることをお聞きください。この日には人々が多数の安全な場所を探すように伝えてください……（一九九七年四月二十日予知）」

実際に地震はこの予告どおり、現地時間十二月二十六日朝七時五十八分に起き、最終的に、死者数は二十万人を超えた。地震の規模はマグニチュード8・1～9・4と諸説あるが、だいたい予知の値に近いと思われる。発生した最大の津波の高さは三十四メートルだった。

この手紙でジュセリーノ氏は「私は言語にとても興味がありますので、モルディブで使われている言語の本やカセットテープを送っていただけませんか」と書いている。

この手紙には郵便局の発送証明書が三通付けられている（事件13—1—2文書）。上に一九九七年四月三十日、モルディブ大統領あて、左に二〇〇三年六月十八日、ブラジリアのインド

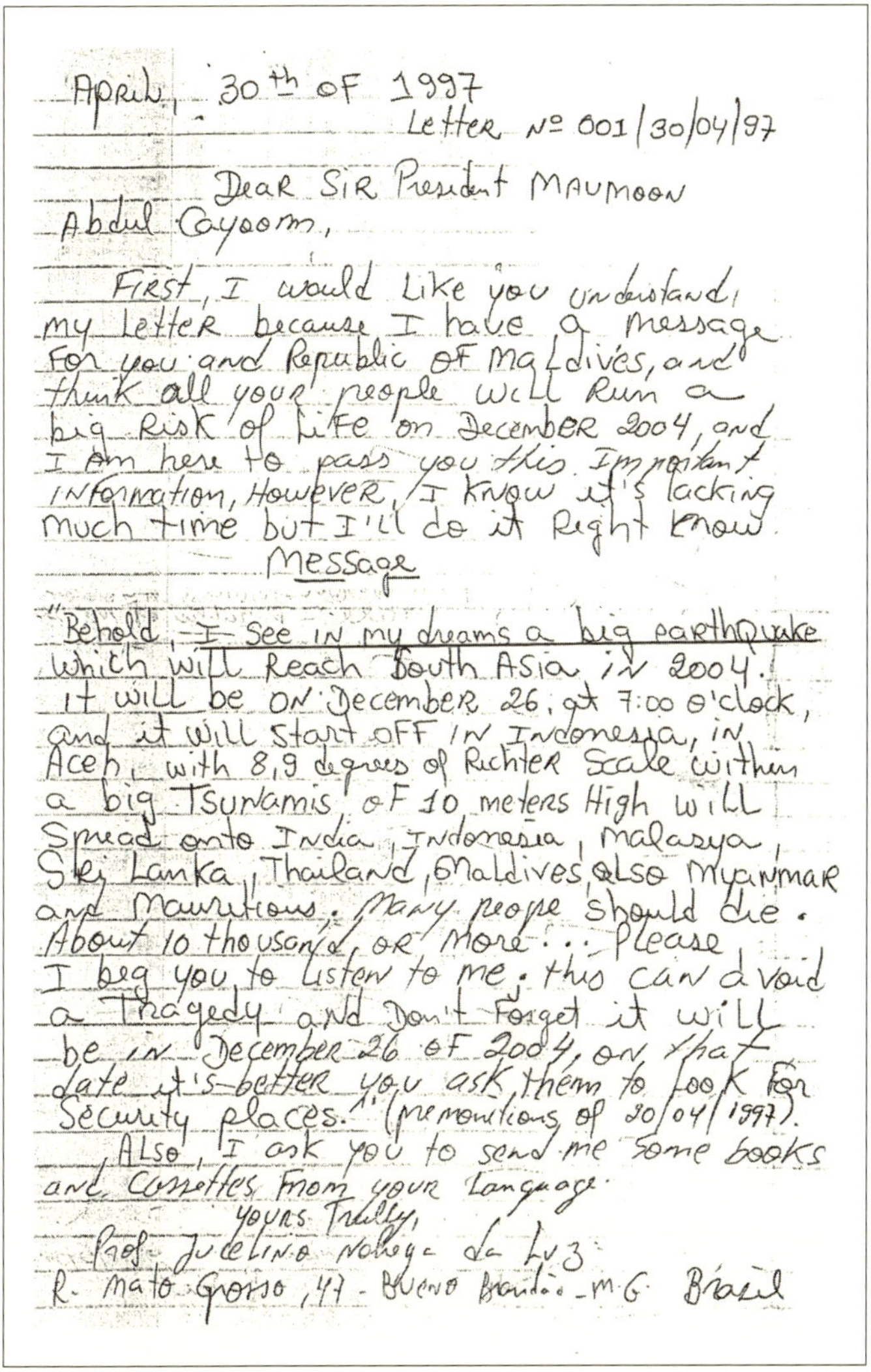

April, 30th of 1997
Letter Nº 001/30/04/97

Dear Sir President Maumoon Abdul Cayoom,

First, I would like you understand my letter because I have a message for you and Republic of Maldives, and think all your people will Run a big Risk of Life on December 2004, and I am here to pass you this Important information, However, I know it's lacking much time but I'll do it Right know.

Message

"Behold, I see in my dreams a big earthquake which will Reach South Asia in 2004. It will be on December 26, at 7:00 o'clock, and it will start off in Indonesia, in Aceh, with 8,9 degrees of Richter Scale within a big Tsunamis of 10 meters High will Spread onto India, Indonesia, Malasya, Sri Lanka, Thailand, Maldives, also Myanmar and Mauritious. Many people should die. About 10 thousand or More... Please I beg you to listen to me. this can avoid a Tragedy and Don't Forget it will be in December 26 of 2004, on that date it's better you ask them to look for Security places." (premonitions of 30/04/1997).

Also, I ask you to send me some books and Cassettes from your Language.

Yours Trully,
Prof. Jucelino Nobrega da Luz
R. Mato Grosso, 47 - Bueno Brandão - MG Brazil

事件13－１－１文書
スマトラ沖大地震の７年前にモルディブ大統領に送られた手紙

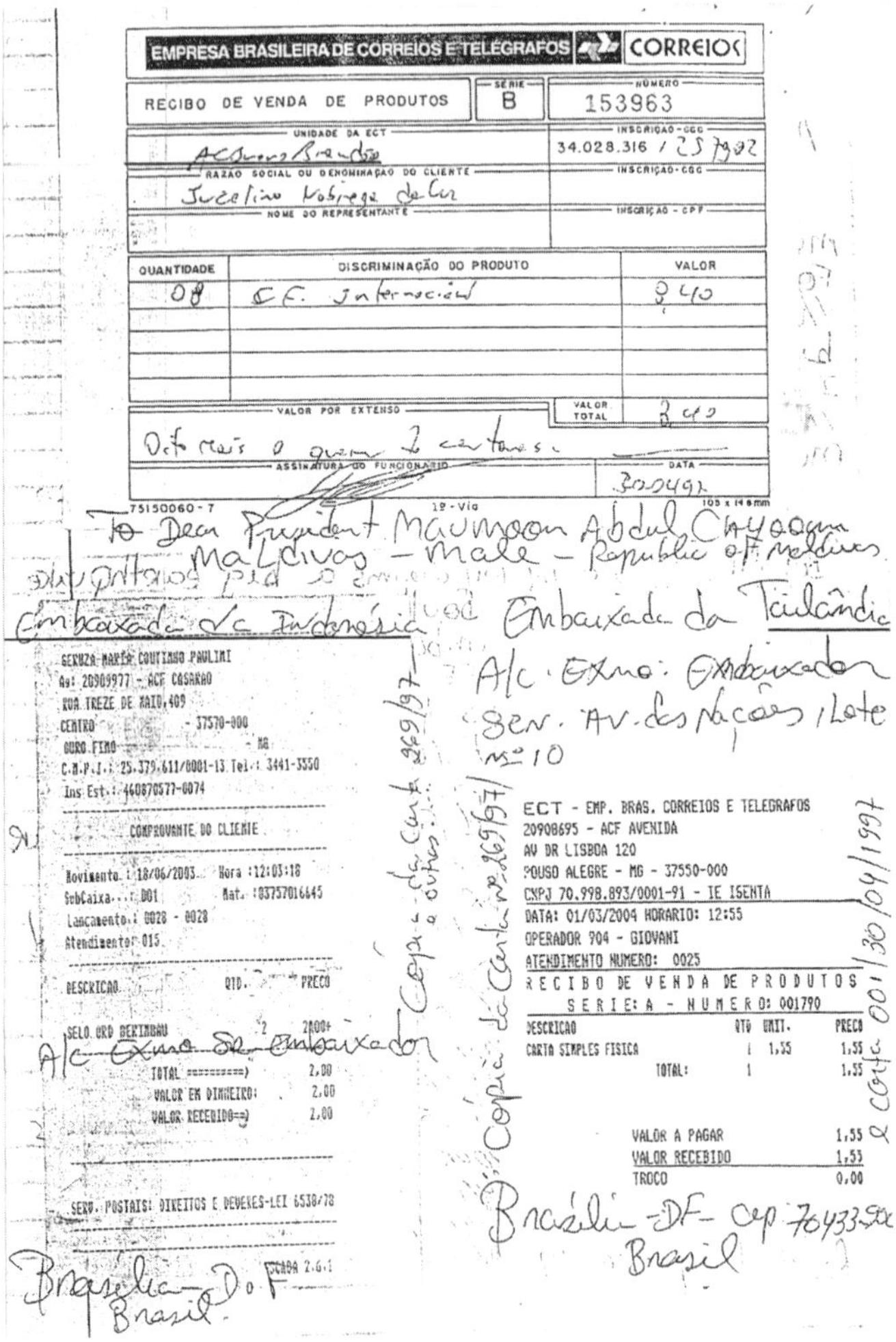
EMPRESA BRASILEIRA DE CORREIOS E TELÉGRAFOS CORREIOS

RECIBO DE VENDA DE PRODUTOS | SÉRIE B | NÚMERO 153963

UNIDADE DA ECT — INSCRIÇÃO-CGC 34.028.316 / 257992

RAZÃO SOCIAL OU DENOMINAÇÃO DO CLIENTE — INSCRIÇÃO-CGC

Jucelino Nobrega da Luz

NOME DO REPRESENTANTE — INSCRIÇÃO - CPF

QUANTIDADE	DISCRIMINAÇÃO DO PRODUTO	VALOR
08	C.E. Internacional	8,40

VALOR POR EXTENSO — VALOR TOTAL 8,40

Oito reais e quarenta centavos

ASSINATURA DO FUNCIONÁRIO — DATA 30.04.97

75150060-7 1ª Via 105 x 148mm

To Dear President Maumoon Abdul Gayoom
Maldivas – Male – Republic of Maldives

Embaixada da Indonésia

Embaixada da Tailândia
A/c. Exmo: Embaixador
SEN. AV. das Nações, Lote nº 10

GERUZA MARIA COUTINHO PAULINI
Ag: 20909977 - ACF CASARAO
RUA TREZE DE MAIO,409
CENTRO - 37570-000
OURO FINO - MG
C.N.P.J.: 25.379.611/0001-13 Tel.: 3441-3550
Ins Est.: 460870577-0074

COMPROVANTE DO CLIENTE

Movimento: 18/06/2003 Hora :12:03:18
SubCaixa...: 001 Mat. :03757016645
Lancamento.: 0028 - 0028
Atendimento: 015

DESCRICAO QTD. PRECO

SELO. ORD BERIMBAU 2 2,00+

A/c Exmo Sr. Embaixador

TOTAL ==========) 2,00
VALOR EM DINHEIRO: 2,00
VALOR RECEBIDO==) 2,00

SERV. POSTAIS: DIREITOS E DEVERES-LEI 6538/78

SCABA 2.6.1

Brasília – D.F.
Brasil

Copia da Carta 269/97

Copia da Carta nº 269/97

ECT - EMP. BRAS. CORREIOS E TELEGRAFOS
20908695 - ACF AVENIDA
AV DR LISBOA 120
POUSO ALEGRE - MG - 37550-000
CNPJ 70.998.893/0001-91 - IE ISENTA
DATA: 01/03/2004 HORARIO: 12:55
OPERADOR 904 - GIOVANI
ATENDIMENTO NUMERO: 0025
RECIBO DE VENDA DE PRODUTOS
SERIE: A - NUMERO: 001790

DESCRICAO	QTD	UNIT.	PRECO
CARTA SIMPLES FISICA	1	1,55	1,55
TOTAL:	1		1,55

VALOR A PAGAR 1,55
VALOR RECEBIDO 1,55
TROCO 0,00

a carta 001/30/04/1997

Brasília – DF – Cep 70433-900
Brasil

事件13－１－２文書
スマトラ沖地震予知文書の発送証明書

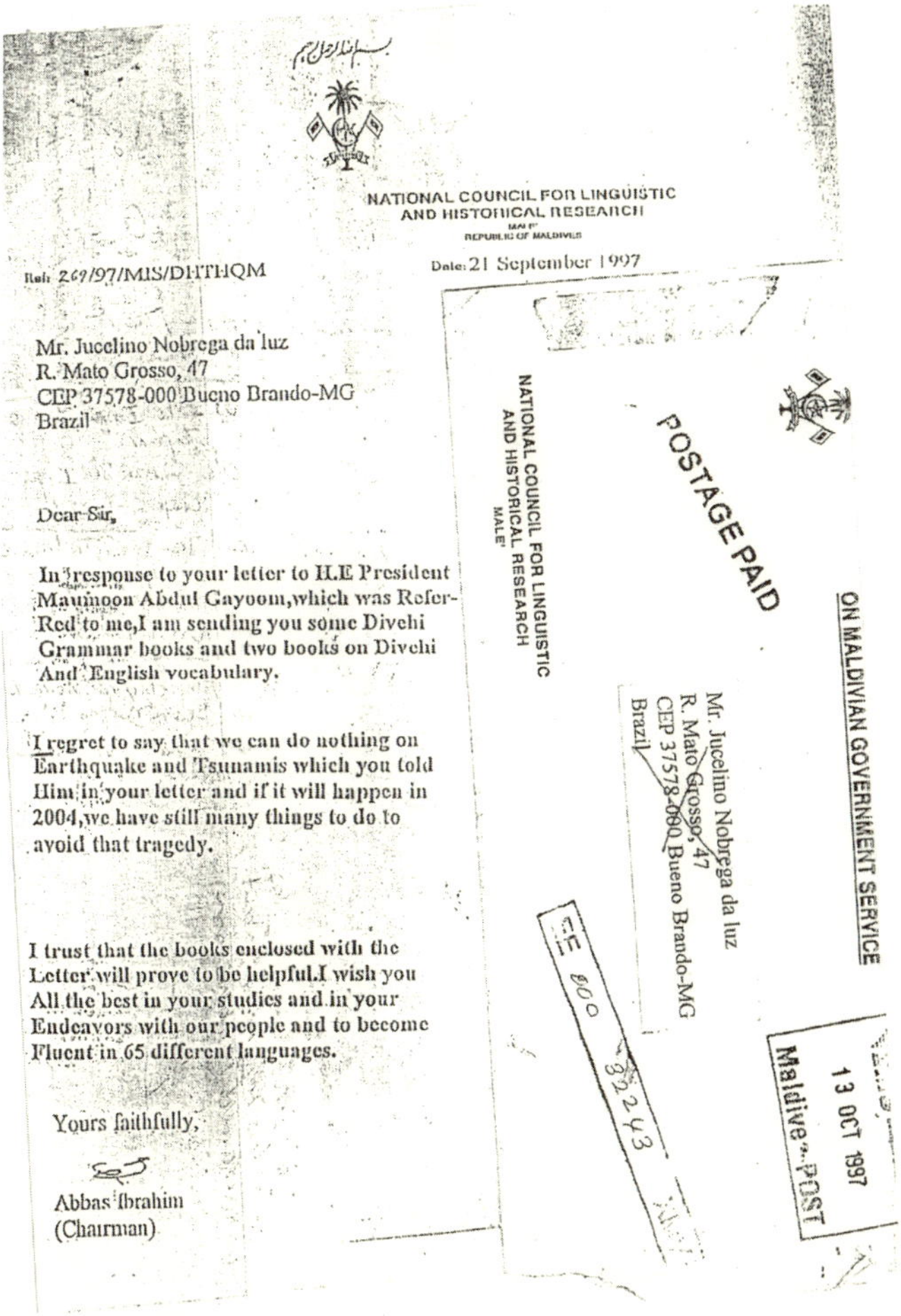

NATIONAL COUNCIL FOR LINGUISTIC
AND HISTORICAL RESEARCH
MALE'
REPUBLIC OF MALDIVES

Ref: 269/97/MIS/DHTHQM

Date: 21 September 1997

Mr. Jucelino Nobrega da luz
R. Mato Grosso, 47
CEP 37578-000 Bueno Brando-MG
Brazil

Dear Sir,

In response to your letter to H.E President Maumoon Abdul Gayoom, which was Refer-Red to me, I am sending you some Divehi Grammar books and two books on Divehi And English vocabulary.

I regret to say that we can do nothing on Earthquake and Tsunamis which you told Him in your letter and if it will happen in 2004, we have still many things to do to avoid that tragedy.

I trust that the books enclosed with the Letter will prove to be helpful. I wish you All the best in your studies and in your Endeavors with our people and to become Fluent in 65 different languages.

Yours faithfully,

Abbas Ibrahim
(Chairman)

NATIONAL COUNCIL FOR LINGUISTIC
AND HISTORICAL RESEARCH
MALE'

POSTAGE PAID

ON MALDIVIAN GOVERNMENT SERVICE

Mr. Jucelino Nobrega da luz
R. Mato Grosso, 47
CEP 37578-000 Bueno Brando-MG
Brazil

13 OCT 1997
Maldives POST

事件13ー２文書
モルディブ大統領府のレターヘッド付き返礼書簡

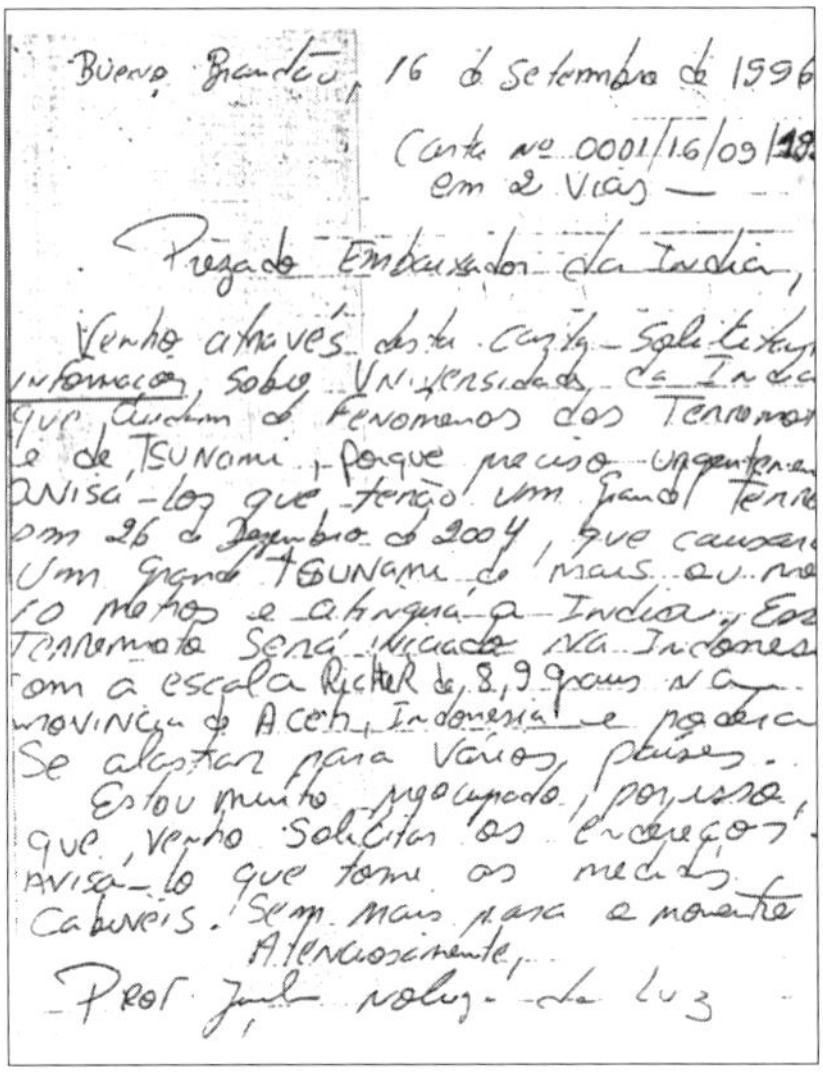

Bueno Brandão, 16 de Setembro de 1996

Carta nº 0001/16/09/[illegible]
em 2 vias —

Prezado Embaixador da India,

Venho através desta carta solicitar informação sobre Universidades da India que estudam os Fenomenos dos Terremotos e de TSUNAMI, porque preciso urgentemente avisá-los que terão um grande terremoto em 26 de Dezembro de 2004, que causará um grande TSUNAMI de mais ou menos 10 metros e atingirá a India. Esse Terremoto será iniciado na Indonesia com a escala Richter de 8,9 graus na provincia de Aceh, Indonesia e poderá se alastrar para vários países.

Estou muito preocupado, por isso, que venho solicitar os endereços para avisá-lo que tome as medidas cabiveis. Sem mais para o momento

Atenciosamente,

Prof. [illegible]

事件13—３文書
インド大使あてのスマトラ沖予知書簡
1996年に出されているポルトガル語文書

ネシア大使館あて、そして右には二〇〇四年三月一日付でブラジリアのタイ大使館へ送った郵便局証明書がある。地震発生の時期が近づくにつれ、さまざまな関係公館に発送していたことが分かる。

文書２——モルディブからの返礼書簡

一九九七年十月十三日に発信されているこの書簡は、前の文書１の返礼で、大統領府のレターヘッド付きの便箋にタイプされ、ロゴマーク入りの公用封筒にはモルディブ郵便局の期日入り消印が押されている（事件13—２文書）。

大統領の代理人がお礼として、モルディブの公用語であるディベヒ語の英訳辞書と二冊の文法の本を贈ったとしている。

また地震や津波のことに関しては、二〇〇四年に起きるのであれば、この大惨事を防ぐために自分たちは多くのことをしなくてはならないが、特に何もできないと嘆いている。

文書3――インド大使への手紙

これはスマトラ沖地震に関し、最も早く出された手紙（事件13―3文書）である。

一九九六年九月十六日付で、ブラジルのインド大使プレガド氏あてに出されている。

「自然災害を予知しているので、インド国内で地震現象のことを研究している大学の情報をいただけませんでしょうか。二〇〇四年十二月二十六日朝にインドネシアのアチェ州で、マグニチュード8・9の地震が起き、インドネシアやインドに十メートルの津波が襲います」と述べている。

ここで求めている情報とは、地震の予知に興味を持つ人たちで、それを知らせることができる専門家のアドレスを集めているのである。

文書4――インド大使館からの返礼

前文書の返礼（事件13―4文書）で、同年九月三十日にブラジリアから出されている。

バナラス・ヒンドゥー大学の住所が紹介されているが、肝心の地震の発生については、はっきりと認識している形跡はない。

便箋は、大使館のレターヘッド付きで、筆記者のサインが入っている。

文書5――フィリピン大使館への書簡

सत्यमेव जयते

भारतीय दूतावास
EMBASSY OF INDIA
BRASÍLIA - DF - C.P. 03617

Brasília, 30 de setembro de 1996

Ilmº Sr.
JUCELINO NOBREGA DA LUZ
Bueno Brandão/MG

Prezado Senhor,

Acusamos recebimento de sua correspondência de 16 de setembro p.p., na qual V. Sª requer endereço de universidades na Índia.

Em resposta, fornecemos abaixo o endereço da "Banaras Hindu University".

Banaras Hindu University
Varanasi - 221005
Uttar Pradesh (India)

Aproveitamos a oportunidade para enviar alguns exemplares da revista "A Índia - Perspectivas", com suas edições mais atualizadas.

Atenciosamente,

LÚCIA MENEZES

事件13－４文書
インド大使館からの返礼書簡
単に地震について研究している大学の住所が書かれているだけ

インド大使館への手紙の二年後、一九九八年六月十八日に、今度はブラジリアのフィリピン大使館に同様の手紙（事件13—5文書）を送っている。

やはり、二〇〇四年に起きる地震と津波の災害のことを知らせ、このような現象を研究している大学の情報を求めている。

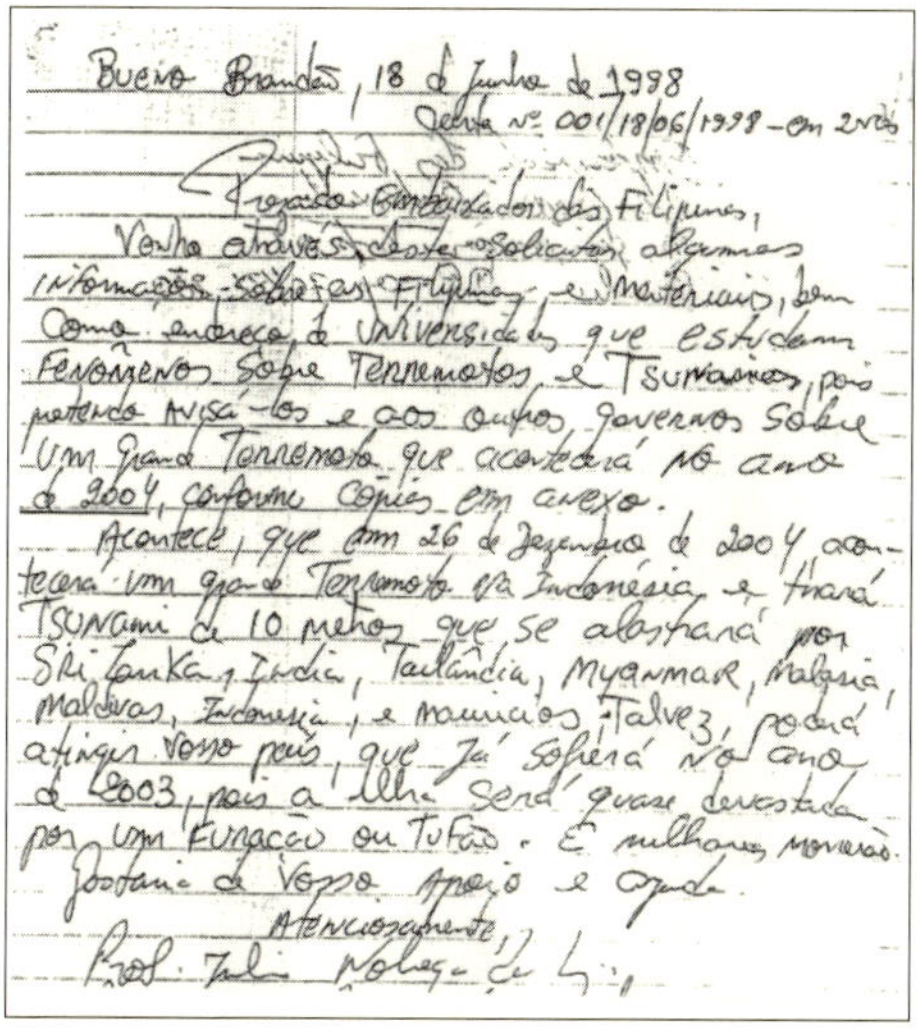
Bueno Brandão, 18 de junho de 1998
Carta nº 001/18/06/1998 – em 2 vias
Prezado Embaixador das Filipinas,
Venho através desta solicitar algumas informações sobre as Filipinas e materiais, bem como endereço de Universidades que estudam fenômenos sobre Terremotos e Tsunamis, pois pretendo avisá-los e aos outros governos sobre um grande Terremoto que acontecerá no ano de 2004, conforme cópias em anexo.
Acontece, que em 26 de Dezembro de 2004 acontecerá um grande Terremoto na Indonésia, e haverá Tsunami de 10 metros que se alastrará por Sri Lanka, Índia, Tailândia, Myanmar, Malásia, Maldivas, Indonésia, e Maurícios. Talvez, poderá atingir vosso país, que já sofrerá no ano de 2003, pois a Ilha será quase devastada por um Furacão ou Tufão. E milhares morrerão.
Aguardo de vosso apoio e ajuda.
Atenciosamente,
Prof. Jucelino Nóbrega da Luz

事件13—５文書
フィリピン大使館への書簡
カーボンコピーの逆写り文字が上のほうに入り込んでいる

文書6——フィリピン大使館からの返礼

そして前文書の返礼（事件13—6文書）が、同年同月二十五日に来ている。これも大使館のレターヘッド付き便箋である。

あくまでも手紙を受け取ったというだけで、地震の予知や警告のことにはまったく触れていない。しかし筆記者のサインは入っている。

文書7——インドネシア大使館への連絡

前文書の十日後、一九九八年七月六日

PASUGUAN NG PILIPINAS — EMBASSY OF THE PHILIPPINES

BRASILIA - DF - BRAZIL

25 de junho de 1998

Prezado Senhor (a),

Confirmando o recebimento de sua carta solicitando algumas informações sobre as Filipinas. Apreciamos o seu interesse pelo nosso pais e esperamos que o material em anexo seja de bom proveito para seu uso, assim como para seu melhor conhecimento das Filipinas.

Com nossas saudações.

Atenciosamente,

EDSEL P. BARBA
Encarregado de Negocios, a.i.

fn.cultural.doc98c.ivg

Prof. Jucelino Nobrega da Luz
Rua Afonso Pena, 102 - Centro
CEP 37578-000 Bueno Brandao - M.G.

ENDERECOS: DEPT. OF EDUCATION CULTURE & SPORTS
UNIVERSITY OF LIFE COMPLEX
MERALCO AVENUE
1600 CITY OF PASIG, M.M. PHILIPPINES

University of the Philippines- Diliman
Information Office
Diliman, Quezon City
1104 Philippines

事件13－６文書
フィリピン大統領からの返礼書簡

Bueno Brandão,06 de julho de 1998

Carta em 2 vias/0001/06/07/1998

Exmo. Embaixador da Indonésia,

Venho através desta,endereços de jornais,rádios e Tvs,para que, possa fazer contatos para evitar um Terremoto e um Tsunami,que atingirá o vosso país em data de 26/12/2004,onde poderá causar dezenas de milhares de mortes por toda a Ásia e os países que poderão ser atingidos por uma onda de 10 metros será Indonesia,India, Sri-Lanka,Tailândia,Mauritius, Myamar,Seychelles e Maldivas.Então,aproveito o momento para pedir que avi_se às autoridades do vosso país.

Mesmo que,não venha à acreditar em minha mensagem,suplico-lhe que pelo menos, no dia supracitado tome as precauções para assim,evitar algo pior e dessa forma,poder, enfim, minimizar os problemas que serão causados na data de 26/12/2004.

Portanto, conto com vossa participação na divulgação e no envio dos endereços requeridos para que eu possa enviar mais detalhes para lá.

Sem mais para o momento.

Atenciosamente,

Prof. Jucelino Nobrega da Luz

事件13－７文書
インドネシア大使館への通知書簡
明確にスマトラ沖地震が起きる日付が読み取れる

付で、やはりブラジリアのインドネシア大使館に同様の内容の手紙（事件13―7文書）を出す。十メートルの津波に襲われる地域として、この手紙で挙げられている国は、インドネシア、インド、スリランカ、タイ、モーリシャス、ミャンマー、セイシェル、そしてモルディブである。まさしくこれらの国々の海岸で被害が起きている。

そして文面では、これらのひどい悲劇を避けるために、連絡が取れる新聞社とラジオやテレビ局の住所を求めている。

文書8――インドネシア大使館からの返礼

じかに返事（事件13―8文書）が来ている。同年同月十七日付である。

「あなたの手紙を、とても注意深く読ませてもらいました。この災害の警告を連絡していただいたことに感謝します。さらに私どもが注意を払うために、この内容を本国に伝達いたします。もしほかに追加する情報があれば、遠慮なくお知らせください」

執筆者はブラジリアにあるインドネシア大使館の文化部長で、サインと大使館印が押されている。

文書9――タイ大使館への手紙

さらに同年同月十四日に、ブラジリアのタイ大使館に同様の手紙（事件13―9文書）を出し

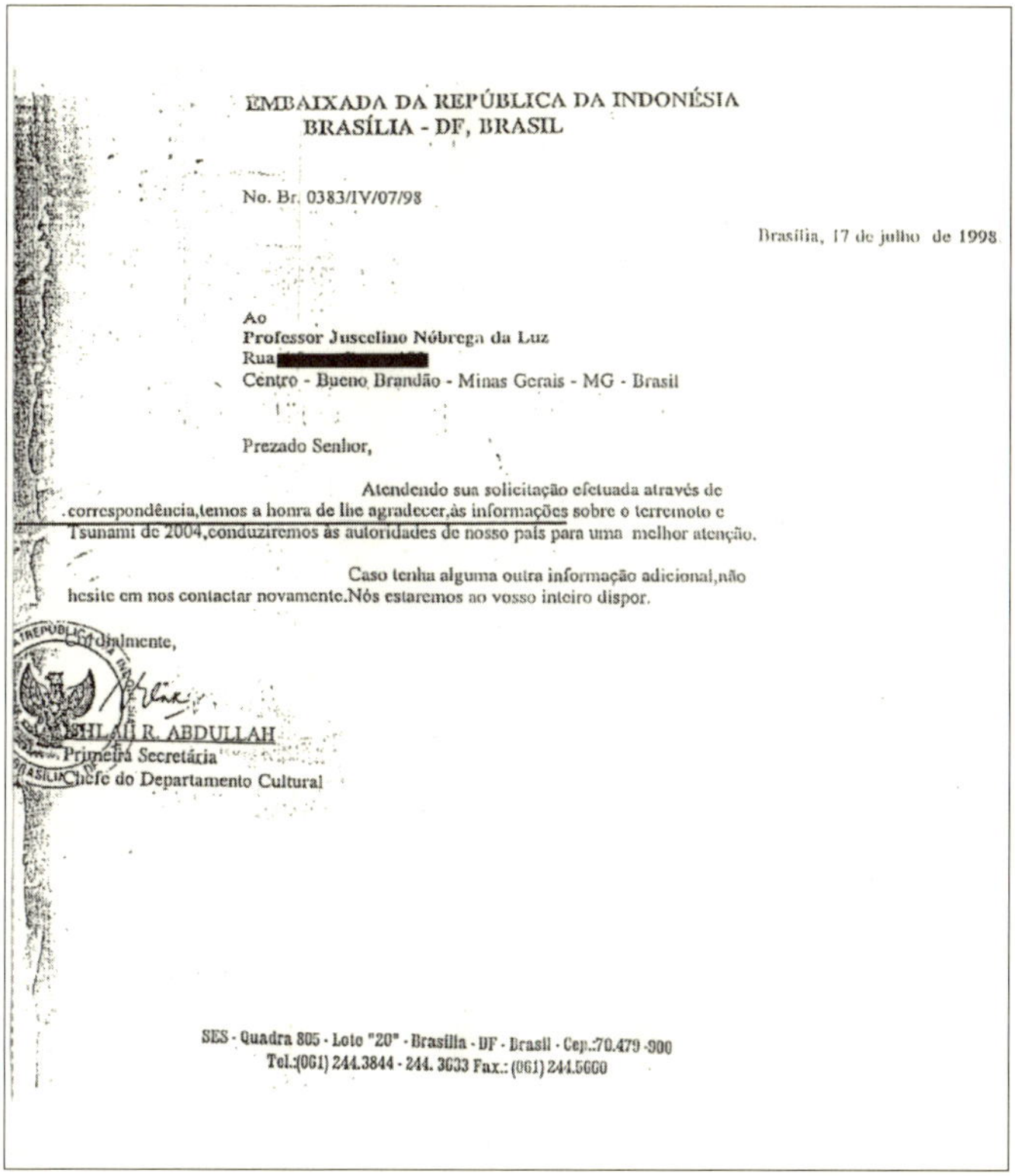

EMBAIXADA DA REPÚBLICA DA INDONÉSIA
BRASÍLIA - DF, BRASIL

No. Br. 0383/IV/07/98

Brasília, 17 de julho de 1998

Ao
Professor Juscelino Nóbrega da Luz
Rua [redacted]
Centro - Bueno Brandão - Minas Gerais - MG - Brasil

Prezado Senhor,

Atendendo sua solicitação efetuada através de correspondência,temos a honra de lhe agradecer,às informações sobre o terremoto e Tsunami de 2004,conduziremos às autoridades de nosso país para uma melhor atenção.

Caso tenha alguma outra informação adicional,não hesite em nos contactar novamente.Nós estaremos ao vosso inteiro dispor.

Cordialmente,

SHLAH R. ABDULLAH
Primeira Secretária
Chefe do Departamento Cultural

SES - Quadra 805 - Loto "20" - Brasília - DF - Brasil - Cep.:70.479 -900
Tel.:(061) 244.3844 - 244. 3633 Fax.: (061) 244.5660

事件13－８文書
インドネシア大使館からの返礼書簡
「本国へ伝達する」とある

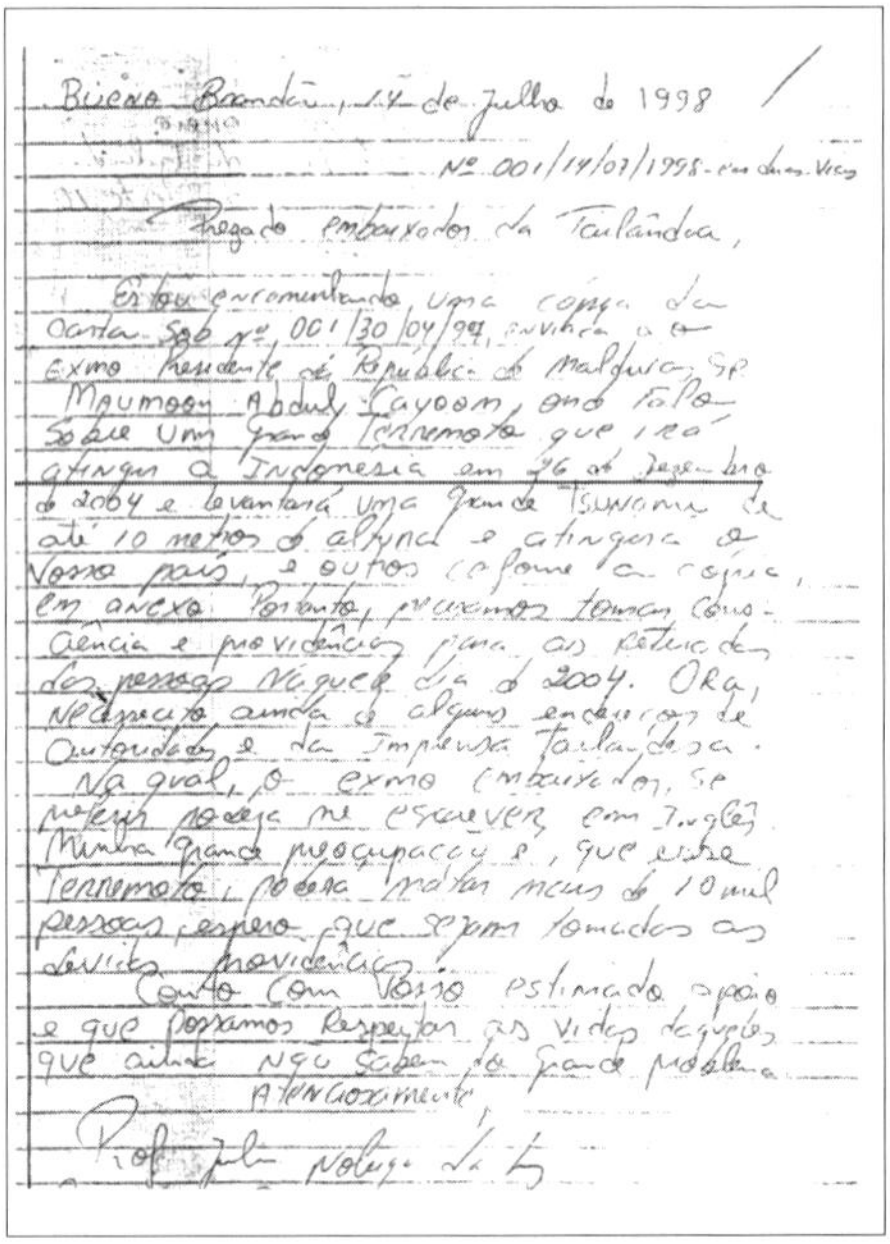

Bueno Brandão, 14 de julho de 1998
Nº 001/14/07/1998
Prezado embaixador da Tailândia,
Estou encaminhando uma cópia da
carta sob nº 001/30/04/97, enviada a
Exmo Presidente da República de Maldivas, Sr
Maumoon Abdul Gayoom, onde falo
sobre um grande terremoto que irá
atingir a Indonesia em 26 de dezembro
de 2004 e levantará uma grande Tsunami de
até 10 metros de altura e atingirá o
Vosso país, e outros conforme a cópia,
em anexo. Portanto, pedimos tomar cons-
ciência e providências para as retiradas
das pessoas naquele dia de 2004. Ora,
necessito ainda o alguns endereços de
autoridades e da Imprensa Tailandesa.
Na qual, o exmo embaixador, se
puder pode me escrever em Inglês.
Minha grande preocupação é, que esse
terremoto, poderá matar mais de 10 mil
pessoas, espero que sejam tomadas as
devidas providências.
Conto com Vosso estimado apoio
e que possamos respeitar as vidas daqueles
que ainda não sabem da grande problema.
Atenciosamente
Prof. Jucelino Nóbrega da Luz

事件13ー９文書
タイ大使館あて書簡

ている。内容はモルディブ大統領あての警告送付を引用して、同様の内容を知らせている。そして同じように、被害を最小限に抑えたいので、当局やマスコミの住所を知らせてほしいと書いている。

文書10――タイ大使館からの返書

約一カ月後の同年八月十日に、ジュセリーノ氏の要請に応えるようないくつかの新聞社や大学、そして軍や教育機関などの住所を知らせてきている（事件13―10文書）。しかし、地震の警告そのものについて、どう対応してくれるかについてはまったく書かれておらず、彼らが自国へ知らせてくれたかどうかは分からない。

スマトラ沖の大地震とインド洋の津波による大惨事は、ジュセリーノ氏の予言どおりに、二〇〇四年十二月二十六日の朝、起きてしまった。

EMBAIXADA REAL DA TAILÂNDIA
SEN - Av. das Nações - Lote 10
70433-900 Brasília, DF - BRAZIL
Tel.: (55 61) 224-6943 - Fax: (55 61) 223-7502

No. 544/2541

10 August 1998

Dear Prof. Nobrega da Luz,

With reference to your letter dated 14 July 1998, requesting addresses of some authorities and press in Thailand, I am pleased to inform you the addresses as follows:

- Ministry of Education
  Wang Chan Kasem, Rajadamnoen Nok Ave, Bangkok 10300.
- Office of the National Culture Commission, Ministry of Education
  Ratchadapisak Road, Huay Khwang, Bangkok 10310.
- Faculty of Arts, Chulalongkorn University
  Phaya Thai Road, Bangkok 10330.
- Faculty of Arts, Silpakorn University
  Na Phralan Road, Bangkok 10200.
- Matichon Newspaper Co.Ltd.
  12 Soi Thesabal Naruemarn, Bangkok.
- Sing Sian Yit Pao Daily News
  267 New Road, Bangkok.
- Post Publishing Public Co.Ltd. (Bangkok Post)
  136 Soi Na Ranong, Off Sunthorn Kosa Road, Klong Toey, Bangkok 10110
- Nation Publishing Group Co.Ltd.
  44 Bangna-Trad Road, Bangkok.

Yours sincerely,

(Kusuma Tharasook)
First Secretary

事件13ー10文書
タイ大使館の返礼書簡

最近までに集計された被害報告は以下のとおりである。
インドネシア（スマトラ島）――死亡者数二二八、四二九人
スリランカ――死亡者数三〇、九五七人、行方不明者数五〇、六三七人
インド――死亡者数一六、四一三人
タイ――死亡者数五、三八四人
モルディブ――死亡者数八二人
マレーシア――死亡者数六八人
ミャンマー――死亡者数六二人
バングラデシュ――死亡者数二人
ソマリア――死亡者数二九八人
タンザニア――死亡者数一〇人
ケニア――死亡者数一人
結局、津波による被害はアフリカにまで及び、合計で死亡者数は二十八万人を超え、行方不明者は数知れないという状況になった。

事件14　マイケル・ジャクソン逮捕、バリ島テロ事件、オーストラリアの干ばつ、ほか（一九九九年予知→二〇〇五年までに発生）

これはさまざまな所に送った、一九九九年時点で要約した世界の数年間の未来展望である（事件14—1〜6文書）。この日の郵便局発信証明書の一つは、ビル・クリントン・アメリカ合衆国大統領となっている。

最初の前書きに続き、十項目の未来予知が並んでいる。

「親愛なる紳士淑女の皆様へ——ここに現在の私の夢による概要を申し上げます。今まさに、数百万年かかって培われてきた東南アジア、南アメリカ、そしてアフリカの動植物が、ここ二十年ほどで破壊されようとしています。人間は己の高邁なる理論を掲げ地上に帝国を構築してきましたが、その巨大な扇動的活動の帰結を今、目前にしています」というのが前書きである。

第一項には9・11テロが繰り返されている。

第二項は、その後のアフガンとイラクへの宣戦布告である。

第三項は、「二〇〇二年から、私たちは自己の行いの報酬を受け取ることになり、この惑星が高温化し、台風や殺人的なハリケーン、竜巻が世界中で起き、多くの人が死亡して、各地でパニックが始まり、自暴自棄になるでしょう」と警告している。

第四項は、バリ島で起きるテロ事件である。

「インドネシアの子羊（おとなしい大衆）が戦争を起こし、勝利するでしょう。天使は私に申しました。バリでこれが試みられると。そして多くのオーストラリア人とブラジル人が死亡するでしょう。これは二〇〇二年に起きます」

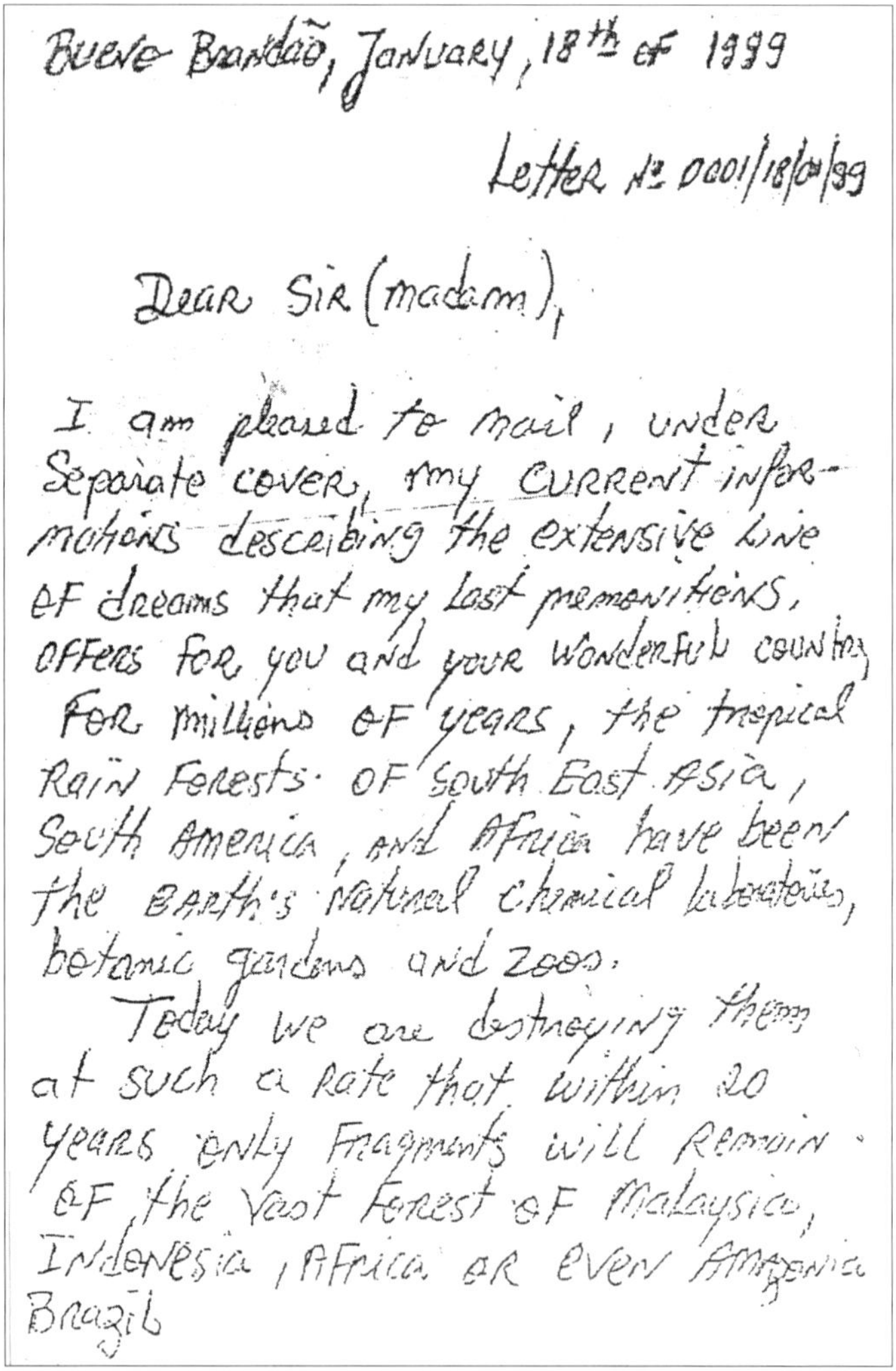

Bueno Brandão, January, 18th of 1999

Letter Nº 0001/18/01/99

Dear Sir (madam),

I am pleased to mail, under separate cover, my current informations describing the extensive line of dreams that my last premonitions, offers for you and your wonderful country

For millions of years, the tropical Rain Forests of South East Asia, South America, and Africa have been the Earth's natural chemical laboratories, botanic gardens and zoos.

Today we are destroying them at such a rate that within 20 years only fragments will remain of the vast forest of Malaysia, Indonesia, Africa or even Amazonia Brazil

事件14－１文書
クリントン大統領等に送った地球温暖化への警告書

"men have Fabulous theories in hand but are stationed along the Frontiers of their Empire and the "practice" is still to be seen in many parts of the aspect of their vast demagogies."
Here is my last premeditions about the world:

1. behold, After these things I saw through my dreams come down from heaven, having great power and has shown me that in 2001 will appear in USA Terrorism Actions on Manhattan Island, and Two buildings will fall down within two Airplanes Crash Afterwards. Many People shall die;
2. And it cried mightily with a strong Voice, saying, USA the great is Fallen, and is become the habitation of Terror all over, and this country will declare a war against.

事件14ー２文書
１項は９・11テロ　２項はイラク戦争の予知

Aphegantistan country as every unclean and hatefull bird.

Lately, a franc-tireur will start to kill people in Washington state, and many people will die. For all nations have drunk of the wine of the wrath of its fornication, and the kings of the other arabic countries have committed fornication with it, and USA will declare war against Iraqian people.;

3. In 2002, Nature will reward, and our planet is even more hotter, High temperatures shall spread panic, and would we have opened the window of great storm, windstorm, and violent hurricane and tornade all over the world, causing deths, and destructions;.

事件14－３文書
３項には「私たちは自己の行いの報酬を受け取る」と書かれている

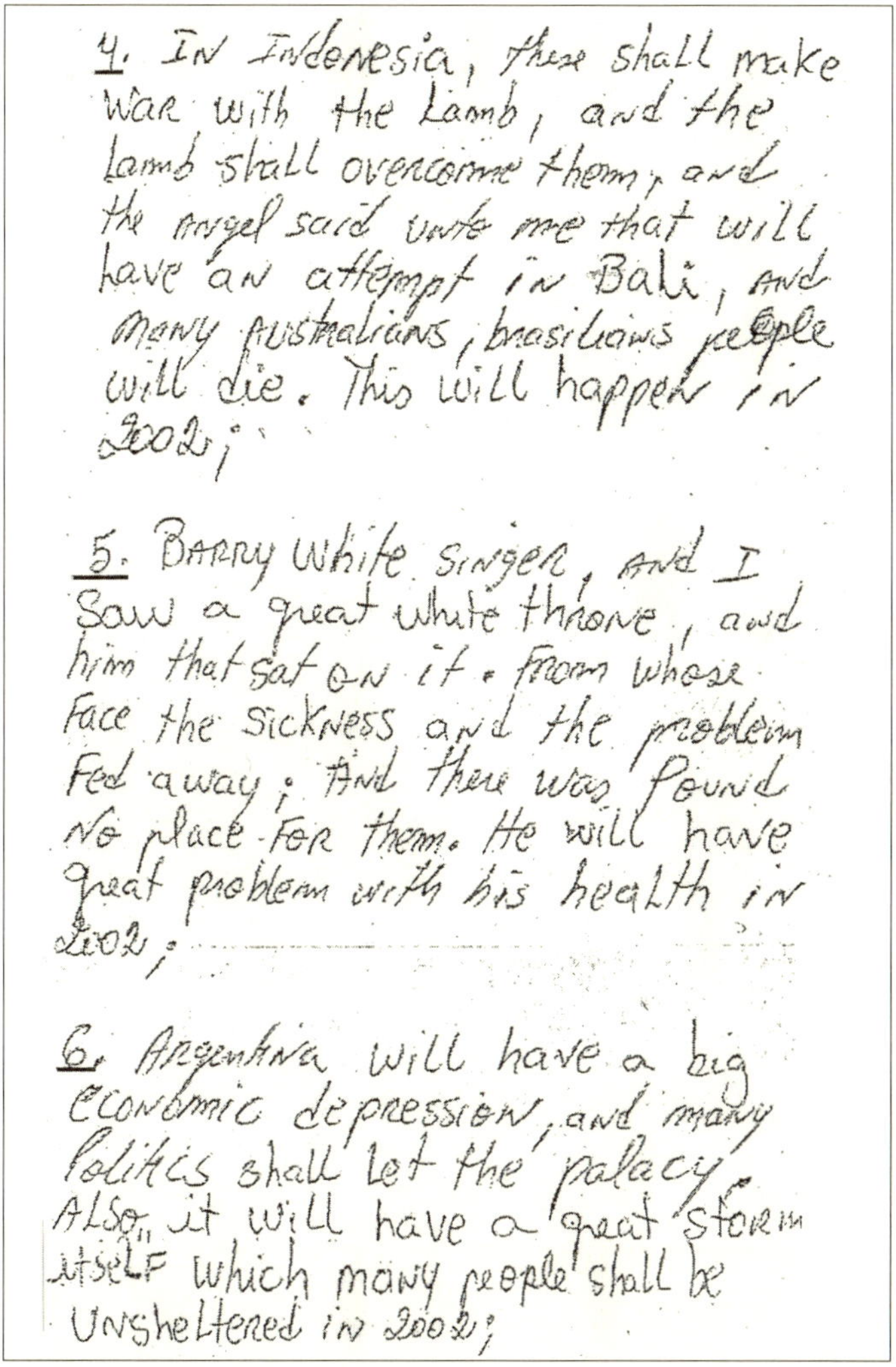
4. IN INDONESIA, these shall make War with the Lamb, and the Lamb shall overcome them, and the angel said unto me that will have an attempt in Bali, and many Australians, brasilians people will die. This will happen in 2002;

5. BARRY White singer, and I saw a great white throne, and him that sat on it. From whose face the sickness and the problem fed away; And there was found no place for them. He will have great problem with his health in 2002;

6. Argentina will have a big economic depression, and many politics shall let the palacy. ALSO, it will have a great storm itself which many people shall be unsheltered in 2002;

事件14ー４文書
４項はバリ島のテロ事件　５項は歌手の死　６項はアルゼンチンの経済不況

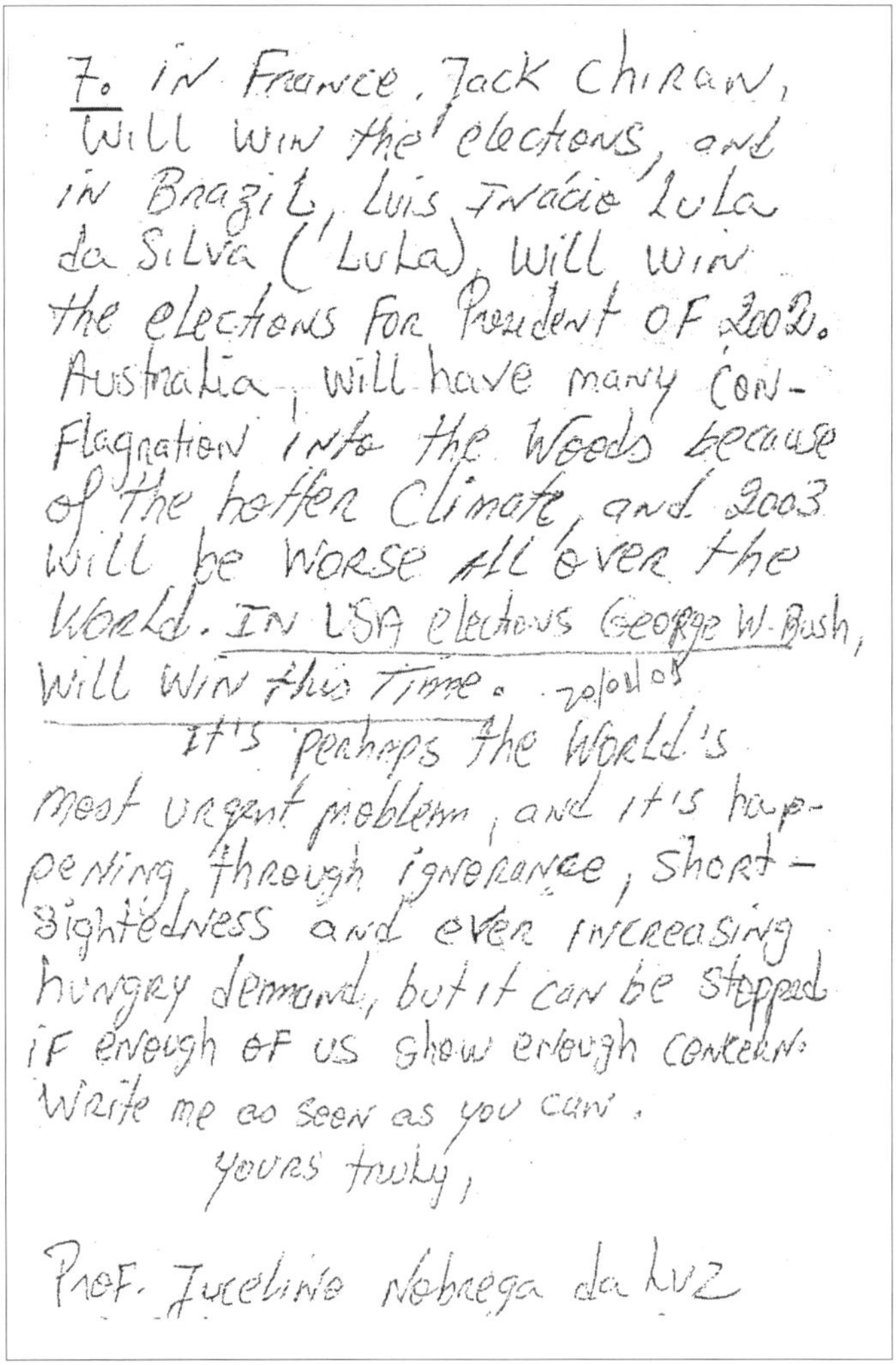
7. in France, Jack Chiran, Will win the elections, and in Brazil, Luis Inácio Lula da Silva ('Lula) will win the elections for President of 2002. Australia, will have many conflagration into the Woods because of the hotter Climate, and 2003 will be worse all over the World. In USA elections George W. Bush, will win this Time. 20/04/05

It's perhaps the World's most urgent problem, and it's happening through ignorance, short-sightedness and ever increasing hungry demand, but it can be stopped if enough of us show enough concern. Write me as soon as you can.

Yours truly,

Prof. Jucelino Nobrega da Luz

事件14－5文書
7項は各国の大統領選挙の予知

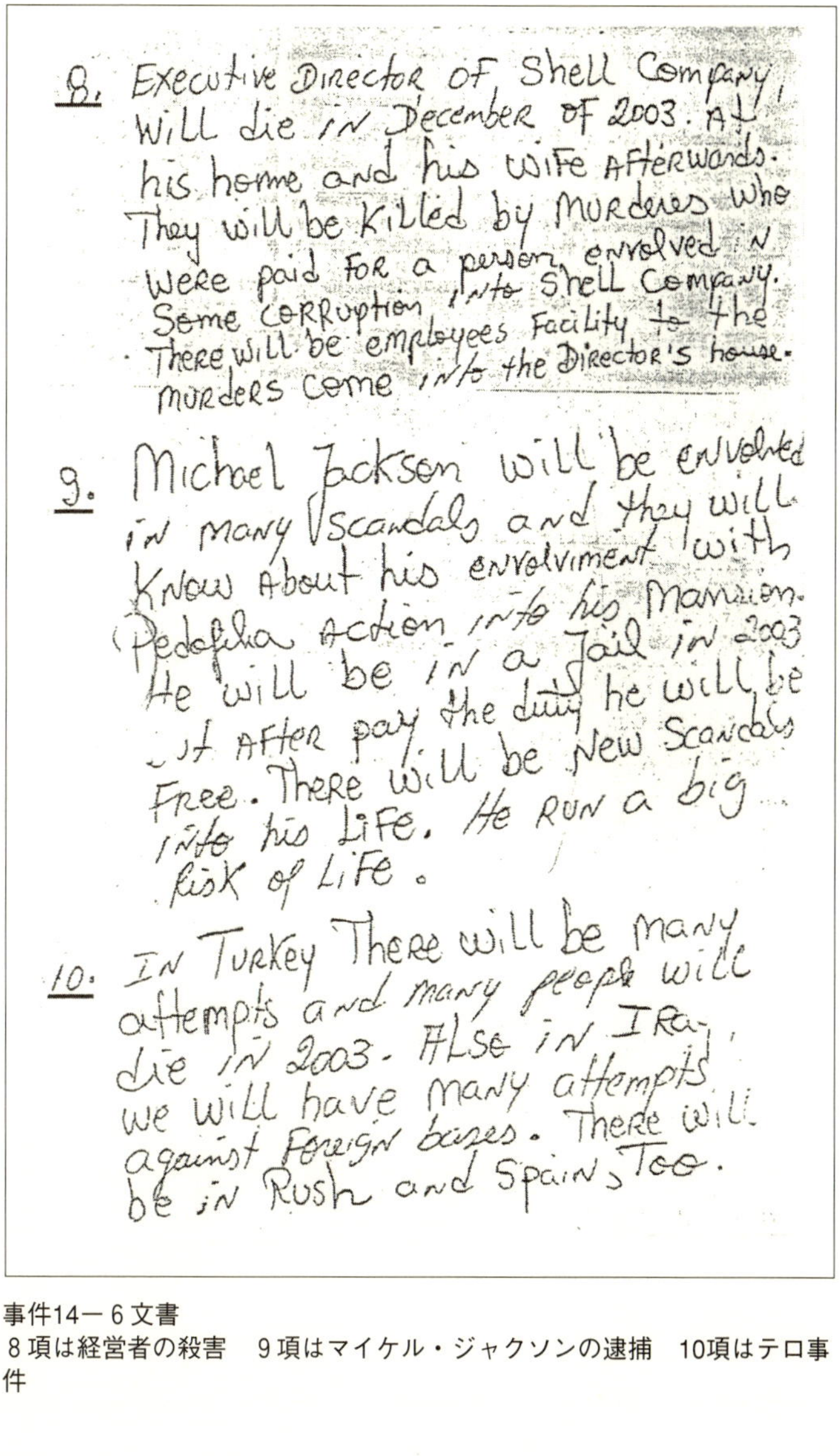

8. Executive Director of Shell Company
will die in December of 2003. At
his home and his wife afterwards.
They will be killed by murderes who
were paid for a person envolved in
some corruption into Shell Company.
There will be employees facility to the
murders come into the Director's house.

9. Michael Jackson will be envolved
in many scandals and they will
know about his envolviment with
Pedofilia action into his Mansion.
He will be in a Jail in 2003
but after pay the duty he will be
free. There will be new scandals
into his life. He run a big
risk of life.

10. In Turkey there will be many
attempts and many people will
die in 2003. Also in Iraq
we will have many attempts
against foreign bases. There will
be in Rush and Spain, too.

事件14－６文書
８項は経営者の殺害　９項はマイケル・ジャクソンの逮捕　10項はテロ事件

二〇〇二年十月十二日に、バリ島のディスコで、テロによる爆発事件が起き、百八十七人の犠牲者が出た。その中にはオーストラリア人とブラジル人が多数いたと報じられている。

第五項は、七〇年代のディスコ・ブームで大活躍したソウル歌手のバリー・ホワイトについてである。

「私は、大いなる白い王座を見ました。そこにバリー・ホワイトさんが座っています。この人の顔は病気で死にそうです。もうどうしようもありません。二〇〇二年に健康上の重大な問題に直面するでしょう」

バリー・ホワイトは、二〇〇三年七月四日に死亡した。

（監修者注――なぜここに歌手の病気が出てくるのだろう。おそらくバリ島のディスコで彼の曲がかかっていたのをジュセリーノ氏が夢で見て、その歌手の身の上に飛んだのではないだろうか）

第六項は、隣国について述べている。

「二〇〇二年に、アルゼンチンで深刻な経済不況が起きて、多くの政治家が政府公邸から立ち去るでしょう。そして巨大な嵐が来るので大勢の人が逃げ遅れるでしょう」

二〇〇一年の末に、アルゼンチン政府は国の借金の支払延期を発表した。経済はどん底になり、わずか十二日間に五人の大統領が交代するという政治的な激動が起き、二〇〇二年に通貨の大幅引き下げを実施したため、経済が麻痺状態になった。

二〇〇二年十月二十日には嵐と豪雨がこの国を襲っている。

第七項は、各国大統領の二〇〇一～二〇〇二年の選挙である。フランスではシラク、ブラジルはルーラ、アメリカはブッシュが当選すると言っている。そして二〇〇三年はオーストラリアを高温による干ばつが襲うと述べた後、「しかし、なんといっても世界の最も差し迫った問題は無知と近視眼的な浅慮、そしてますます増える飢餓であり、この行く末について、私にぜひとも問い合わせてください」という要望が書き添えられている。

大統領は、三人とも予言どおりの当選を果たしている。オーストラリアは二〇〇二年以降、地球温暖化の影響でこれまでにない干ばつが続いている。

第八項に、リオデジャネイロの多国籍企業シェルの経営者が、二〇〇三年に自宅で家族とともに殺害されると言っている。事件は警告されたとおり、二〇〇三年十一月三十日に起きている。

第九項は、二〇〇三年にマイケル・ジャクソンがスキャンダルを起こして逮捕されるだろうとなっている。事実この年の十一月に逮捕され、彼が容疑者であることを疑わせる写真が世界中に報道された。

第十項は「二〇〇三年にトルコでテロ事件が起き、多くの人が亡くなるでしょう。このような攻撃が、イラク、ロシア、スペインでも起きます」としている。

トルコでは、二〇〇三年十一月二十一日に、イスタンブールの西部地区ダブルスで反英暴動が起き、翌朝、英国総領事を含む二十七人の死亡が確認され、四百五十人のけが人があったと発表された。

事件15　ロシア、ベスラン学校での武装勢力テロ（一九九九年予知→二〇〇四年発生）

この手紙はロシア語で書かれ、英語が併記されている（事件15―1文書）。ジュセリーノ氏は、数カ国語で書いたり話したりする。彼は寝ている間に語学書を頭に入れることができるという。ロシア語のほかにも、英語、スペイン語、マンダリン語、ポーランド語、そしてドイツ語で書いた手紙が存在している。（訳注・最近は日本語に興味を持っている）

手紙の日付は、一九九九年一月二十六日である。

「私は次のような夢を見ました。テロリストたち数人が、ロシアの学校を占拠する計画を立てています。これは二〇〇四年の八月か九月に起きるでしょう。事件は、オサマ・ビンラディンが率いるチェチェン共和国独立派と数人のロシア人によって計画されています。この武装勢力は爆弾を抱えて学校に侵入し、その爆発で数百人の子どもや職員が死亡するでしょう。ですから、なんとしてもこの争いを防がなければいけません（一九九九年一月二十日予知）。私はこのテロリストがグロズヌイから脱出するのを見たことを思い出します」

郵便局の受け付けレシート確認のあて先は、モスクワの領事館とロシア政府となっているが、

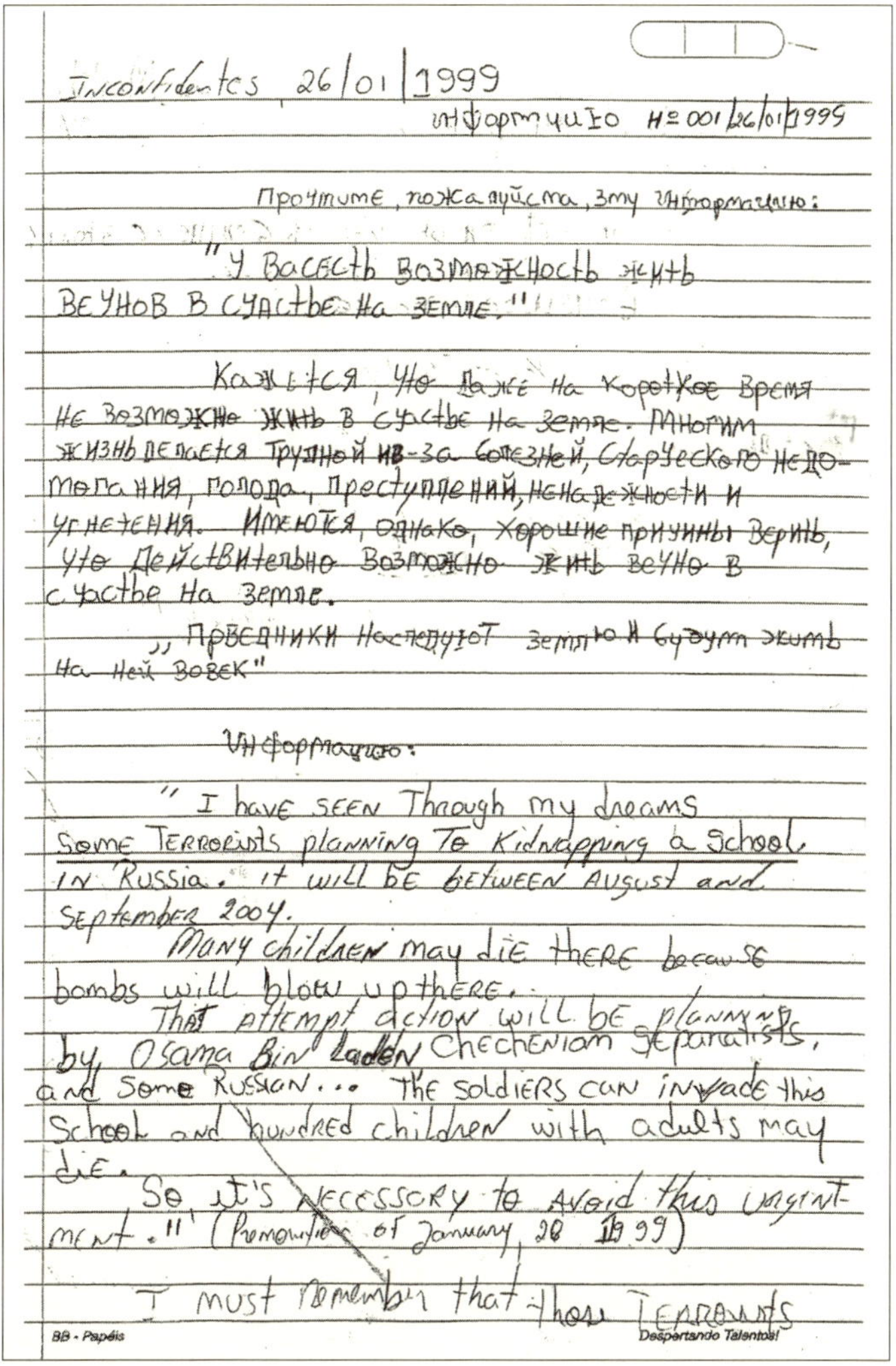
Inconfidentes, 26/01/1999
информацию №001/26/01/1999

Прочтите, пожалуйста, эту информацию:

"У вас есть возможность жить вечно в счастье на земле."

Кажется, что даже на короткое время не возможно жить в счастье на земле. Многим жизнь делается трудной из-за болезней, старческого недомогания, голода, преступлений, ненадежности и угнетения. Имеются, однако, хорошие причины верить, что действительно возможно жить вечно в счастье на земле.

„Праведники наследуют землю и будут жить на ней вовек"

Информацию:

" I have seen Through my dreams some Terrorists planning To kidnapping a school in Russia. it will be between August and September 2004.
Many children may die there because bombs will blow up there.
That attempt action will be planning by, Osama Bin Laden Chechenian separatists, and some Russian... The soldiers can invade this school and hundred children with adults may die.
So, it's necessory to avoid this urgintment." (Premonition of January, 20 1999)
I must remember that those Terrorists

BB - Papéis　　Despertando Talentos!

事件15－１文書
ロシアのベスラン学校でのテロ事件の予知警告書簡
上部がロシア語、下部が英語

will scape just some of them to Makha-
chkala city, and then, GROZNI nearby.
(TEREK RIVER)

HE желаете ли вы узнать больше об этом?
— Then, contact me...
Большое спасибо.

Yours, Truly,

(учитель): Prof Jucelino Nobrega da Luz

Bairro Escutário Velho — Inconfidentes
Cep 37576-000 — Brasil

ИНСТИТУТ
РУССКОГО ЯЗЫКА
ИМ: АС. ПУШКИНА
O/C - Director (директор):
РОССИЯ

ECT —EMP. BRAS. DE CORREIOS E TELEGRAFOS
Ag.: 20305800 - AC BUENO BRANDAO
RUA AFONSO PENA, 30 CENTRO
Cidade: BUENO BRANDAO UF: MG
CGC : 32.028.316/2579-02
Ins Est: 05503701100

COMPROVANTE DO CLIENTE
26/01/99 10:33 SCX:001 Mat:84100702
LANCAMENTO: 20

DESCRICAO	QTDADE	PRECO
COMPROV.FRANQ.INTERNAC. F	1	1,05+
TOTAL		1,05
VALOR RECEBIDO		1,05
TROCO		0,00

SCADA 1.19a/SCAT1100

117485, МОСКВА
Волхина, 6 - РОССИЯ

Copy of the Letter Nº 001/26/01/99

Urgente!!!
Consulate and
Government of Russia
To Governor of. Moscow
Moscow — Russia

ECT20909641 040804 05106 102005 4763 25,39
ECT - EMP. BRAS. CORREIOS E TELEGRAFOS
20909641 - ACF RAPIDO VALE
AV ANTONIO PAULINO 126 SL 7
SANTA RITA DO SAPUCAI - MG - 37540-000
CNPJ 68.517.499/0001-42 - IE ISENTA
DATA: 04/08/2004 HORARIO: 10:02
OPERADOR 102 - PERCIO
ATENDIMENTO NUMERO: 0007
RECIBO DE VENDA DE PRODUTOS
SERIE: A - NUMERO: 006412

DESCRICAO	QTD	UNIT.	PRECO
EXPORTE FACIL(CARTA) DOCUM	1	2,20	2,20
TOTAL:	1		2,20
VALOR A PAGAR			2,20
VALOR RECEBIDO			2,20
TROCO			0,00

Nº 001/26/01/99, etc.

Copy of the Letters

Despertando Telenicel

事件15－２文書
ロシアあて書簡の郵便局のレシート

先方に届いたかどうかは確認できない。手紙は二回発送されていることが郵便局のレシートで分かる。二度目は事件直前の二〇〇四年八月四日に送られている（事件15―2文書）。

事件が起きたのは、予言どおり二〇〇四年九月一日であった。ベスラン学校に武装勢力が侵入し、軍に攻撃されて自爆し、三百三十五人が死亡し、七百人が負傷している。

事件16　スペイン、マドリードの電車テロ（一九九五年予知・一九九九年発信→二〇〇四年発生）

スペイン大使館に送った一九九九年九月十日の手紙（事件16―1文書）には、9・11テロの攻撃と、それに続くアフガンとイラクの戦争を予告した後、二〇〇四年三月十一日に、今度はスペインが攻撃の的になると警告している。

「……マドリードの鉄道駅でテロによる攻撃が起き、数百人が犠牲になります。……そのことで国民が不安になり、国を治める政党を変えてしまいます……」

文書には、公証役場登録サインが付いている。

この手紙を受け取ったブラジルのスペイン大使から、ていねいな礼状（事件16―2文書）が来ている。大使館のロゴが入った公式便箋と、同じくロゴ入りの封筒で明確に証明できるし、

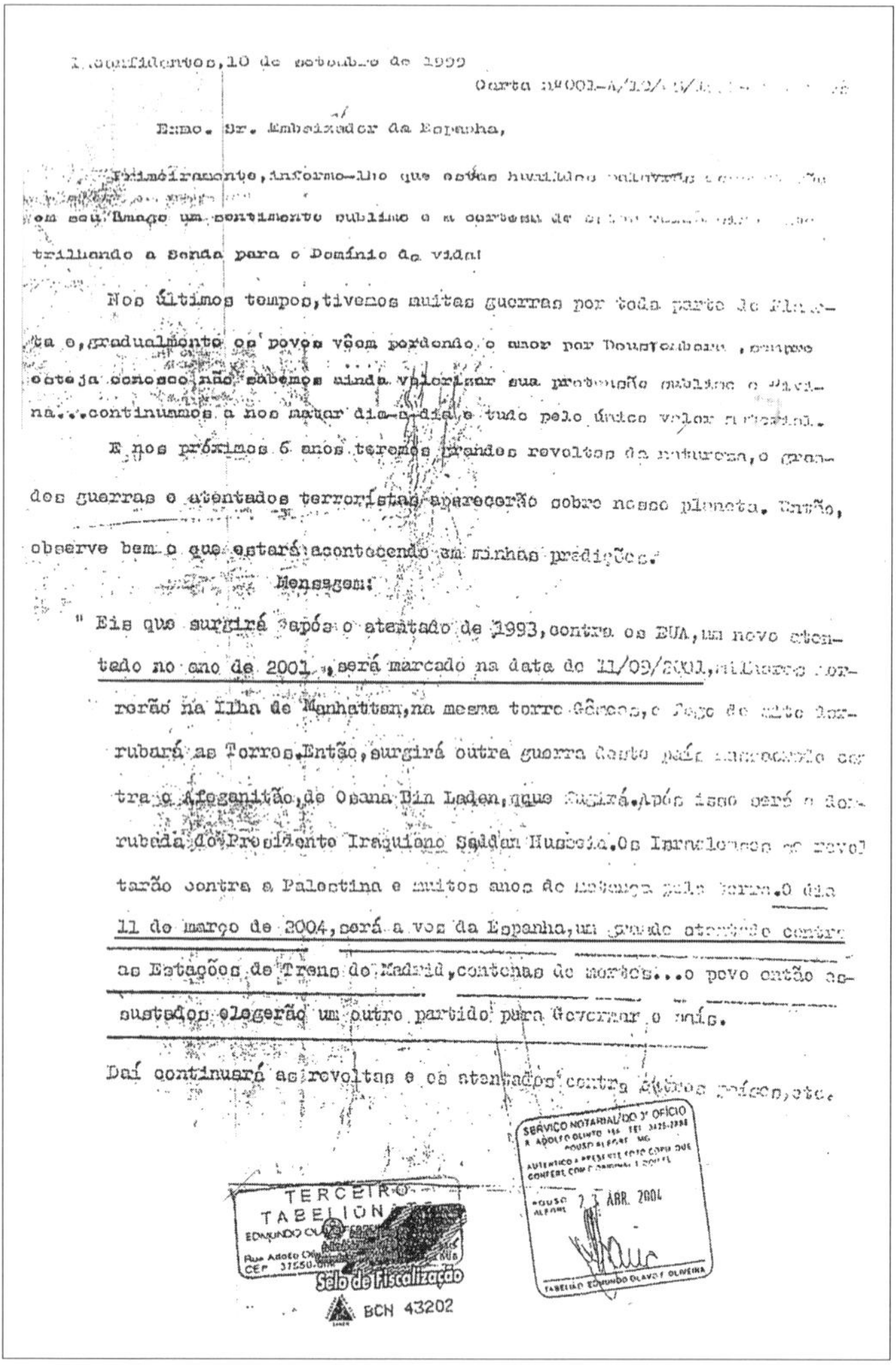

Inconfidentes, 10 de setembro de 1999

Carta nº001-A/12/...

Exmo. Sr. Embaixador da Espanha,

Primeiramente, informo-lhe que estas humildes palavras ... em seu âmago um sentimento sublime e a certeza de ... trilhando a Senda para o Domínio da vida!

Nos últimos tempos, tivemos muitas guerras por toda parte do Planeta e, gradualmente os povos vêem perdendo o amor por Deus ..., sempre esteja conosco não sabemos ainda valorizar sua proteção sublime e divina... continuamos a nos matar dia-a-dia e tudo pelo único valor material.

E nos próximos 6 anos teremos grandes revoltas da natureza, e grandes guerras e atentados terroristas aparecerão sobre nosso planeta. Então, observe bem o que estará acontecendo em minhas predições.

Mensagem:

" Eis que surgirá após o atentado de 1993, contra os EUA, um novo atentado no ano de 2001, será marcado na data de 11/09/2001, milhares morrerão na Ilha de Manhattan, na mesma torre Gêmeas, o fogo de alto derrubará as Torres. Então, surgirá outra guerra ... contra o Afeganitão, de Osama Bin Laden, que surgirá. Após isso será a derrubada do Presidente Iraquiano Saddan Hussein. Os Israelenses se revoltarão contra a Palestina e muitos anos de matança pela terra. O dia 11 de março de 2004, será a vez da Espanha, um grande atentado contra as Estações de Trens de Madrid, centenas de mortos... o povo então assustados elegerão um outro partido para Governar o país.

Daí continuará as revoltas e os atentados contra outros países, etc.

TERCEIRO TABELIONATO

Selo de Fiscalização

BCN 43202

SERVIÇO NOTARIAL DO 1º OFÍCIO

POUSO ALEGRE MG

23 ABR. 2004

TABELIÃO EDMUNDO OLAVO F. OLIVEIRA

事件16－１文書
スペイン大使館に送ったマドリードのテロ事件警告書

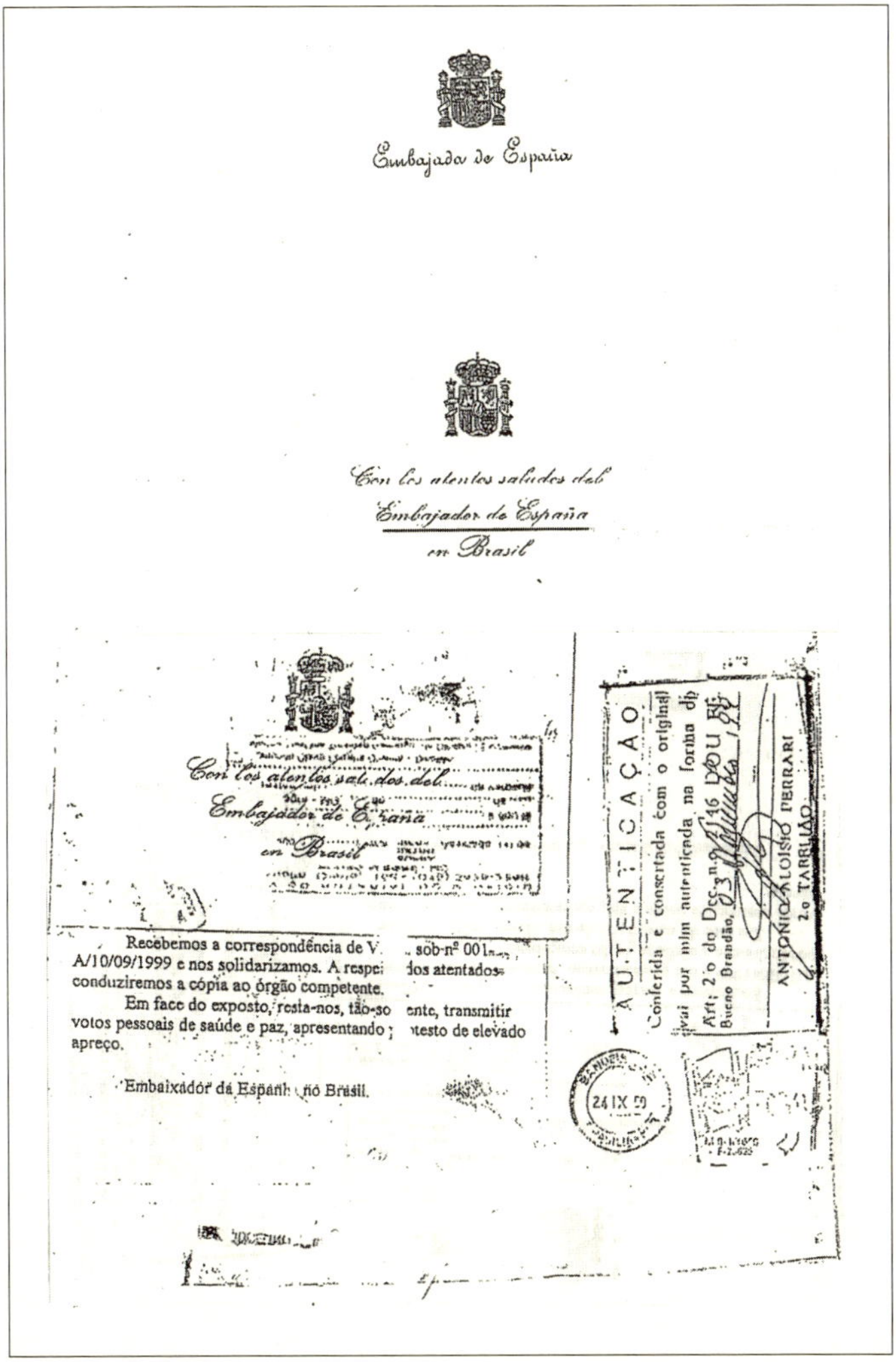

Embajada de España

Con los atentos saludos del
Embajador de España
en Brasil

Con los atentos saludos del
Embajador de España
en Brasil

Recebemos a correspondência de V... sob-nº 001... A/10/09/1999 e nos solidarizamos. A respei... dos atentados conduziremos a cópia ao órgão competente.

Em face do exposto, resta-nos, tão-so... ente, transmitir votos pessoais de saúde e paz, apresentando ... testo de elevado apreço.

Embaixador da Espanh... no Brasil.

AUTENTICAÇÃO
Conferida e consertada com o original
que por mim autenticada na forma da
Art. 2º do Dec. nº 116 DOU ...
Bueno Brandão, 03 ...
ANTONIO ALOISIO FERRARI
2.o TABELIÃO

24 IX 99

事件16－２文書
公証役場に登録されたスペイン大使からの礼状

文書の冒頭に、ミナス・ジェライス州ポウゾ・アレグレ市第二公証役場へ登録された印がある。

この手紙で予知された出来事は、文面どおり以下のように発生している。

二〇〇四年三月十一日に、マドリード市内で起きたテロ事件で、百九十人が死亡し、千六百人がけがを負った。同時に二つの爆発があり、エール・ライムンドとマドリード・グアダラハラ線の電車が通るアトーチャ駅で起きた。

事件の三日後に行われた選挙では、国民党が敗れ、社会労働党が第一党となり政権を奪還した。

事件17　テレビ司会者への病気警告（二〇〇〇年予知→二〇〇一年発生）

ブラジルの有名なテレビ局GLOBOの司会者あてに何通もの手紙を出している。ほかにも多くの歌手や政治家へ送った手紙が多数ある。しかしジュセリーノ氏のスタンスは、相手が有名であろうとなかろうと、何か健康問題があれば、誰にも同じく警告してあげるのが常で、このマリア・ブラガ司会者への手紙（事件17文書）にも次のように書かれている。

「……私は、近い将来何かの病気や災難などで問題が起きる可能性がある人には、こうして手紙を書いてあげるのです。今日は朝早くから書くことを決めました。なぜなら時間が大切で、とにかく早期に、あなたの医師とともにこの戦いに勝利しましょう……」と、差別することなく、誰にも平等に対応する気配りがどの手紙にもにじみ出ている。

　この文書の受取人は、最初の手紙の一年半後に健康問題が発覚し、化学療法や放射線療法の後、回復したことが報じられた。

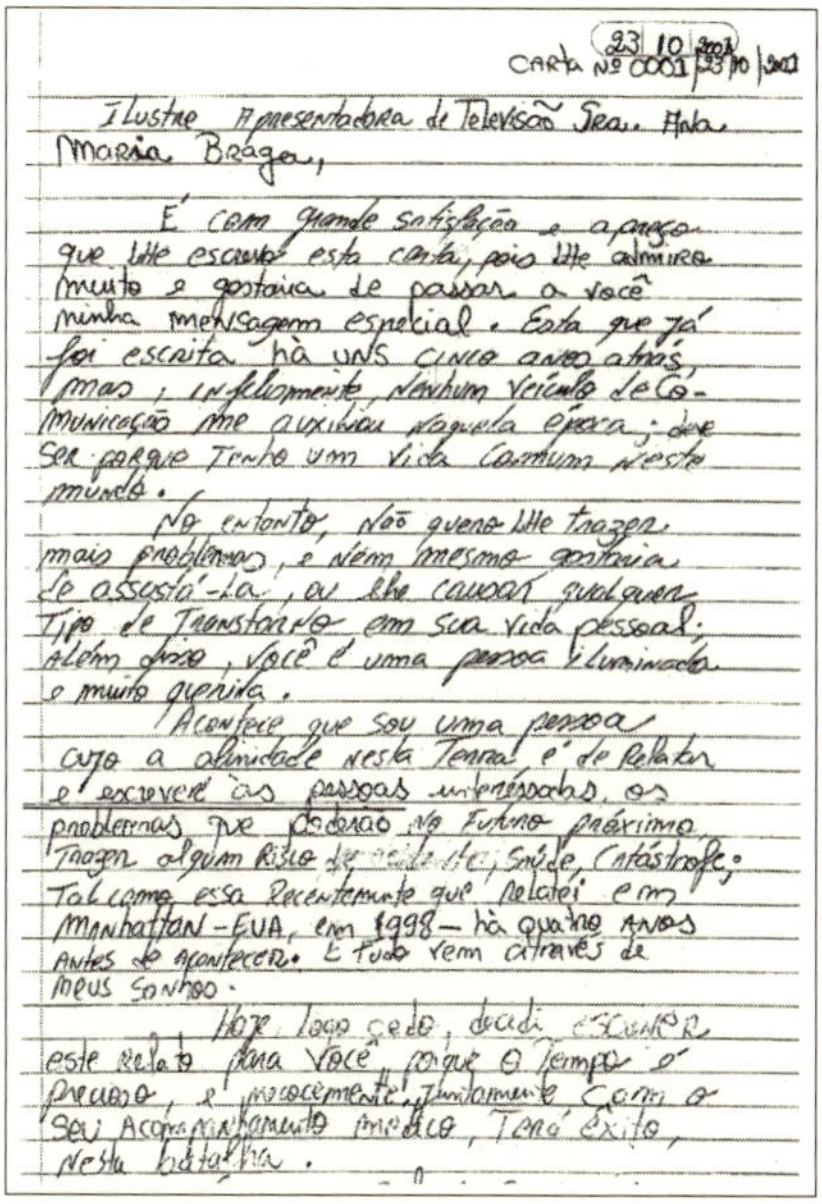
CARTA Nº 0001 23/10/2001

Ilustre Apresentadora de Televisão Sra. Ana Maria Braga,

É com grande satisfação e apreço que lhe escrevo esta carta, pois lhe admiro muito e gostaria de passar a você minha mensagem especial. Esta que já foi escrita há uns cinco anos atrás, mas, infelizmente, nenhum veículo de comunicação me auxiliou naquela época; deve ser porque tenho uma vida comum neste mundo.

No entanto, não quero lhe trazer mais problemas, e nem mesmo gostaria de assustá-la, ou lhe causar qualquer tipo de transtorno em sua vida pessoal; além disso, você é uma pessoa iluminada e muito querida.

Acontece que sou uma pessoa cujo a atividade nesta Terra é de relatar e escrever às pessoas interessadas, os problemas que poderão no futuro próximo trazer algum risco de acidentes, saúde, catástrofe; tal como essa recentemente que relatei em Manhattan-EUA, em 1998— há quatro anos antes de acontecer. E tudo vem através de meus sonhos.

Hoje, logo cedo, decidi escrever este relato para você, porque o tempo é precioso, e, precocemente, juntamente com o seu acompanhamento médico, terá êxito nesta batalha.

事件17文書
テレビ司会者への病気警告書簡

事件18　ロンドン同時多発テロ、ほか（二〇〇一年予知→二〇〇五年までに発生）

文書1――マスコミ関係者への警告
　この事件に関して、ジュセリーノ氏はマスコミに対して何通も手紙や電報を出しており、あて名は編集者やディレクターとなっている。最初に出された（事件18―1文書）のは二〇〇一年十月一日なので、まだ起きていないニューヨークの9・11テロ攻撃を予知していると述べ

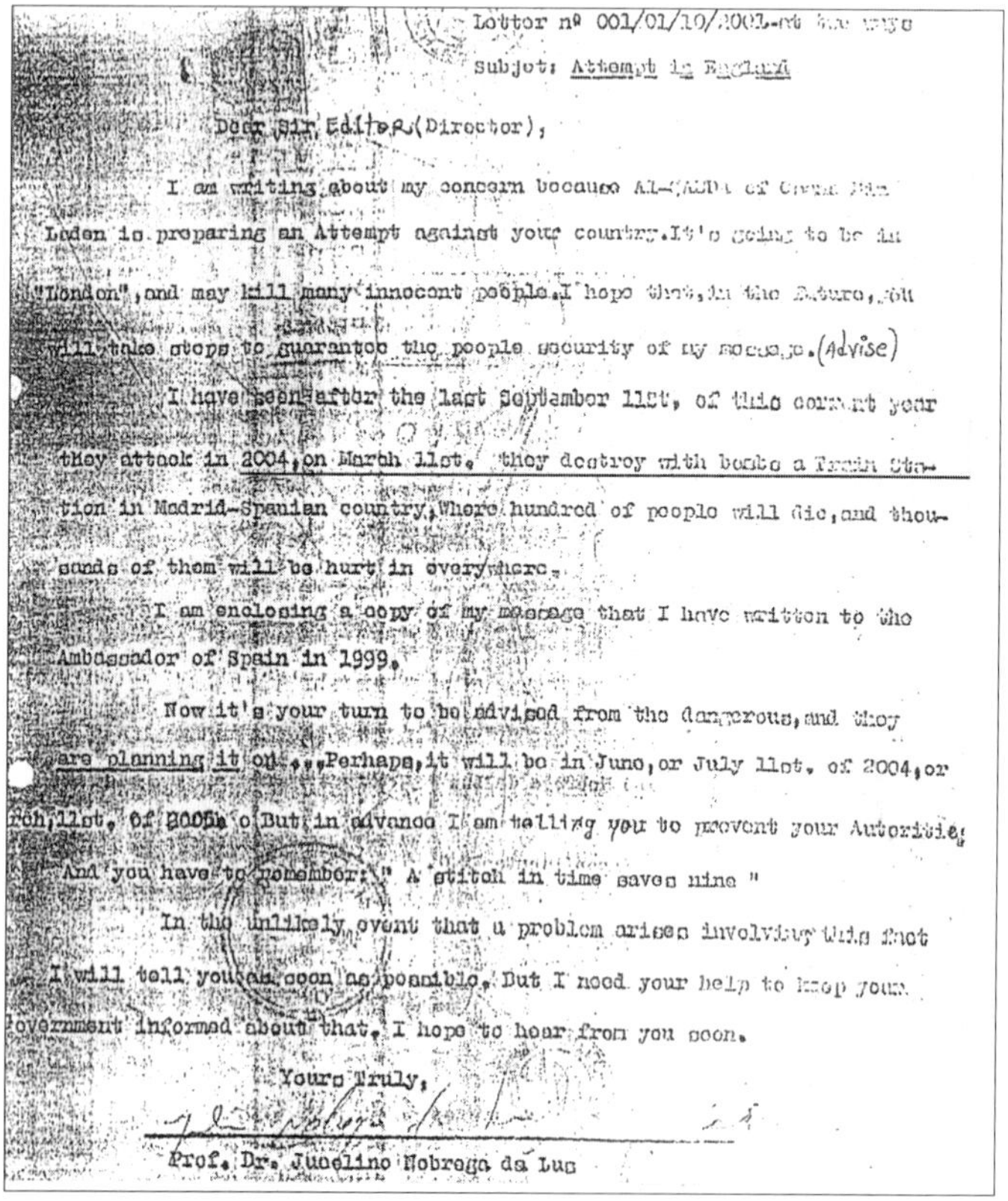

Letter nº 001/01/10/2001-at [illegible]

Subject: Attempt in England

Dear Sir Editor (Director),

I am writing about my concern because AL-QAIDA of Osama Bin Laden is preparing an Attempt against your country. It's going to be in "London", and may kill many innocent people. I hope that, in the future, you will take steps to guarantee the people security of my message. (Advise)

I have seen after the last September 11st, of this current year they attack in 2004, on March 11st. they destroy with bombs a Train Station in Madrid-Spanian country, Where hundred of people will die, and thousands of them will be hurt in everywhere.

I am enclosing a copy of my message that I have written to the Ambassador of Spain in 1999.

Now it's your turn to be advised from the dangerous, and they are planning it on ... Perhaps, it will be in June, or July 11st. of 2004, or Feb, 11st. of 2005. But in advance I am telling you to prevent your Autorities. And you have to remember: " A stitch in time saves nine "

In the unlikely event that a problem arises involving this fact I will tell you as soon as possible. But I need your help to keep your government informed about that. I hope to hear from you soon.

Yours Truly,

Prof. Dr. Jucelino Nobrega da Luz

事件18ー１文書
マスコミに送られたロンドン同時多発テロの警告書簡

ている。そしてさらに、二〇〇四年三月十一日にマドリードでもテロ事件が起き、またロンドンでも起きることを警告している。

特に、この時期にマスコミに出されている手紙には、すべてロンドンへのテロ攻撃のことを強調しており、中にはこのとき使われる爆薬の原料について詳しく触れているものもある。そこに出ているのは「硝酸塩と四酸化オスミウム」である。硝酸塩はアンモニアの成分で肥料に使われるが、ＡＮＦＯＳと呼ばれる爆弾の原料でもあり、大きな破壊力を持つ。また四酸化オスミウムは非常に強い有毒物質で、吸い込むか飲み込むと致命的である。

ロンドンでテロが起きる時期は「二〇〇四年の六月か七月、もしくは二〇〇五年三月までに起きるでしょう」と記されている。

（監修者注——事件は原書の原稿締め切り直後に発生している。予知された最後の期限より四カ月ほど遅れて、二〇〇五年七月七日に、まだわれわれの記憶に新しい「ロンドン同時多発テロ」が起きた。地下鉄の三カ所で五十秒足らずの間にほぼ同時に爆発が起き、その一時間後にバスが爆破された。地下鉄三路線で車両が爆発し、駅構内も被害を受けた。また大英博物館近くの広場で二階建てバスの屋根が吹き飛び、実行犯四人を含む合計五十六人が死亡したという事件である）

文書2――アラファト議長の入院

この時期の一連の事件に関し、デイリー・テレグラフ紙とサンパウロにあるイギリス領事館へ、二〇〇四年三月十九日に送った手紙（事件18―2文書）である。文書には公証役場の登録印がある。

最初に、「トニー・ブレア英首相に、五百キロ爆弾が使用されるテロがあなたの国で起きることを伝えたので、空港などを警戒してほしい」と伝えたほか、サッカー選手の病気に言及した後、いくつかの事件を予告している。

第一項は「パレスチナの指導者ヤセル・アラファト議長が、二〇〇四年十月五日に病院へ運ばれる夢を見ました。これは命にかかわります」とある。

実際に入院したのは、予言より二十日遅れて、同月二十五日であった。そして十一月十一日に亡くなった。

第二項は、この年に行われるアメリカの大統領選挙で「ジョージ・ブッシュが当選します」というもので、約八カ月後の十一月三日に、その言葉どおり再選を果たしている。

第三項は、スペインのビルで起きるテロ事件に触れている。

第四項には「エジプトのホテルで、数カ月後にテロ攻撃が起きます。ヒルトン・ホテル・タバで、多くの人が死亡します」と言っている。事実、言葉どおり、約七カ月後の十月七日に、エジプトのタバにあるヒルトン・ホテルでテロによる爆発があり、二十三人が亡くなった。

Pouso Alegre,March 19 ,2004

Letter nº 0001/19/03/2004-in two ways

Dear Sir Editor-in-chief,

As I was telling Mr. Tony Blair,by my message that you are going to face an endeavour by terrorism actions in you country,because they want to enter with 500kg of artefact explosives and Chemicha,I say,Chemical which affects breath,and ca cause death here in your country.So,you have to warn and look out within aeroports and other places...

I also send you a copy of my letter number 001/22/12/2003,where I have sent it to Mr Sergio Oliveira da Silva(Serginho) a soccer player of São Caetano Team,telling him about his heart deseaase,I say,disease and have sent it to President of the Club,but in England we're going to have a problem as well as him with FADIGA,whose team is in England.

TERCEIRO TABELIONATO
EDMUNDO OLAVO FERREIRA DE OLIVEIRA
TABELIÃO
Rua Adolfo Olinto, 156 - Pouso Alegre - MG
CEP. 37550-000 FONE: 3425-2888

My Message:

A) "" I saw Yasser Arafat,sickness will envolve him and send him to hospital on October 05 of 2004,and he is running a big risk of life.""

B) United States Elections will mark by GEORGE W. BUSH,because he is going to win USA'S ELECTIONS on november 2004.

C) Falsal Allough,will be captured in Gandia city-Spain,because he and three others terrorists are planning to blow up a Tribunal building and others important buildings in Spain,but that attempt won't cease and they will try again.

d) Egyptian Building Hotel will have an attempt on next moths.It will be in Taba ,at Hilton hotel.Many people will die.

I hope you help me to publish this in your newspaper.

Yours Truly,

Prof. Jucelino Nobrega da Luz

事件18－２文書
アラファト議長の入院を告知する書簡

文書3——サッカー選手の心臓病

これは複数のサッカー選手が同じ病気であることを忠告している。前文書にも出てくるが、ブラジルのセルジオ・デ・オリヴェイラ・ダ・シルヴァ（セルジーニョ）選手とイギリスでプレーしているセネガル生まれのファディガ選手である。不思議なことに、同じ日にこの二人の選手が発作を起こすのだ。あて先はセルジーニョの所属クラブ会長気付で、二〇〇三年十二月二十二日に選手あてに出されている（事件18—3文書）。このポルトガル語と英語が混在している文書にも公証役場登録印が押されている。

「ファディガ選手にも同じ手紙を出しますが……あなた方は不整脈で心筋梗塞を起こすかもしれません。あなた（セルジーニョ）の心臓は膨らんでいます……これは二〇〇四年十月二十七日にサンパウロＦＣクラブとの対戦時に起きます。あなたが通常の健康診断をすれば、問題が発見され、この出来事は防ぐことができます（二〇〇三年十二月十九日予知）。……私はあなた方二人が深刻な心臓障害を抱えていることを夢で見ていますので、ぜひとも病院に行ってください。ロンドンのデイリー・テレグラフ新聞社にも手紙を送りますので、その部分は英語で書きました……」

出来事が起きる十カ月前に予知されたこの手紙の内容は、まさしくその日に発生している。

報道によれば、この手紙の受取人であったセルジーニョ選手は、ブラジル選手権大会で対サンパウロＦＣ戦に出た二〇〇四年十月二十七日に、試合中に心臓停止となり死亡した。

Pouso Alegre, 22 de dezembro de 2003

Carta nº 001/22/12/2003-em 2 vias

Prezado Paulo Sergio Oliveira da Silva(Serginho),

Você não me conhece, mas sou uma pessoa pre-cognitiva e mando Mensagens para todo o mundo, dizendo como poderão evitar certas coisas futuras e que sejam felizes em todos os momentos. Podeis ficar tranquilo, porque não cobro nada de ninguém...a vida é mais importante e Deus soberano as coisas que nós conhecemos.

Tal como você, estarei despachando uma carta para um jogador chamado de FADIGA(nascido no Senegal) e joga na Inglaterra, atualmente(ou jogará...).

Esse ano é uma oportunidade para muitos jogadores se despontarem e irem fazer sucesso em clubes diferentes no ano de 2004, onde lá poderão desfrutar da felicidade profissional.

Mensagem:

A) Eis que pude ver através de meus sonhos, o jogador Paulo Sérgio Oliveira da Silva(Serginho), do time de Futebol, São Caetano-S.P., ter uma arritmia e sofrer um choque Cardiogênico. Seu coração estará muito grande do tamanho normal. Isso acontecerá em 27/10/04, numa partida contra o São Paulo Futebol Clube. Isso poderá ser evitado precocemente se fizeres um exame de Praxe, onde constatará o problema. (Premonição do dia 19/12/2003);

B) I say the truth in Christ, I lie not, my conscience also bearing me, witness in the holy Ghost, that I have great heaviness and continual, sorrow in my heart. For I could wish that myself were accursed from Christ for my brethren, my kinsmen according to the flesh. And I have seen two soccer players running a big rise of life, one is from Portugal team, and the other is Fadiga(born in Senegal), with heart desease. And both have to look for a doctor. (Premonição de 20/12/2003).

TERCEIRO TABELIONATO
EDMUNDO OLAVO FERREIRA DE OLIVEIRA
TABELIÃO

São minhas mensagens e uma escrevo em Inglês, porque mandarei ela para o Daily Telegraph-em Londres. Amigo Cuide-se e cuidado.

Prof. Jucelino Nobrega da Luz -Fone: [redacted]

事件18－3文書
サッカー選手の病死を警告　ポルトガル語と英語が混在している

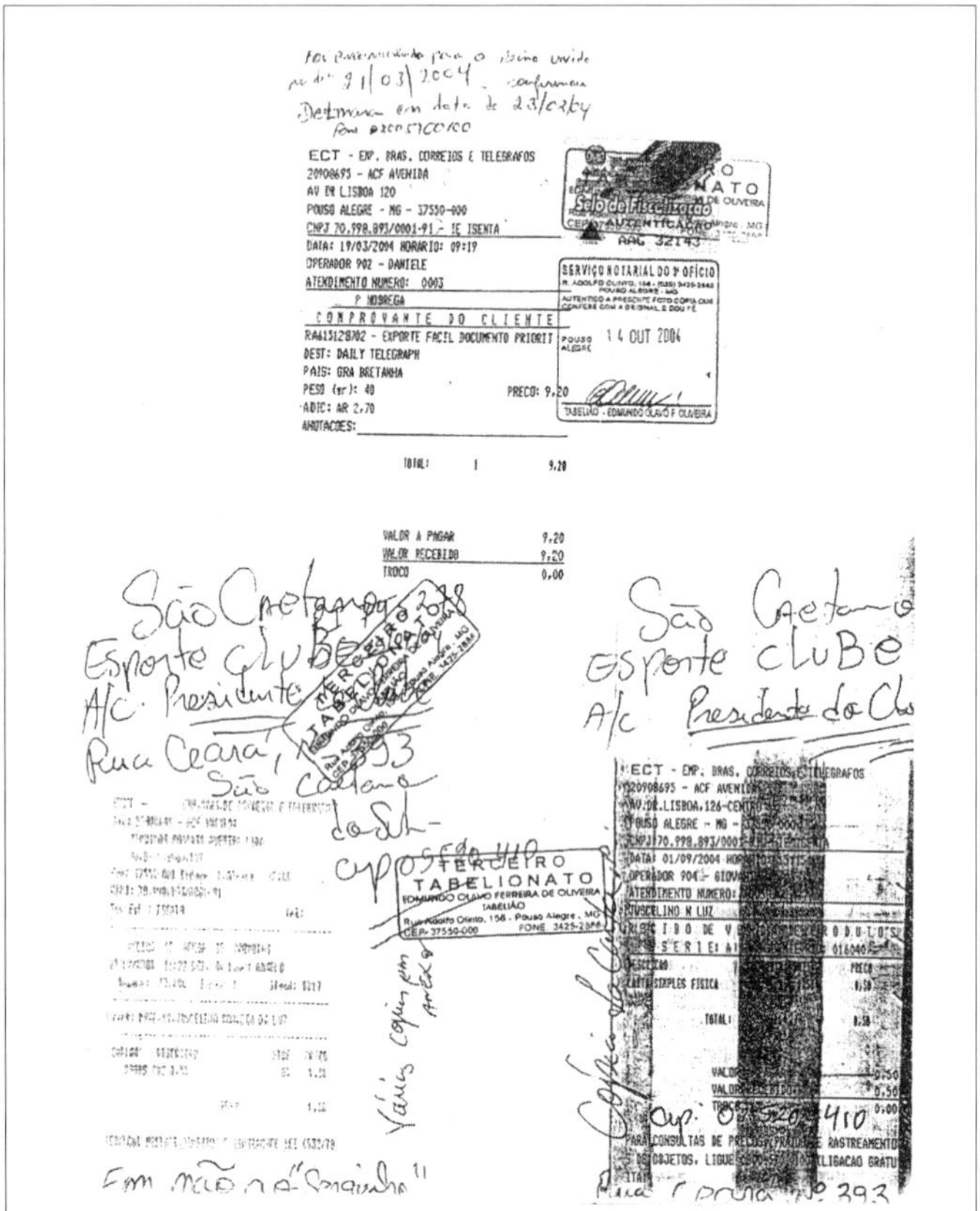

ECT - EMP. BRAS. CORREIOS E TELEGRAFOS
20908695 - ACF AVENIDA
AV DR LISBOA 120
POUSO ALEGRE - MG - 37550-000
CNPJ 70.998.893/0001-91 - IE ISENTA
DATA: 19/03/2004 HORARIO: 09:19
OPERADOR 902 - DANIELE
ATENDIMENTO NUMERO: 0003
P NOBREGA
COMPROVANTE DO CLIENTE
RA615128702 - EXPORTE FACIL DOCUMENTO PRIORIT
DEST: DAILY TELEGRAPH
PAIS: GRA BRETANHA
PESO (gr): 40 PRECO: 9,20
ADIC: AR 2,70
ANOTACOES:

TOTAL: 1 9,20

VALOR A PAGAR 9,20
VALOR RECEBIDO 9,20
TROCO 0,00

SERVIÇO NOTARIAL DO 1º OFÍCIO
14 OUT 2004
TABELIÃO - EDMUNDO OLAVO F OLIVEIRA

São Caetano Esporte Clube
A/C Presidente
Rua Ceará, 393
São Caetano do Sul
CEP 09520-410

TERCEIRO TABELIONATO
EDMUNDO OLAVO FERREIRA DE OLIVEIRA
TABELIÃO
Rua Adolfo Olinto, 156 - Pouso Alegre - MG
CEP-37550-000 FONE 3425-2866

ECT - EMP. BRAS. CORREIOS E TELEGRAFOS
20908695 - ACF AVENIDA
AV.DR.LISBOA,126-CENTRO
POUSO ALEGRE - MG
CNPJ 70.998.893/000
DATA: 01/09/2004
OPERADOR 904
ATENDIMENTO NUMERO:
JUSCELINO N LUZ
CARTA SIMPLES FISICA 0,50
TOTAL 0,50
PARA CONSULTAS DE PRECOS, PRAZOS E RASTREAMENTO DE OBJETOS, LIGUE ... LIGACAO GRATUITA

事件18－4文書
郵便局のレシートと公証役場登録印

もう一人のファディガ選手は、セルジーニョ選手が死んだ同じ日に、イングランド・プレミア・リーグのボルトン・ワンダラーズ対トッテナム・ホットスパーの試合前のウォーミング・アップ中、体調を崩し、ただちにその月の終わりに、心臓が停止すると電気ショックを起こす自動細動除去器をベルギーの病院で手術して心臓に取り付けている。

ボルトン・ワンダラーズ・フットボール・クラブのサム・アライダス監督は、「セネガル生まれで二十九歳のハリル・ファディガ選手が、プレー中に心臓に深刻な問題が起きることを恐れている」と二〇〇四年十一月十一日に語っている。この選手は二〇〇二年の日韓ワールド・カップでセネガル代表も務めた。

発送の証明（事件18―4文書）としては、上にデイリー・テレグラフ紙あてに二〇〇四年三月十九日のレシート、下左右にセルジーニョ選手が所属しているブラジルサッカー・クラブに二〇〇三年十二月二十二日と二〇〇四年九月一日に送っているレシートに役場登録印が押されたものがある。

事件19　マケドニア大統領の飛行機事故（二〇〇一年予知→二〇〇四年発生）

この手紙は、ワシントンのマケドニア大使館気付で、マケドニア大統領キロ・グリゴロフ氏あて（事件19―1文書）になっているが、手紙が出された二〇〇一年十月十日の時点で大統領

Inconfidentes, October 10Th. 2001

Letter nº001/10/10/2001 -Two ways

About an acident (Premonnitions)

Premonitions

Dear Sir President of Macedonia Kiro Gligorov,

Maybe,You don't know me and don't understand my propose because I am Brazilian citizen,or 'cause you are of other regilion denomination.

I don't care what you gonna say or think,but I love Macedonia and I love you language and would like to save you from the worse thing which is going to happen in 2004.

So, Please listen to me and my humble words because is necessary to save your life.Your people need you too much... and don't go to disregard my request.

Message:

"Though I speak with the tongues of men and of angels,that which I have seen and heard were from the beginning declare that God is light,and in him is no darkness at all.

So,I have to tell you don't go to fly in your airplane in February 2004,because your airplane will be sabotaged,and you will run a big risk of life.So you and others may die." (Premonitions of October/08/2001).

Please, don't go to disregard my request.I want you alive.
Write me as soon as you can.

Yours Truly,

Prof. Dr. [illegible]

事件19－1文書
マケドニア大統領の飛行機事故を警告する書簡

АМБАСАДА НА РЕПУБЛИКА МАКЕДОНИЈА
EMBASSY OF THE REPUBLIC OF MACEDONIA
ВАШИНГТОН, WASHINGTON, D.C.

Thank you for your interest in the Republic of Macedonia. I am pleased to forward some information on my country. You can also get more information on the web site: //www. Sinf.gov.mk, and visit our web site: //www. Gov.mk/ambasada.

If we can be of any further assistance, please let us know.

Ljubica Z. Acevska
Ambassador

Copia da Carta
001/10/10/2001 enviada
ao Jornal "Nova Macedonia"
A/C. Editor chefe
Nova MAKedonija

ECT - EMP. BRAS. CORREIOS E TELEGRAFOS
20908695 - ACF AVENIDA
AV DR LISBOA 120
POUSO ALEGRE - MG - 37550-000
CNPJ [illegible]/0001-91 - IE [illegible]
DATA: [illegible] HORARIO: 12:16
OPERADOR 701 - ANGELO
ATENDIMENTO NUMERO: 0016
PROF.DR.JUCELI NOBREGA DA LUZ
RECIBO DE VENDA DE PRODUTOS
SERIE: A - NUMERO: 001895

Mito Hadzhivasilev
Jasmin b.b.
Macedonia (Europa)

DESCRICAO	QTD	UNIT.	PRECO
SELO R$ 0,05 CAIXA CLARA	7	0,05	0,35
SELO R$ 1,00 BERIMBAU	1	1,00	1,00
TOTAL:	8		1,35

VALOR A PAGAR	1,35
VALOR RECEBIDO	1,35
TROCO	0,00

事件19－２文書
マケドニア大使館からの返信文（上）と１文書の郵便局レシート（下）

だったのはボリス・トライコフスキー氏であった。あて名を間違えた珍しい例である。グリゴロフ氏は前大統領で、一九九九年にトライコフスキー氏が大統領に選任されている。

文面には「……二〇〇四年二月に、あなたが飛行機事故に巻き込まれる恐れがあるので、気を付けてください……（二〇〇一年十月八日予知）」とある。

事故に遭ったのは、あて名人ではなく、そのとき実際に大統領だったトライコフスキー氏であった。予言どおり二〇〇四年二月二十六日に、ボスニア・ヘルツェゴビナのモスタルで開かれる経済会議に向かう途中、飛行機事故で死亡した。

手紙の郵便局レシートと大使館からの返信文（事件19―2文書）がある。

事件20　国内で発生する汚職の告発（二〇〇一年予知→二〇〇四年から発生）

国家の行政機関や政界の汚職に関し、とりあえず地元のミナス・ジェライス州知事あてに警告している。最初の発信は二〇〇一年十月十五日である（事件20文書・上と右下）。

その一週間後の十月二十二日に州知事のイタマール・フランコ氏からの返信（事件20文書・左下）が来ている。受け取った手紙に対する礼状で、「州知事閣下は、あなたが送ってくれた手紙と提案に対して感謝の意を表しております」とあり、秘書が代理のサインをしている。

送っている手紙には、いわゆる談合や脱税に絡む行政職員の事件が起きること、また二〇〇

Carta nº0001/15/10/2001 -Em 3 vias

Exmo. Sr. Governador Itamar Franco,

Diariamente devemos estimular os aspectos positivos da vida,reduzir as críticas e o negativismo que ainda temos em nós.É a receita para o nosso êxito pessoal e melhoria do mundo em geral.E como sou vosso admirador,escrevo-lhe para um eventual aviso,pois há uma pessoa,cujo nada tenho contra,mas no ano de 2004,surgirá um grando escândalo e poderá

Governo do Estado de Minas Gerais
Gabinete do Governador

CENTRAL MINAS 25.10.01 MG
BRASIL CORREIO RS 0.55
M-68224

Ilmo. Sr.
Prof. Dr. Jucelino Nobrega da Luz
Caixa Postal, [redacted]
[redacted]

GOVERNO DO ESTADO DE MINAS GERAIS
GABINETE DO GOVERNADOR

Belo Horizonte, 22 de outubro de 2001.

Ilmo. Sr.
Prof. Dr. Jucelino Nobrega da Luz

O Governador Itamar Franco recebeu sua carta-circular de 15 do corrente.

Sua Excelência agradece a remessa e as sugestões.

No ensejo, apresentamos a V. Sa. nossas cordiais saudações.

Saulo Moreira
Secretário Particular do Governador

Copia da Carta Sob
Nº 0001/15/10/2001,
e Parte B - enviada p
Igreja Universal do
Reino de Deus (30 co
A/C Pastor (Bispo) Apres
Fala que eu te escu
AV. João Dias, 1800
Santo Amaro -

ECT - EMP.BRAS.DE CORREIOS E TELEGRA
Ag.: 20908695 - ACF AVENIDA
SERVICOS POSTAIS AVENIDA LTDA
Av.Dr.Lisboa,126
Cep: 37550-000 Cidade: P.Alegre UF:MG
CNPJ: 70.998.893/0001-91
Ins Est : ISENTO Tel:

RECIBO DE VENDA DE PRODUTOS
30/12/2003 17:46 SCX: 05 Func: GIOVANE JAC
Numero: 37.915 Serie: A Atend: 003

Remet: JUSCELINO NOBREGA DA LUZ

CODIGO DESCRICAO QTDE PR
99999 CHC 0,75 01 0

TOTAL

SERVICOS POSTAIS:DIREITOS E OBRIGACOES LEI 6

Cep: 04724-002
Fone: (011) 38604000

事件20文書
州知事あての国内汚職告発文書（上）と発送レシート（右下）
州知事からの返信（左下）

四年から政界の大物たちを巻き込む政治的陰謀と、それに連動して巨額な闇の選挙資金が動くことを警告している。関係する人物の名前は分かっていたが、一般には公表していない。

（監修者注――この件は、二〇〇六年のブラジル大統領選挙まで及び、ジュセリーノ氏は首謀者側を糾弾し続けたために脅迫され、正当な候補者を援護して、この年の大統領選挙の予想を外している。告発した事件の大半はいまだ未解決のままである。つまり予知で負けるといわれた候補者が、インドネシアの地震予知文書を見て、対抗策として莫大な賄賂攻勢に出、マスコミや政官界、そして警察をも抱き込み、予想を覆したことが分かっている。ブッシュ大統領でさえその多額な裏金の動きに驚いたといわれる。別な見方をすれば、予知されたことも、対策を講じれば変えられることの実例である。最近、ブラジルのテレビでジュセリーノ氏は「百パーセントの予言をすれば私は殺されるだろう」と言ったという。天の声が彼を守るために予知をあいまいにすることもあるかのようだ。当原書には、ブラジル現職大統領、電気通信関係機関、連邦最高裁判所への警告書簡と、それに対する公式レターヘッド付の受取返信書簡が掲載されているが、割愛した）

事件21　米国テロ再発、アジア、日本の地震、小惑星の衝突、ほか（二〇〇一年予知→二〇二五年までに発生）

東京の「アジア・ウォール・ストリート・ジャーナル」誌の編集長あてになっている、二〇〇一年十月二十九日付のこの手紙（事件21―1〜2文書）は、この時期にマスコミだけでなく、さまざまな国家機関や行政当局などに類似した内容の文書が送付されている。ニューヨーク9・11テロ事件の約二カ月後であり、自分の予知警告が何も功を奏さなかった悔しさがにじみ出ている。

「……最初は、私が見る予知夢がただの偶然かと思っていましたが、すでに子どものころからその内容が現実に起きていくのを見てきました。地球が平和であるために何をする必要があるかを警告するために、それ以後ずっとこのような手紙を送り続けています。どうぞ私の予言を無視しないように心からお願いします。

ここに警告を申し上げます。

A）数年以内に、また新たなテロ攻撃がアメリカで発生しようとしています。（監修者注――テロの規模や人数などの詳細な予知文書がほかにある）

B）また二〇〇三年までに、テロ事件がイギリス、ロシア、パキスタン、イスラエル、インド、インドネシアのバリ島、イラク、イスラエルで起きます。

C）二〇一四年と二〇二五年に衝突する可能性がある二つの小惑星が、地球に一直線に進んで来ています。（監修者注――この詳細に関する文書がＮＡＳＡ＝アメリカ航空宇宙局に送られている）

D）二〇〇三年に日本で新たな地震が起き、さらにひどい地震が二〇〇五年と二〇〇九年に発生し、死者は五十万人以上となり、場所は大阪市や川崎市です。（監修者注――この一文は、二〇一〇年までの日本の主要な地震を列記している。まず二〇〇三年、そして川崎市で二〇〇五年に、さらに二〇〇九年に多数の犠牲者を出す地震が大阪市で起きるということが他の文書から分かる。日本で起きる巨大地震については、これ以外の年に関する文書がある）

E）イラクに対するイギリスとアメリカの戦争の後、二〇〇三年の八月に、ブラジル大使セルジオ・ヴィエイラ・デ・メーロ氏がバクダッドで国連使節として平和任務に当たっているときに国連の建物が爆発して、その日に死亡するリスクがあります。

F）自然が世界に対し反撃します。フランス、ドイツ、ポルトガルで気温が上昇し、多くの人が死亡します。これは二〇〇三年と二〇〇四年に起きます」

述べられている事件を検証してみる。

A）に関しては、まだアメリカでそのようなテロ事件は起きていない。

B）で挙げられた国のうち、イギリスの同時テロ、バリ島そしてロシアのベスラン学校についてはすでに取り上げた。その他の国については、イラク戦争以降、テロ事件が頻発し、ニュースでたびたび報道された。

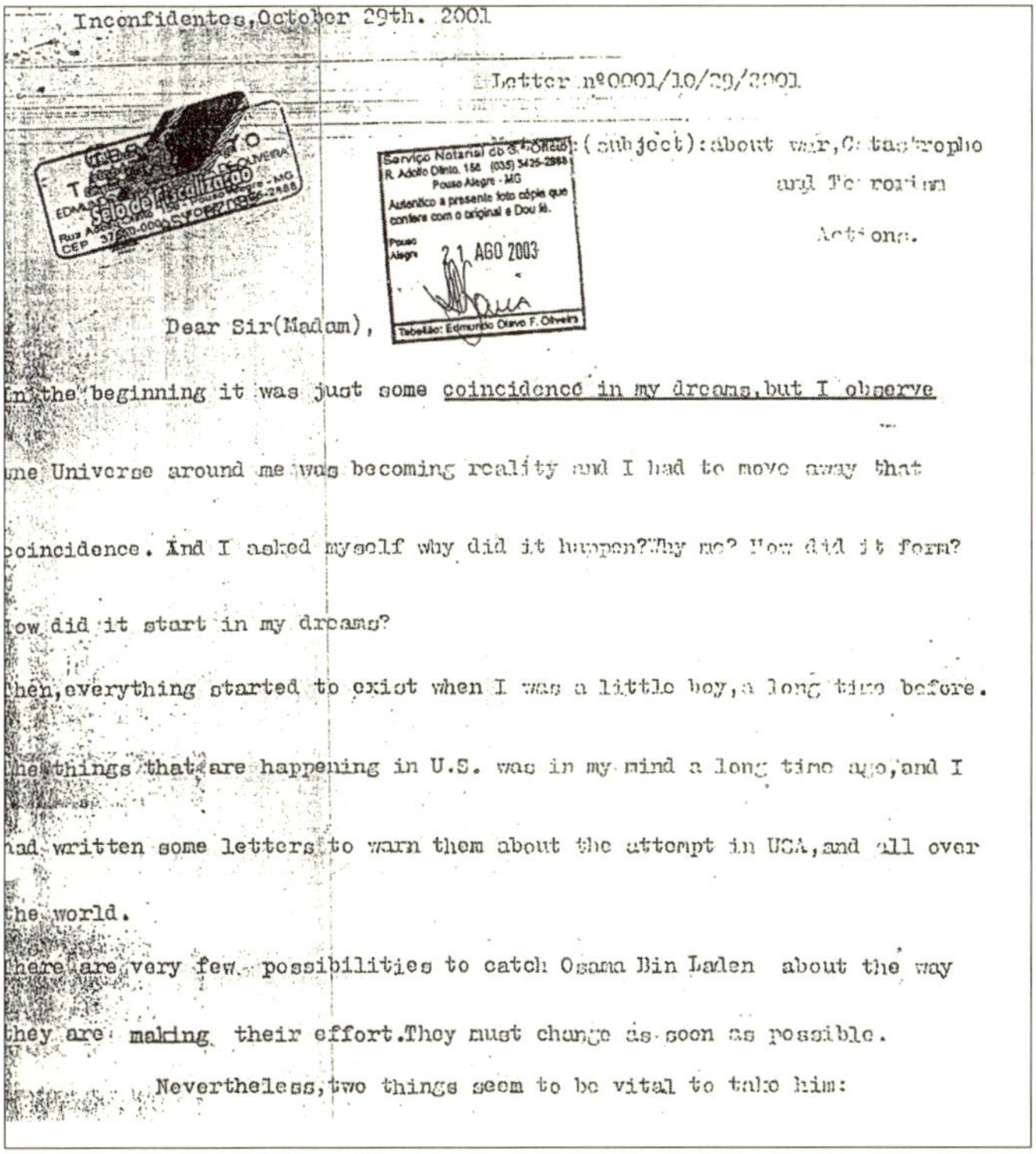

Inconfidentes,October 29th. 2001

Letter nº0001/10/29/2001

(subject):about war,Catastrophe and Terrorism Actions.

Serviço Notarial do 3º Ofício
R. Adolfo Olinto, 156 (035) 3425-2988
Pouso Alegre - MG
Autentico a presente foto cópia que confere com o original e Dou fé.
Pouso Alegre 21 AGO 2003
Tabelião: Edmundo Olavo F. Oliveira

Selo de Fiscalização

Dear Sir(Madam),

In the beginning it was just some coincidence in my dreams,but I observe
ne Universe around me was becoming reality and I had to move away that
oincidence. And I asked myself why did it happen?Why me? How did it form?
ow did it start in my dreams?
hen,everything started to exist when I was a little boy,a long time before.
he things that are happening in U.S. was in my mind a long time ago,and I
ad written some letters to warn them about the attempt in USA,and all over
he world.
here are very few possibilities to catch Osama Bin Laden about the way
hey are making their effort.They must change as soon as possible.
Nevertheless,two things seem to be vital to take him:

事件21－1文書
東京の雑誌社に出した予知書簡

C）はこれからの問題である。

D）の日本に関しては、予知された年に次のような地震が起きている。

共同通信の報じた内容では、二〇〇三年七月二十六日、東京の北方三百五十キロに位置する宮城県で震度5・5の揺れがあり、百四十人以上のけが人が出ている。地震の規模はマグニチュード6・2で、震源の深さは十二キロメートルであった。

この書類を調査しながら原稿を書いていた翌朝、次のようなインターネットのニュース報道があった。二〇〇五年七月二十三日のAFP電である。

「この土曜日に東京は、一九九二年二月以来最大の揺れを観測した。現地時間午前四時三十五分、気象庁によれば揺れは震度5強で、震源地は千葉県、深さ七十三キロメートルだった。地震の規模はマグニチュード6・0で、津波警報は出されていない。レスキュー隊によれば、この地震で少なくても十八人がやけどやけがを負い、建物に数件の被害が出ている」

千葉は、川崎市から東京湾を隔ててすぐ隣にあり、被害はむしろ都市部の川崎市などで報告されている。

E）は的中している。二〇〇三年八月二十九日に、イラクのバグダッドにある国連の建物が爆発で被害を受け、平和任務で国連特使として滞在していたブラジルのセルジオ・ヴィエイラ・デ・メーロ大使が死亡した。

F）については、二〇〇三年の夏、北半球のヨーロッパで二万人以上が熱波の影響で死亡し

to obtain the Mulsimman people self-confidence,and the other is to attack that country by earth.However,I am against violence,literally.

Pay attention!!!—Don't go to disregard my Forecast.

They are:

A) We are going to have a new attempt in U.S. on the next few years;

B)Also we will have still others in England,Russia,Paquistan,Israel, India,Indonesia-in Bali, Iraq,Israel until the end of 2003;

C) A big Comet is coming straight to our planet.This will be between 2014 and 2025;

d) In Japan will have a big earthquake in 2003,and the worst will be between 2005 and 2009,where over 500 thousand people might die,and it will be in Osaka or Kawasaki's city;

e) In 2003,exactly in August,after war between USA,England X Iraq, our Embassador Sergio Vieira de Mello,shall run a big risk of life, When he will be at peace mission in Bagda.ONU's Building will blow up on that date,and may kill him;

f)Nature will strikeback all over the world,many people will die in France,German,Portugal by high temperatures,and the ... shall kill in 2003 and 2004.

Selo de Fiscalização

21 AGO 2003

事件21－2文書
米国でのテロ事件再発や大阪で起きる地震の予知がある

た。地中海の異常な温暖化でヨーロッパの夏は四十度以上を記録し、フランスだけで一万五千人近い死者を出した。その多くは高齢者と病人だった。この温暖化の影響はさらに激しくなり、これ以上の高温化と長期間の現象が起きると他の予知文書にある。二〇〇四年の夏もヨーロッパは高温が続き死者が出ている。

文書の三ページ目で、ジュセリーノ氏は次のように締めくくっている。

「……以上の地域で起きる出来事によって被害を受ける人々を、私は大変心配しています。なぜなら、一九七九年から書き始めた私の予言が外れていませんでしたから、これら予知夢の内容が現実になることを知っているからです。私の夢の内容は神様からの贈り物であり、人々の命を救うために賜ったものであることをご理解ください」

公証役場登録は二〇〇三年八月二十一日にされていることが、登録印から読み取れる。

事件22　ニラゴンゴ火山噴火と台風被害（二〇〇二年予知→二〇〇二年から発生）

いつものようにジュセリーノ氏の文章は客観的で分かりやすく、要点だけを淡々と列記している。しかし必ずしも簡単に受け入れられる内容ではない。それでも相手に対するいたわりと励ましの言葉を忘れない。ここでは世界で発生する出来事の数項を、二〇〇二年一月十六日付

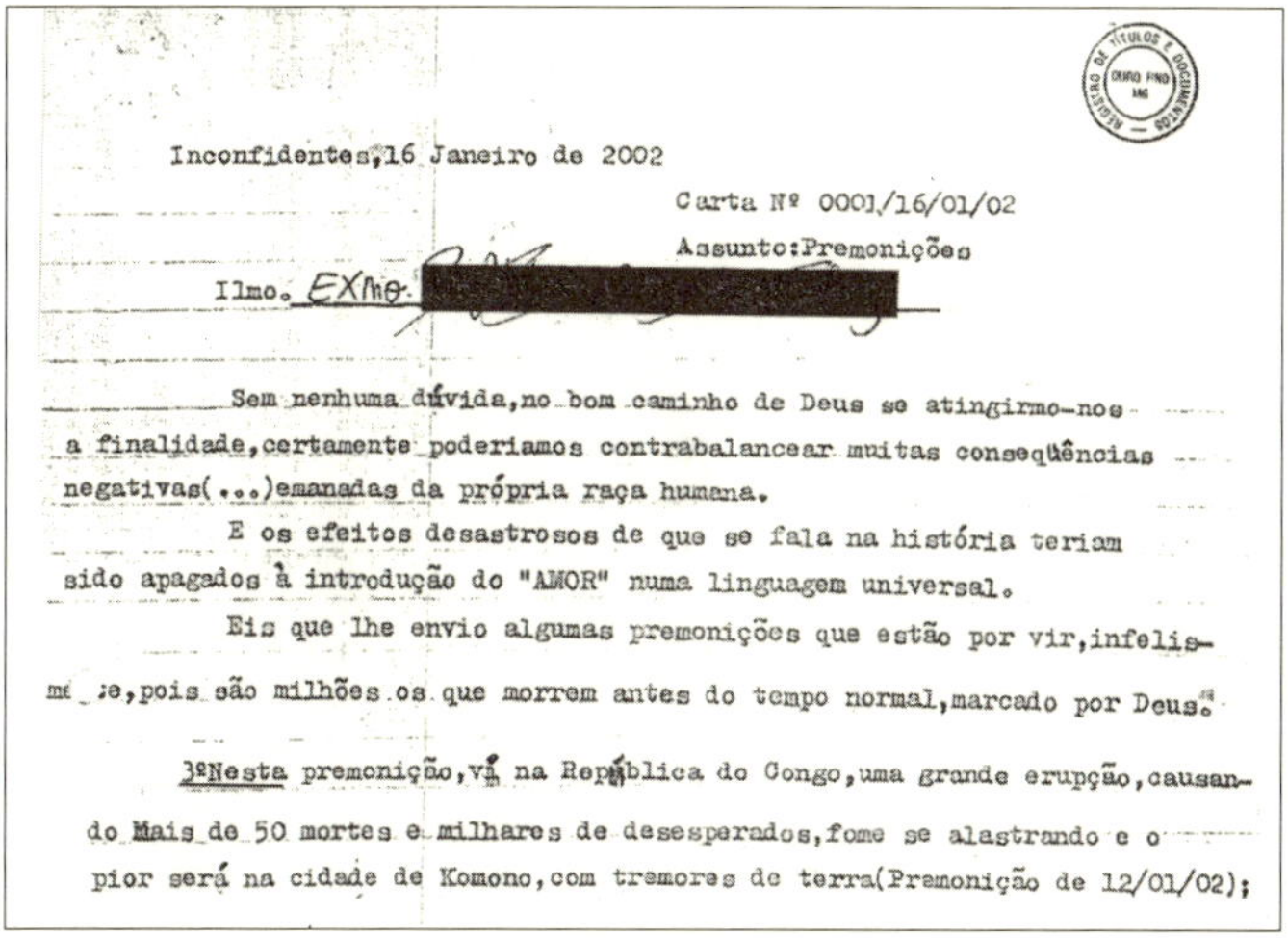

Inconfidentes,16 Janeiro de 2002

Carta Nº 0001/16/01/02

Assunto:Premonições

Ilmo. EXMO. [redacted]

Sem nenhuma dúvida,no bom caminho de Deus se atingirmo-nos a finalidade,certamente poderiamos contrabalancear muitas consequências negativas(...)emanadas da própria raça humana.

E os efeitos desastrosos de que se fala na história teriam sido apagados à introdução do "AMOR" numa linguagem universal.

Eis que lhe envio algumas premonições que estão por vir,infelismente,pois são milhões os que morrem antes do tempo normal,marcado por Deus.

3ºNesta premonição,vi na República do Congo,uma grande erupção,causando Mais de 50 mortes e milhares de desesperados,fome se alastrando e o pior será na cidade de Komono,com tremores de terra(Premonição de 12/01/02);

事件22文書
火山噴火と台風の予知

でブラジルの大きな政党の有名な政治家に送っている（事件22文書）。

最初の二項で、これから開催されるいくつかの行事や関係したメディアの話題を述べている。

第三項で、期日を特定していないが、「コンゴ共和国で大きな火山の噴火が起き、五十人以上が死亡します（二〇〇二年一月十二日予知）」と書いている。

手紙が出された後の一月十七日に、ニラゴンゴ火山が突然噴火した。ふもとのコンゴ共和国東部にあるゴマ市では、五十人以上が死亡し、五十万人が避難したと伝えられた。

第四項で、やはり期日がないが、「フィリピンでセルマThelmaという女性の名を持った台風が、死と災害をもたらします（二〇〇二年一月十三日予知）」と言っている。

フィリピンの台風被害は、二〇〇四年五月に台風2号ニーダが直撃している。

（監修者注――さらに、二〇〇四年十一月、二〇〇六年十二月にルソン島を台風や急激に発達した熱帯低気圧が通過して千人近い犠牲者を出している。

一九六二年八月、950ヘクトパスカルで日本に上陸した台風14号に同名のアジア名が付いているが、予知以降にセルマという名の台風は報告されていない。したがってこれから未来に来るのだろうか。日本に関しては、二〇〇七年十月二十六日に巨大な台風が来るという予知文書が他にある）

事件23　ブラジル証券取引所ビルの爆破（二〇〇二年予知→翌日発生）

手紙は二〇〇二年十月二十日付で、証券取引所の責任者あてになっているが、証明としては、同様の内容を送ったデイリー・グランデABC新聞社への二十一日の受け付け証明レシートが残っている（事件23文書）。

「……私は日曜の深夜に次のような予知夢を見ましたので、至急にこの手紙を書いています。どうぞこの事件による被害が出ないよう、最善の処置を講じていただきたいと思います。

メッセージ――私はサンパウロ州カンピナス市から、ある犯罪組織が五十キロ爆弾を積んだ自動車で出発するのを夢に見ました。目的はサンパウロ証券取引所で爆発させるためです。しかし途中のスマレ市で自動車が故障しますので、彼らはもう一度試みようとして、リオデジャ

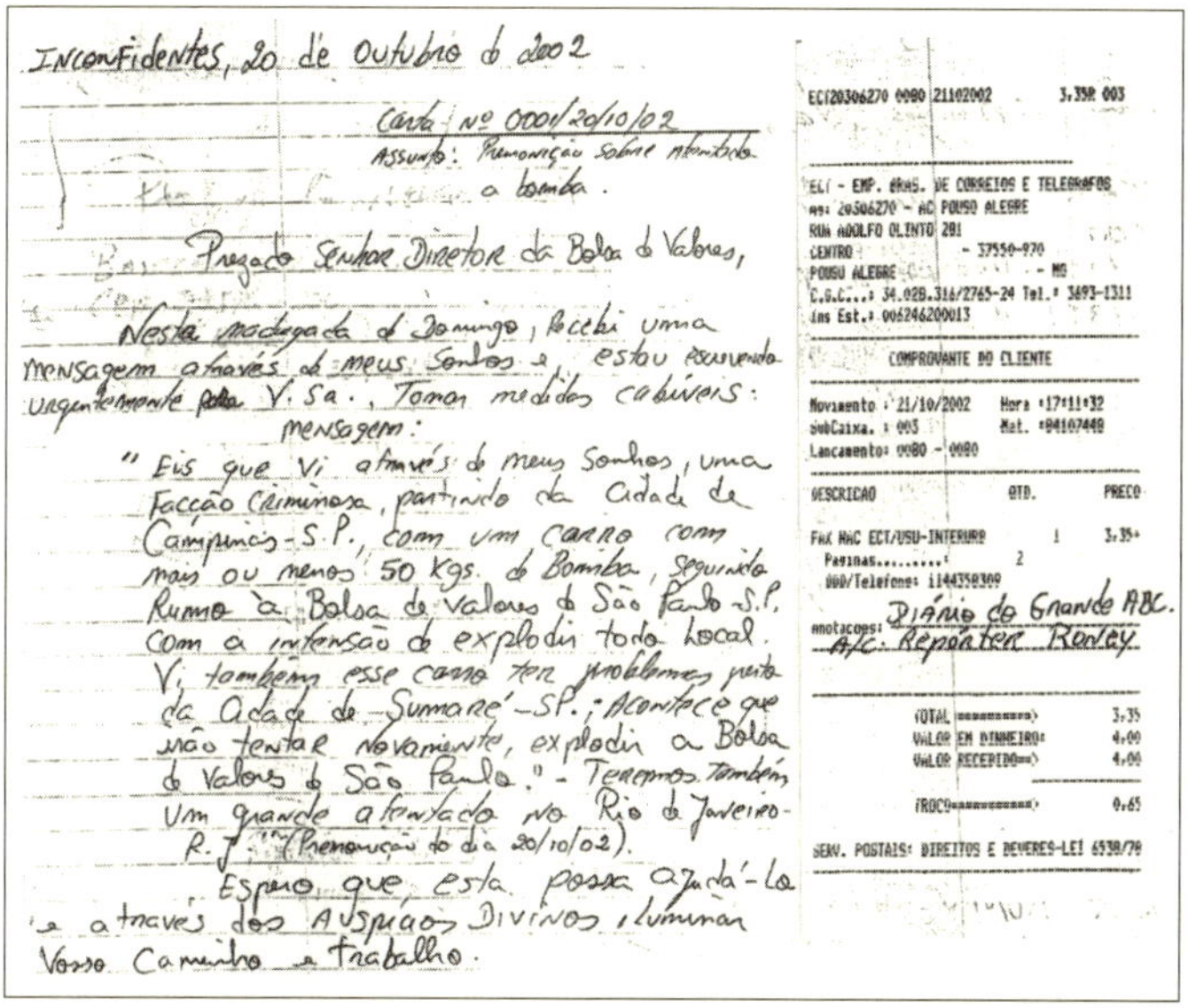

Inconfidentes, 20 de Outubro de 2002

Carta Nº 0001/20/10/02
Assunto: Premonição sobre atentado a bomba.

Prezado Senhor Diretor da Bolsa de Valores,

Nesta madrugada de Domingo, Recebi uma mensagem através de meus Sonhos e, estou escrevendo urgentemente para V. Sa., Tomar medidas cabíveis:
mensagem:
" Eis que Vi através de meus Sonhos, uma Facção Criminosa, partindo da Cidade de Campinas-S.P., com um carro com mais ou menos 50 Kgs. de Bomba, seguindo Rumo à Bolsa de Valores de São Paulo-S.P. com a intensão de explodir todo Local.
Vi também esse carro ter problemas perto da Cidade de Sumaré-SP.; Acontece que vão tentar novamente, explodir a Bolsa de Valores de São Paulo." - Teremos também Um grande atentado no Rio de Janeiro-R.J." (Premonição do dia 20/10/02).
Espero que, esta possa ajudá-la e através dos Auspícios Divinos iluminar Vosso Caminho e trabalho.

ECT20306270 0080 21102002 3,35R 003

ECT - EMP. BRAS. DE CORREIOS E TELEGRAFOS
AG: 20306270 - AC POUSO ALEGRE
RUA ADOLFO OLINTO 281
CENTRO - 37550-970
POUSO ALEGRE - MG
C.G.C...: 34.028.316/2765-24 Tel.: 3693-1311
Ins Est.: 006246200013

COMPROVANTE DO CLIENTE

Movimento : 21/10/2002 Hora :17:11:32
SubCaixa. : 003 Mat. :84107448
Lancamento: 0080 - 0080

DESCRICAO	QTD.	PRECO
FAX NAC ECT/USU-INTERURB	1	3,35+
Paginas.........:	2	
DDD/Telefone: 1144358309		

anotacoes: Diário do Grande ABC.
A/C. Repórter Ronley

TOTAL =========>	3,35
VALOR EM DINHEIRO:	4,00
VALOR RECEBIDO==>	4,00
TROCO==========>	0,65

SERV. POSTAIS: DIREITOS E DEVERES-LEI 6538/78

事件23文書
爆破事件直前の予知

ネイロでも同様のテロ事件が起きます。（二〇〇二年十月二十日予知）

私の言葉が役立てられることを願っています。天からの啓示による守護があなたと仕事にもたらされることを」

この予知には事件が起きる日時の指定はないが、結果的に事件発生の前日に知らされたことになる。報道された事件は予知内容とほとんど一致しており、次のようなものである。

――十月二十一日、サンパウロ州カンピナス市のアニャングエラ高速道路の九十一キロ・ポストで、ＰＣＣ（首都第一コマンド）と称する犯罪グループが所有していた車が発見された。それは三十キロほどの爆発物を積んだ自動車爆弾であった。この車はサンパウロ証券取引所で爆発する予定だった――。

しかし予知の最後にある、リオデジャネイロへのテロ攻撃の報道はなかった。ともかくジュセリーノ氏は、メッセージを受け取った相手が懐疑的であろうがなかろうが、重要なのはその人が内なる直感に直面して何をするか、あるいはしないかを、本人が選んで決めることだというスタンスを保ち続けている。

事件24　ローマ法王ヨハネ・パウロ二世の逝去（二〇〇一年予知→二〇〇五年発生）

法王の病状悪化に対する警告に対し、バチカン当局がきちんと対応してくれるかどうかを気にして何度も手紙を送っている。手紙は二〇〇一年から二〇〇五年までのものが多数存在する。ここではそのうちから主要なものをピックアップしてみた。

まず二〇〇三年四月二十二日に二通の手紙が書かれている。

一通目（事件24―1文書）は、人類が今危険な状態に置かれていることに対して、法王による加護を求めている。

「……この世界は残念ですが、現在混沌に向かっていて、神の加護が必要です。自然界の破壊が進み、ウイルスの変異で多くの人が被害を受け、人の不幸で利益を得ようとする都会の暴力が蔓延しております。この修正が困難な現状に、法王様のご加護がありますように、心からお願いします……」

二通目の003-A文書（事件24―2文書）で、法王の病状に触れる。
「……二〇〇二年にもお送りしましたように、法王の健康に関し、大変大事なお知らせがあります。このようなことを書きますことは、私としましてはまことに悲しいことでありますが、これも神様との約束による予知をしている私の仕事ですので、どうぞこの内容を無視しないようにお願いします。そうでないと私は大変苦しみます。

メッセージ――二〇〇五年二月一日に法王が体調を崩され、病院に入院される夢を見ました。感染による症状で命の危険があります（二〇〇三年四月二十日予知）……」

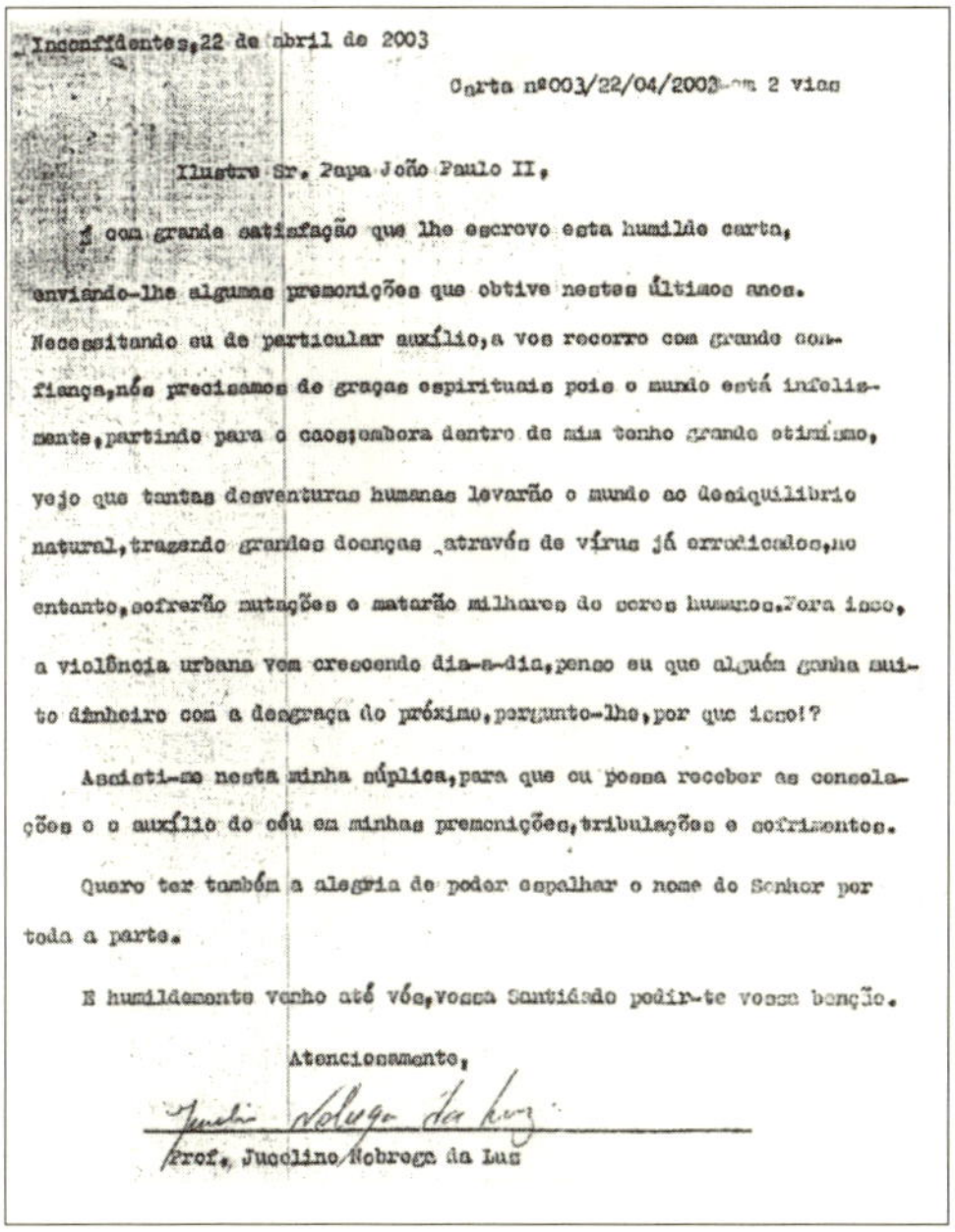

Inconfidentes, 22 de abril de 2003

Carta nº003/22/04/2003 em 2 vias

Ilustre Sr. Papa João Paulo II,

É com grande satisfação que lhe escrovo esta humilde carta, enviando-lhe algumas premonições que obtive nestes últimos anos. Necessitando eu de particular auxílio, a vos recorro com grande confiança, nós precisamos de graças espirituais pois o mundo está infelismente, partindo para o caos; embora dentro de mim tenho grande otimismo, vejo que tantas desventuras humanas levarão o mundo ao desiquilíbrio natural, tragendo grandes doenças através de vírus já erradicados, no entanto, sofrerão mutações e matarão milhares de seres humanos. Fora isso, a violência urbana vem crescendo dia-a-dia, penso eu que alguém ganha muito dinheiro com a desgraça do próximo, pergunto-lhe, por que isso!?

Assisti-me nesta minha súplica, para que eu possa receber as consolações e o auxílio do céu em minhas premonições, tribulações e sofrimentos.

Quero ter também a alegria de poder espalhar o nome do Senhor por toda a parte.

E humildemente venho até vós, Vossa Santidade pedir-te vossa benção.

Atenciosamente,

Prof. Jucelino Nobrega da Luz

事件24ー１文書
ローマ法王ヨハネ・パウロ２世への手紙

この二通の書簡には、郵便局の発送証明がある。

これらの手紙に対する返信（事件24―3文書）が、二〇〇三年五月二十三日にバチカンの外務事務官からレターヘッド付きの公式書簡で来ている。「あなたか

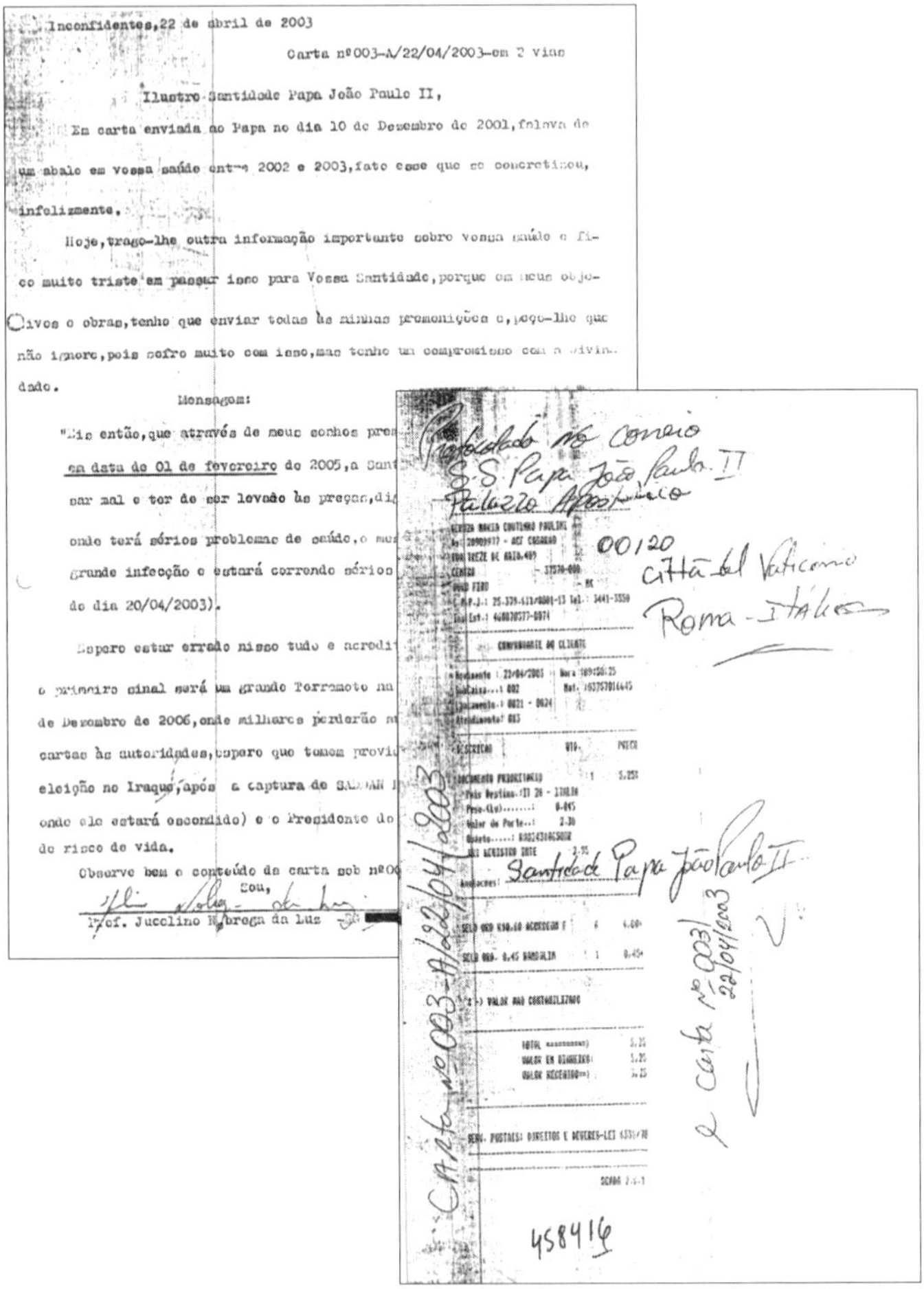

Inconfidentes,22 de abril de 2003

Carta nº003-A/22/04/2003-em 2 vias

Ilustro Santidade Papa João Paulo II,

Em carta enviada ao Papa no dia 10 de Dezembro de 2001,falava de um abalo em vossa saúde entre 2002 e 2003,fato esse que se concretizou, infelizmente.

Hoje,trago-lhe outra informação importante sobre vossa saúde e fico muito triste em passar isso para Vossa Santidade,porque em meus objetivos e obras,tenho que enviar todas às minhas premonições e,peço-lhe que não ignore,pois sofro muito com isso,mas tenho um compromisso com a divindade.

Mensagem:

"Eis então,que através de meus sonhos pre
em data de 01 de fevereiro de 2005,a San
sar mal e ter de ser levado às pressas,di
onde terá sérios problemas de saúde,o me
grande infecção e estará correndo sérios
do dia 20/04/2003).

Espero estar errado nisso tudo e acredit
o primeiro sinal será um grande Terremoto na
de Dezembro de 2006,onde milhares perderão m
cartas às autoridades,espero que tomem provi
eleição no Iraque,após a captura de SADDAM
onde ele estará escondido) e o Presidente do
de risco de vida.

Observe bem o conteúdo da carta sob nº00

Sou,

Prof. Jucelino Nóbrega da Luz [redacted]

Protocolado no correio
S.S. Papa João Paulo II
Palazzo Apostolico
00120
Città del Vaticano
Roma - Itália

COMPROVANTE DO CLIENTE

Santidade Papa João Paulo II

VALOR NAO CONTABILIZADO

TOTAL 5,25
VALOR EM DINHEIRO 5,25
VALOR RECEBIDO 5,25

carta nº 003/22/04/2003

Carta nº 003-A/22/04/2003

458416

事件24－２文書
ローマ法王に対して２年前に入院の予知をしている
右下は郵便局の発送証明レシート

らの世界に対する憂慮と、法王に関する手紙を受け取っています。今後は当事務局から書簡が伝達されます……」といって来ている。以後、ジュセリーノ氏はこの伝達経路を通して法王に手紙を送るようになった。

実際、この手紙が出された二年後、予知されたその日に法王は入院している。報道されたのは以下のとおりである。

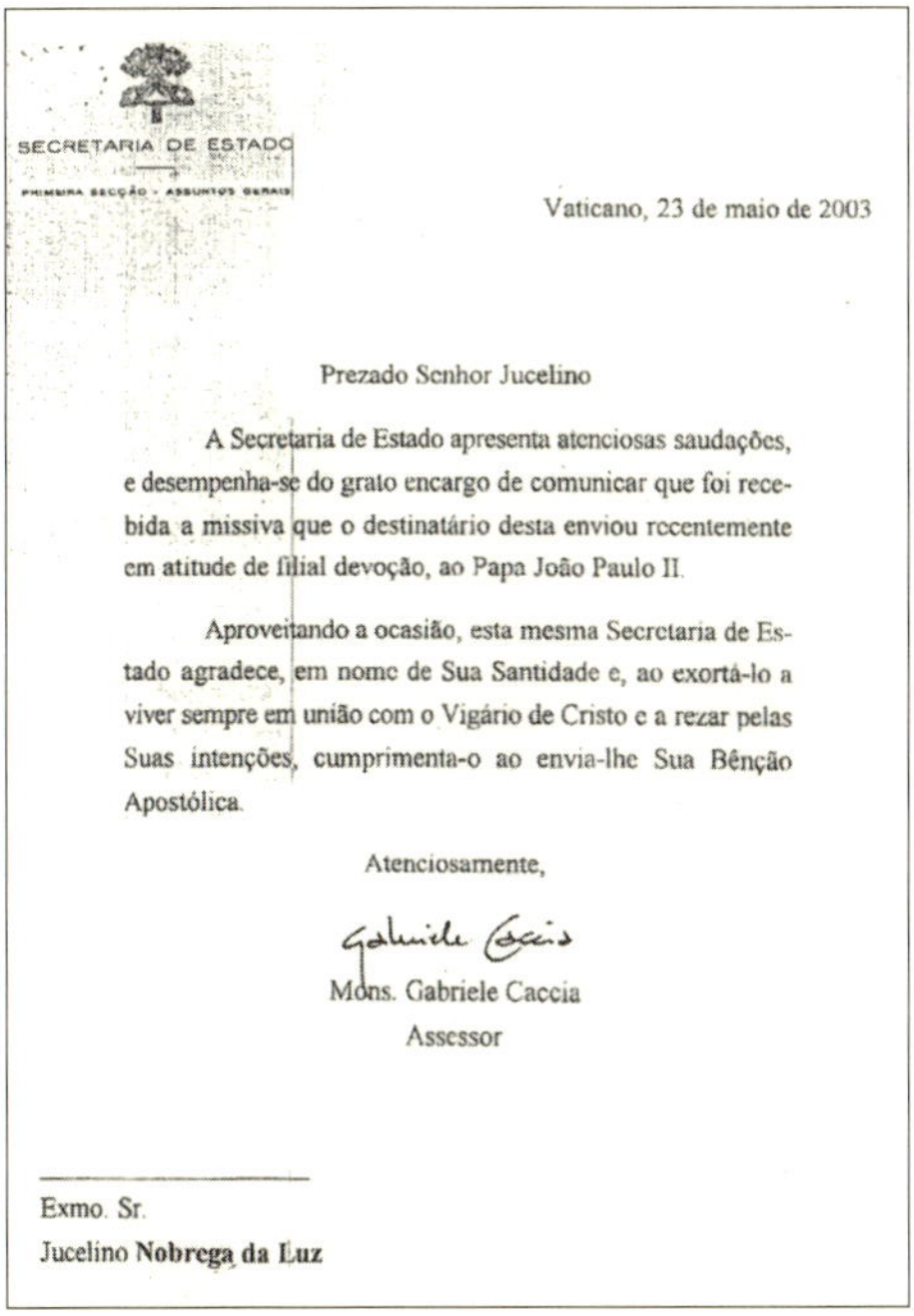
SECRETARIA DE ESTADO

PRIMEIRA SECÇÃO - ASSUNTOS GERAIS

Vaticano, 23 de maio de 2003

Prezado Senhor Jucelino

A Secretaria de Estado apresenta atenciosas saudações, e desempenha-se do grato encargo de comunicar que foi recebida a missiva que o destinatário desta enviou recentemente em atitude de filial devoção, ao Papa João Paulo II.

Aproveitando a ocasião, esta mesma Secretaria de Estado agradece, em nome de Sua Santidade e, ao exortá-lo a viver sempre em união com o Vigário de Cristo e a rezar pelas Suas intenções, cumprimenta-o ao envia-lhe Sua Bênção Apostólica.

Atenciosamente,

Mons. Gabriele Caccia
Assessor

Exmo. Sr.
Jucelino **Nobrega da Luz**

事件24－３文書
バチカン外務事務官からの返信

二〇〇五年二月一日、法王ヨハネ・パウロ二世は呼吸器感染で入院し、二月十日に退院した。しかし二月二十四日に再び入院し、器官切開手術を受けた。そして三月十三日に再退院した。

しかし、さらなる病状の悪化と死の可能性を、その五カ月前に通知している（事件24―4文書）。

「……法王様は残念ながら二〇〇五年三月三十日に、きわめて重い病状悪化が現れます。このままでは二〇〇五年

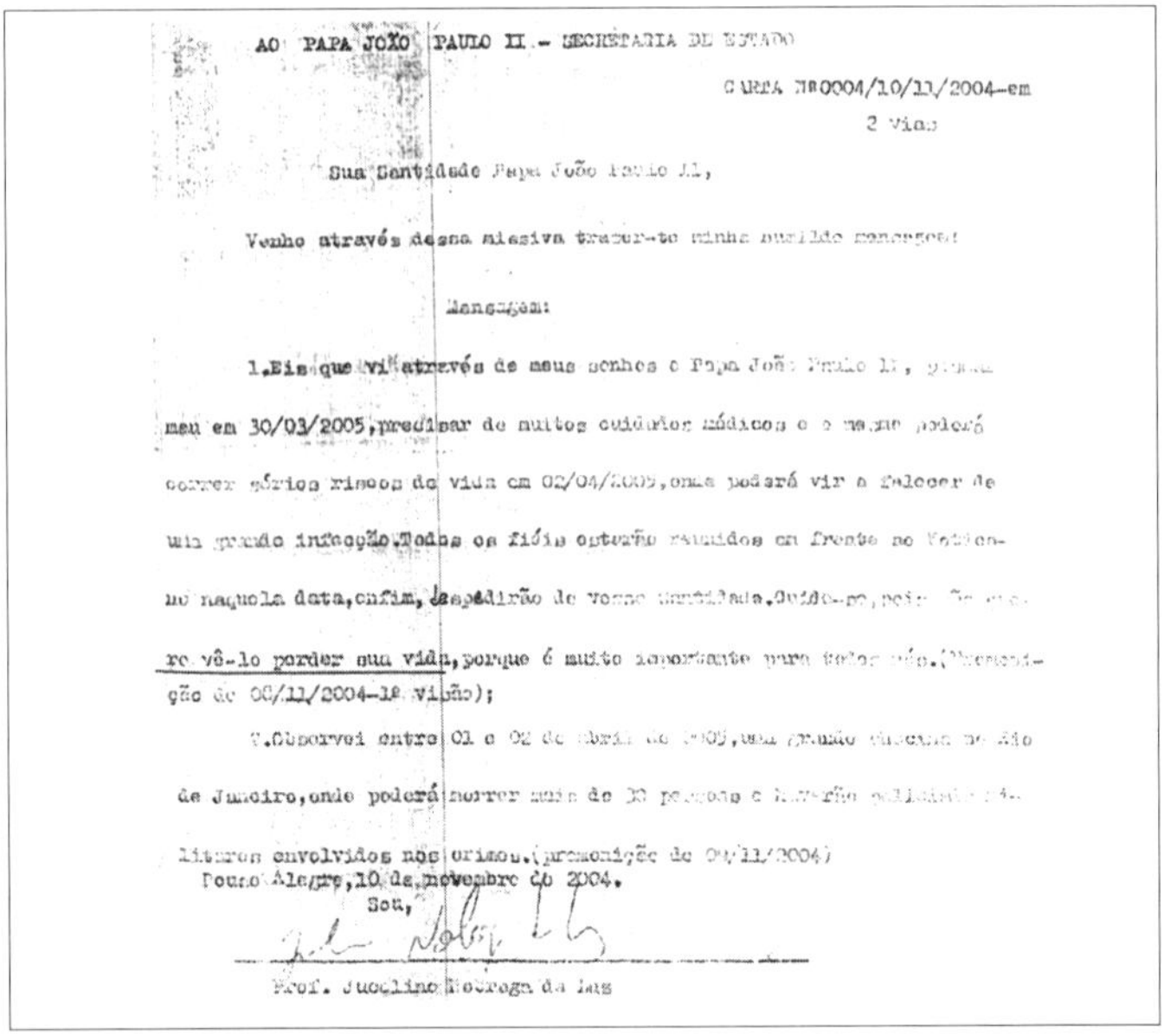

AO PAPA JOÃO PAULO II - SECRETARIA DE ESTADO

CARTA Nº0004/10/11/2004-em
2 Vias

Sua Santidade Papa João Paulo II,

Venho através dessa missiva trazer-te minha humilde mensagem:

Mensagem:

1.Eis que vi através de meus sonhos o Papa João Paulo II, [illegible] meu em 30/03/2005, precisar de muitos cuidados médicos e o mesmo poderá correr sérios riscos de vida em 02/04/2005, onde poderá vir a falecer de uma grande infecção. Todos os fiéis estarão reunidos em frente ao Vaticano naquela data, enfim, despedirão de Vossa Santidade. Cuide-se, pois [illegible] vê-lo perder sua vida, porque é muito importante para todos nós. (Premonição de 08/11/2004-1ª visão);

2.Observei entre 01 e 02 de abril de 2005, uma grande chacina no Rio de Janeiro, onde poderá morrer mais de 30 pessoas e haverão policiais militares envolvidos nos crimes. (premonição de 09/11/2004)

Porto Alegre, 10 de novembro de 2004.

Sou,

Prof. Jucelino Nóbrega da Luz

事件24－４文書
法王の逝去を５カ月前に予知

四月二日に感染のためにご逝去されることになりましょう（二〇〇四年十一月八日予知）。お別れのためにたくさんの人たちがバチカン宮殿に参集します。どうぞ大切なお方であられますから、このようなことがありませんよう、くれぐれも気を付けてください……」

さらに二〇〇五年二月二日にも、同じ内容のEメール（事件24―5文書）を送信しており、過去の手紙の送付経緯を述べ、法王の容態を心配している。

この一連の最終的な予知の内容も的中している。

退院後の三月三十一日に、法王は高熱の症状を見せ、病人傳油聖事を受けた。翌四月一日、バチカンは法王逝去のうわさを否定したが、次の日、四月二日に法王の死去

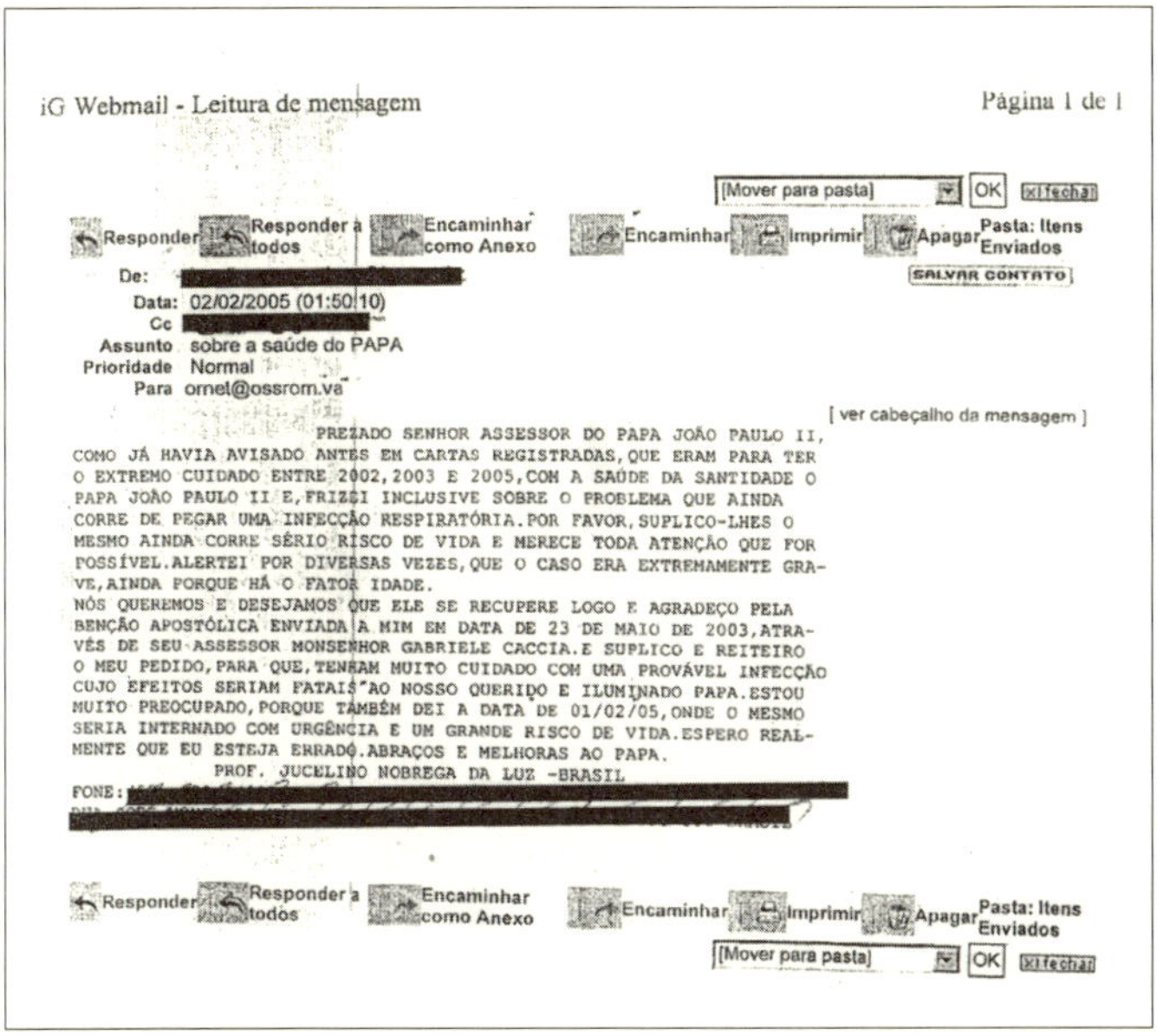

iG Webmail - Leitura de mensagem　　Página 1 de 1

[Mover para pasta] OK ☒fechar

Responder | Responder a todos | Encaminhar como Anexo | Encaminhar | Imprimir | Apagar | Pasta: Itens Enviados

SALVAR CONTATO

De: [redacted]
Data: 02/02/2005 (01:50:10)
Cc [redacted]
Assunto sobre a saúde do PAPA
Prioridade Normal
Para ornet@ossrom.va

[ver cabeçalho da mensagem]

PREZADO SENHOR ASSESSOR DO PAPA JOÃO PAULO II,
COMO JÁ HAVIA AVISADO ANTES EM CARTAS REGISTRADAS, QUE ERAM PARA TER O EXTREMO CUIDADO ENTRE 2002,2003 E 2005, COM A SAÚDE DA SANTIDADE O PAPA JOÃO PAULO II E, FRIZEI INCLUSIVE SOBRE O PROBLEMA QUE AINDA CORRE DE PEGAR UMA INFECÇÃO RESPIRATÓRIA. POR FAVOR, SUPLICO-LHES O MESMO AINDA CORRE SÉRIO RISCO DE VIDA E MERECE TODA ATENÇÃO QUE FOR POSSÍVEL. ALERTEI POR DIVERSAS VEZES, QUE O CASO ERA EXTREMAMENTE GRAVE, AINDA PORQUE HÁ O FATOR IDADE.
NÓS QUEREMOS E DESEJAMOS QUE ELE SE RECUPERE LOGO E AGRADEÇO PELA BENÇÃO APOSTÓLICA ENVIADA A MIM EM DATA DE 23 DE MAIO DE 2003, ATRAVÉS DE SEU ASSESSOR MONSENHOR GABRIELE CACCIA. E SUPLICO E REITEIRO O MEU PEDIDO, PARA QUE, TENHAM MUITO CUIDADO COM UMA PROVÁVEL INFECÇÃO CUJO EFEITOS SERIAM FATAIS AO NOSSO QUERIDO E ILUMINADO PAPA. ESTOU MUITO PREOCUPADO, PORQUE TAMBÉM DEI A DATA DE 01/02/05, ONDE O MESMO SERIA INTERNADO COM URGÊNCIA E UM GRANDE RISCO DE VIDA. ESPERO REALMENTE QUE EU ESTEJA ERRADO. ABRAÇOS E MELHORAS AO PAPA.
PROF. JUCELINO NOBREGA DA LUZ -BRASIL
FONE: [redacted]

Responder | Responder a todos | Encaminhar como Anexo | Encaminhar | Imprimir | Apagar | Pasta: Itens Enviados

[Mover para pasta] OK ☒fechar

事件24ー5文書
法王逝去2カ月前にバチカンに出したEメール

を発表した。ローマには今まで見たこともない規模の人々が集まり、数々の賛辞や敬意の後、四月八日にヨハネ・パウロ二世の葬儀が執り行われた。

事件25　新潟県中越地震、北朝鮮の核、ほか（二〇〇三年予知→二〇〇四年から発生）

ジュセリーノ氏は、この手紙のように、ときどき連続的な予知の啓示を列記して、公証役場に登録することがある。

（監修者注――このような文書は、マスコミ媒体への送付や自分のホームページへの掲載などに使うためのようで、最近は私も受け取っているので、重要なものは日本の公証役場に登録している）

この文書（事件25文書）は、二〇〇三年十月二十九日にミナス・ジェライス州オウロ・フィノ市の公証役場において、第８５６０番認定でB11簿に登簿第６０１０番で登録されたという証明印が押され、各ページに二重丸の登録印が付いている。文書が書かれたのは二〇〇三年十月十六日である。

「この手紙には、これから起きる出来事の予言を記載します。これらはすべて私が見た夢から受け取ったものです。私は出来事が起きる前にこれを登録するつもりですが、これらはどのような人々の生活にも関与しようとするものではありません……」

この前書きに続き、添付した最終ページに見られるように、二十三項目の予知が記述されている。ただし第二十項は番号が間違えて飛ばされているので、実質的には二十二項である。

そのほとんどは、これまでの事件項目で取り上げたものであるが、第十八項に注目すべき事柄が登場している。

「第十八項――二〇〇四年から二〇〇五年に大きな地震が日本に衝撃を与え、死者は数千人に上る歴史的災害となります」

この時期に日本で起きた地震では、二〇〇四年十月二十三日の新潟県中越地震がある。報道によれば、この大地震の直撃で十七人が死亡し、千人ほどがけがをしたとされ、新潟地域の二十五万世帯が停電し、六万人以上が避難したといわれる。さらにその後も余震が続き、二〇〇四年十月二十七日にマグニチュード６・１、十二月二十八日に５・０など、震度５以上の揺れ

Inconfidentes, 16 de outubro de 2003

Carta nº 001/16/10/03-em 2 v

Nesta carta relacionarei as premonições que estão por vir, nas quais, recebi todas através de meus sonhos e pretendo fazer

---

18. Um grande terremoto abalará o Japão, entre 2004 a 2005 matando milhares de pessoas, será um dos maiores já relatados na história do Japão.;

19. Um gigantesco terremoto está aproximando da Turquia, este afundará o país e provavelmente matará milhares e milhares de pessoas. Isso acontecerá entre o final de 2003 até o final de 2006.;

21. A cura da AIDS, será no ano de 2008, onde terão realmente descobrido uma vacina eficaz. Mas, aparecerá uma outra doença de 10 vez mais letal que essa Síndrome. (vírus).

22. Coréia do Norte, prepara um grande desafio contra EUA, no ano de 2004.

23. O mundo, conforme vem se destruindo e degradando a natureza, não aguentará mais do que 40 anos. Então, os efeitos drásticos, iniciarão daqui a 6 anos, se os governantes não mudarem o comportamento contra a natureza

Que os auspícios Divino ilumine esse Planeta e seus povos.

Inconfidentes, 16 de outubro de 2003

Prof. Jucelino Nobrega da Luz (fone): 9918.32.76

事件25文書
第18項で新潟県中越地震を１年以上前に予知している

が五回以上起きている。結果的に死者の数が違うが、現地は農村地帯だったようで、これが都市の直下型ならば、予知された規模の被害が予想される。

第十九項には、二〇〇三年の終わりから二〇〇六年までにトルコで大地震が起きるとされているが、現在までに記録されているのは一回あるだけで、これも数千人という死亡者の被害は出ていない。

次の第二十一項は、良いニュースと悪いニュースが同居している。二〇〇八年にエイズに効く治療薬が開発されるが、その後エイズより十倍も強力な、致命的な病気が発生するとなっている。

第二十二項は、北朝鮮問題で、この国がアメリカに対して挑発的行動に出るというもので、これはすでに核開発から原爆の所持を匂わせている。

最後の第二十三項は、環境問題になっている。

「世界の自然破壊が進み、森林の減少などで地球環境はもう四十年以上は持たないでしょう。ですから各国の政府が自然環境に対する態度を変えなければ、強烈な結果が今から六年後に始まるでしょう……神のご加護がこの地球と人類にありますように」

事件26　パラグアイのガス爆発事故（二〇〇三年予知→二〇〇四年発生）

ジュセリーノ氏にとって経済のグローバリゼーションは関係ない。単刀直入に予知内容を記述し続ける。楽天的国民性で知られ、このところ経済が活気づいているブラジルの隣国パラグアイ共和国に送った手紙がある。首都アスンシオン市のABCコロール新聞社に、二〇〇三年十一月二十六日付で、ガス爆発事故の予知を知らせている（事件26文書）。

「パラグアイ共和国アスンシオン市で、二〇〇四年八月十日に、イクアー・スーパーマーケットの中で、大きなガス爆発が起きる夢を私は見ました。この事故のため二百人の人が亡くなり、五百人以上の人がけがをします。この出来事が現実にならないよう、どうぞ注意してください……人々が良き人生を送られることを祈ります」

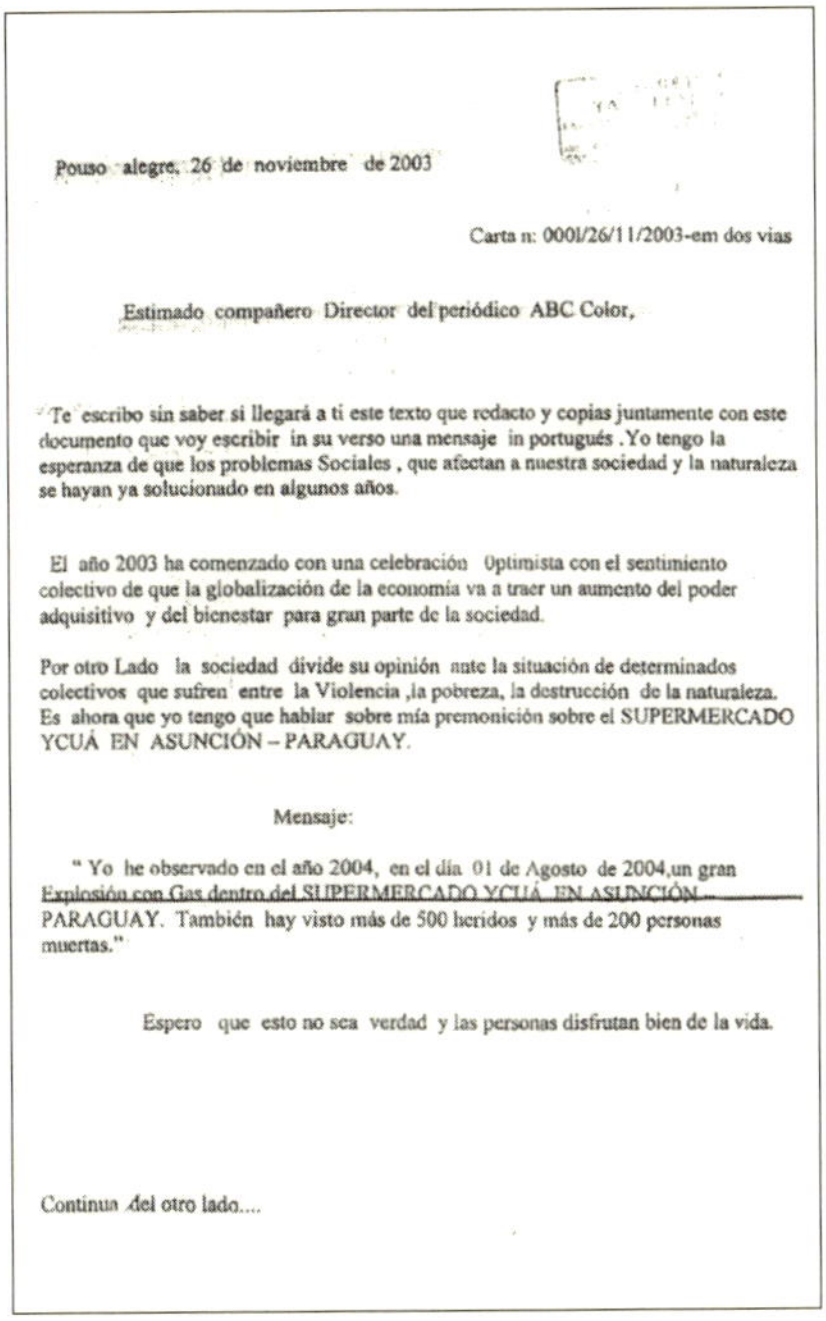
Pouso alegre, 26 de noviembre de 2003

Carta n: 000l/26/11/2003-em dos vias

Estimado compañero Director del periódico ABC Color,

Te escribo sin saber si llegará a ti este texto que redacto y copias juntamente con este documento que voy escribir in su verso una mensaje in portugués .Yo tengo la esperanza de que los problemas Sociales , que afectan a nuestra sociedad y la naturaleza se hayan ya solucionado en algunos años.

El año 2003 ha comenzado con una celebración 0ptimista con el sentimiento colectivo de que la globalización de la economía va a traer un aumento del poder adquisitivo y del bienestar para gran parte de la sociedad.

Por otro Lado la sociedad divide su opinión ante la situación de determinados colectivos que sufren entre la Violencia ,la pobreza, la destrucción de la naturaleza. Es ahora que yo tengo que hablar sobre mía premonición sobre el SUPERMERCADO YCUÁ EN ASUNCIÓN – PARAGUAY.

Mensaje:

" Yo he observado en el año 2004, en el día 01 de Agosto de 2004,un gran Explosión con Gas dentro del SUPERMERCADO YCUÁ EN ASUNCIÓN – PARAGUAY. También hay visto más de 500 heridos y más de 200 personas muertas."

Espero que esto no sea verdad y las personas disfrutan bien de la vida.

Continua del otro lado....

事件26文書
予知した2倍の死者が出た

この警告の内容は、予知された日付

より十日ほど早く起きている。

ニュース報道によると、二〇〇四年八月一日、この日曜日の朝十一時にスーパーで事故が発生し被害が広がった。死亡者は四百人に上り、けが人は三百人以上に達した。これは国家的な大事故といわれ、一九三〇年代にボリビアとパラグアイの間で行われたチャコ戦争以来、この国が直面した最も大きな悲劇だったと伝えられた。

事件27　スマトラ諸島での地震再発（二〇〇五年予知→二十日後発生）

この出来事の予知と警告文（事件27文書）の発送については、私自身が証人になれる。そのときジュセリーノ氏は全国放送の番組に出演するためにテレビ局へ出向き、インタビューを受けた。その後で彼はこの手紙をその番組の司会者にあてて投函した。二〇〇五年三月七日のことである。控えの文面には公証役場登録印が押されている。

メッセージは次の一項だけで、文書は手書きである。

「あなたが私の予知について不信感をお持ちのようなので、これから起きる次の出来事についてお知らせしておきます……二〇〇五年三月二十八日に、インドネシアの首都ジャカルタ近くのスマトラ諸島西部海岸で、またも地震が発生します。マグニチュード8以上で、数十人が壊れた建物の下敷きになります……」

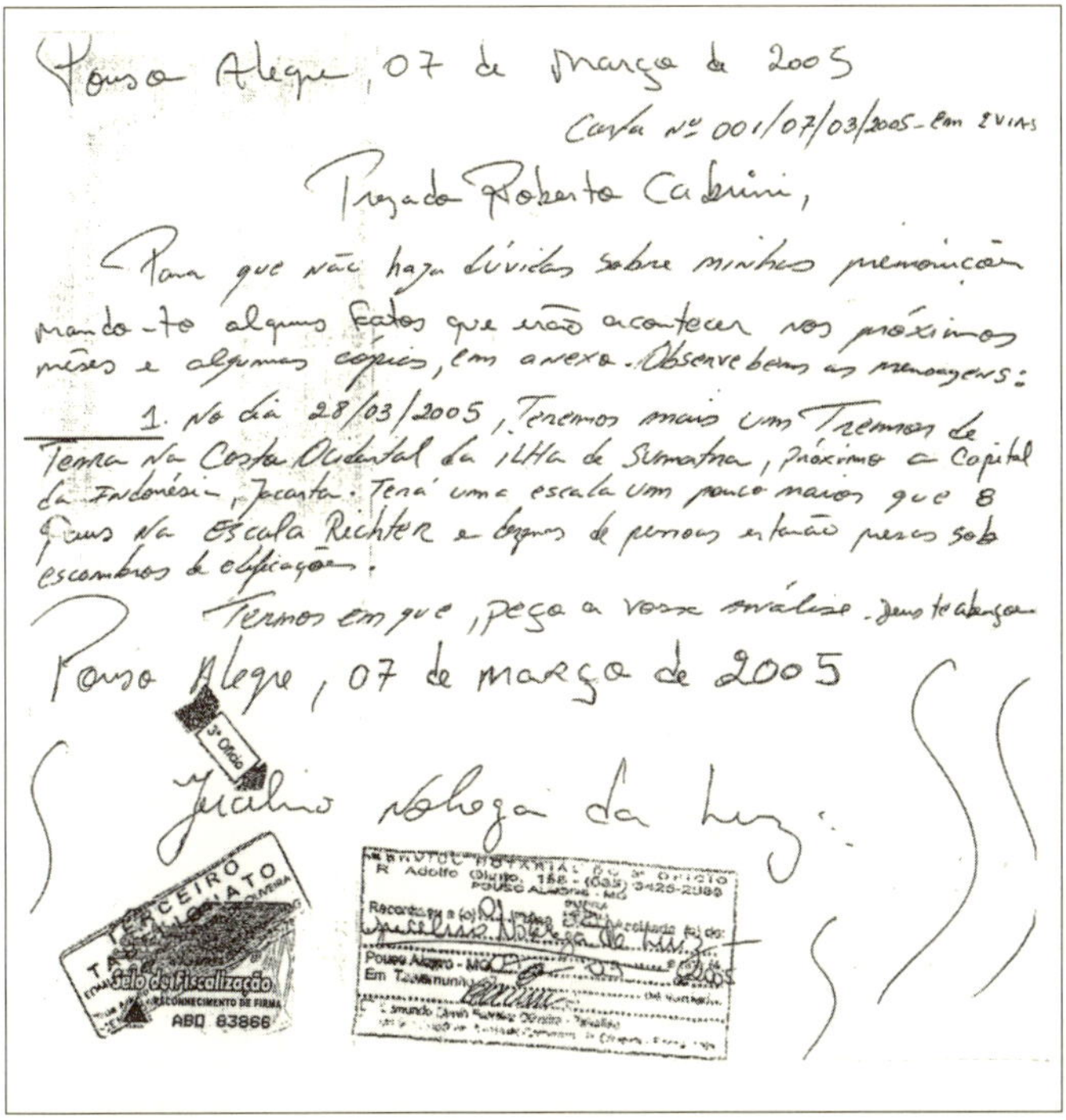

Pouso Alegre, 07 de março de 2005

Carta nº 001/07/03/2005 - Em 2 vias

Prezado Roberto Cabrini,

Para que não haja dúvidas sobre minhas premonições mando-te alguns fatos que irão acontecer nos próximos meses e algumas cópias, em anexo. Observe bem as mensagens:

1. No dia 28/03/2005, Teremos mais um Tremor de Terra na Costa Ocidental da ilha de Sumatra, próximo a Capital da Indonésia, Jacarta. Terá uma escala um pouco maior que 8 graus na Escala Richter e dezenas de pessoas estarão presas sob escombros de edificações.

Termos em que, peço a vossa análise. Deus te abençoe.

Pouso Alegre, 07 de março de 2005

Jucelino Nóbrega da Luz

事件27文書
テレビ向けに出したスマトラ再発地震の的中文書

実際に起きた地震の被害は予想をはるかに上回った。

予知されたまさにその日、二〇〇五年三月二十八日、スマトラ諸島の北の地域でマグニチュード8・7の地震が起きた。ニアス地域で二百九十人ほどの死亡が報じられたが、通信社はその後、死亡者の数は千人から二千人に上ると伝えている。

事件28　災害と世界人口の激減（二〇〇五年予知→二〇四三年までに発生）

文書1——海岸の浸食

これは二〇〇五年四月二十七日に、ブラジル環境大臣に送られたEメール（事件28—1文書）で、これから起きる自然災害を心配している。

「……残念ですが、ブラジルだけでなく世界中の海岸線が浸食されることになります。科学者たちがこの現象を理解しているように、地球温暖化のために極の氷が解けて、これから数年先には海辺の土地や家などの財産が大被害を受け、不動産のすべてを失うことになります。カナリア諸島で火山が爆発して五十メートルを超す津波が起き、多くの人が亡くなり、恐怖を起こします。さらに大規模な生態系に対する影響が心配になります。リオデジャネイロやサントス・クバットン工業地帯をこれらの災害から守るために私たちは何をしているのでしょうか。今現在のことだけでなく、私たちの子孫のことを考えると、地球規模の変革が必要です……」

CORREIOS **TELEGRAMA** Para enviar telegrama ligue 0800 5700100 ou acesse www.correios.com.br

CONTEÚDO DA MENSAGEM

<<INFELIZMENTE, O AVANÇO DAS MARÉS NO LITORAL DO BRASIL E DO MUNDO É BEM VISÍVEL, E OS CIENTISTAS ENTENDEM COMO "FENÔMENO". MAS NINGUÉM PERCEBE QUE O DESPRENDIMENTO DAS CALOTAS POLARES DEMONSTRAM EVIDÊNCIAS DO AQUECIMENTO GLOBAL. ISSO NOS PRÓXIMOS ANOS CAUSARÁ DANOS GIGANTESCOS ÀS PESSOAS QUE TEM SEUS IMÓVEIS BEIRA-MAR E PERDERÃO TUDO. OUTROSSIM, SABEMOS TAMBÉM DE QUE EM ALGUNS ANOS, UM VULCÃO NAS ILHAS CANÁRIAS, ENTRARÁ EM ERUPÇÃO E TEREMOS OUTROS TSUNAMIS COM ONDAS DE ATÉ 50 METROS DE ALTURA E MORTES E TERROR POR TODO LADO; ENTRETANTO, PREOCUPO-ME COM OS GRANDES DANOS A ECOLOGIA (CUBATÃO E NO RIO DE JANEIRO) O QUE ESTAMOS FAZENDO PARA SE PRECAVER DISSO!!? NÃO SOU EGOISTA E NEM IMEDIATISTA, PENSO EM NOSSOS DESCENDENTES É PRECISO UMA MUDANÇA GLOBAL.>>

Cópia do telegrama no. MP030655982 postado em 27/04/2005 às 15:00, destinado a
<<EXMO (A) MINISTRA MEIO-AMBIENTE>>
Esplanada dos Ministérios Bloco B S Nº
Zona Cívico-Administrativa 70068-901 - Brasília DF

REMETENTE

CÓPIA DE TELEGRAMA

USO EXCLUSIVO DOS CORREIOS

1 Mudou-se	6 Recusado
2 Ausente	7 Falecido
3 Desconhecido	8 Não existe o número indicado
4 Endereço insuficiente. Faltou:	
5 Outros (Especificar)	

DESTINATÁRIO

PROFESSOR DR.
JUCELINO NOBREGA DA LUZ
Rua [redacted]

NÚMERO DO TELEGRAMA 36709
MA085260851BR

TL4H

事件28－１文書
ブラジル環境大臣に送った50メートルの津波を予知したＥメール

（監修者注――これから数年後にアフリカ西岸で起きるカナリア諸島での火山噴火と大地震は、大西洋岸一帯に非常に大きな被害を及ぼすという予知文書がほかに多数存在している。世界の海岸線の浸食に関しては、次の事件29でも触れる）

文書2――ブラジル政府からの礼状

ブラジル政府から送られたレターヘッド付きの、前文書1に対する礼状（事件28―2文書）である。約一カ月後の六月五日に発信されている。

「……住民の安全に対しご配慮いただいた、二〇〇五年四月二十七日付のお手紙に対するご返事を、マリナ・シルバ大臣から依頼されました。ご指摘の困難な懸案には、さまざまな問題があり、私たちは解決策を検討しているところです。これらの問題に対するあなたの関心をうれしく思います。こうした住民の皆様の意識が最も大きな私たちの財産であると認識しています……秘書官サイン」

前文書は確かに環境大臣に受理された。

文書3――災害による世界の人口減少

これもEメール文書で、二〇〇五年五月七日に、ブラジル南部にあるリオグランデ・ド・スールのゼロオラ新聞社編集長あてに出されている（事件28―3文書）。

Ministério do Meio Ambiente
Gabinete da Ministra
Esplanada dos Ministérios, Bloco "B" – 5° andar
70068-901 - Brasília/DF
Fone: (61) 4009-1254 - Fax: (61) 4009-1756
gab@mma.gov.br

Ofício n° 695 /**2005/GM/MMA**

Brasília, 04 de maio de 2005.

A Sua Senhoria o Senhor
PROFESSOR JUSCELINO NÓBREGA DA LUZ
[redacted]

Assunto: **Meio ambiente.**

Prezada Senhora,

1. A senhora Ministra Marina Silva incumbiu-me de participar-lhe o recebimento do telegrama de 27 de abril de 2005, e parabenizá-lo pela preocupação com o bem-estar da sociedade.

2. Os problemas e dificuldades são múltiplos e a nossa missão é buscar soluções. Seu empenho e interesse em fazer parte desse processo são motivos de real contentamento, pois a consciência popular segue sendo nosso maior capital.

Atenciosamente,

BRUNO PAGNOCCHESCHI
Chefe do Gabinete da Ministra

事件28ー２文書
ブラジル政府からの礼状

iG Webmail - Leitura de mensagem　　Página 1 de 1

[Mover para pasta] OK x fechar

Responder | Responder a todos | Encaminhar como Anexo | Encaminhar | Imprimir | Apagar | Pasta: Itens Enviados

SALVAR CONTATO

De: jucelinopremonicao@ig.com.br
Data: 07/05/2005 (10:08:45)
Cc marta.gleich@zerohora.com.br
Assunto SOBRE DESTRUIÇÃO DO MEIO-AMBIENTE
Prioridade Normal
Para marcelo.rech@zerohora.com.br

[ver cabeçalho da mensagem]

PREZADO DIRETOR DE REDAÇÃO MARCELO RECH,
CARTA ENVIADO À EXMA. MINISTRA DO MEIO -AMBIENTE-TELEGRAMA SOB Nº
MP030655982 DE 27/04/2005.
INFELIZMENTE,O AVANÇO DAS MARÉS NO LITORAL DAS PRAIAS DO BRASIL E
DO MUNDO É BEM VISÍVEL E,OS CIENTÍSTAS ENTENDEM COMO "FENÔNEMO".
MAS,NINGUÉM PERCEBE QUE O DESPRENDIMENTO DAS CALOTAS POLARES DEMONS
TRAM EVIDÊNCIAS DO AQUECIMENTO GLOBAL.ISSO NOS PROXIMOS ANOS CAUSA-
RÁ DANOS GIGANTESCOS ÀS PESSOAS QUE TEM SEUS IMÓVEIS BEIRA-MAR E
PERDERÃO TUDO.
OUTROSSIM,SABEMOS TAMBÉM DE QUE EM ALGUNS ANOS,UM VULCÃO NAS ILHAS
CANÁRIAS ENTRARÁ EM ERUPÇÃO E TEREMOS OUTROS TSUNAMIS COM ONDAS DE
ATÉ 50 METROS DE ALTURA E MORTES E TERROR POR TODO LADO.ENTRETANTO,
PREOCUPO-ME COM OS GRANDES DANOS À ECOLOGIA(CUBATÃO-S.P.-RIO DE JANEIRO),O
QUE ESTAMOS FAZENDO PARA SE PRECAVER DISSO!!? NÃO SOU
EGOÍSTA E NEM IMEDIATISTA,PENSO EM NOSSOS DESCENDENTES...É PRECISO
UMA MUDANÇA GLOBAL. (FIM)

ORA, SR. DIRETOR,INFELIZMENTE,TEREMOS TAMBÉM NO SEU ESTADO E NO
SUL COMO UM TODO,UMA GRANDE ESTIAGEM PIOR DAQUELA ÚLTIMA E JÁ ES-
CREVI PARA O MINISTRO DA AGRICULTURA E PROVALMENTE,UM TUFÃO ATÉ
16/06/2006.FORA ISSO OUTROS GRANDES ACIDENTES AMBIENTAIS(CICLONES,
ETC).
GOSTARIA DE LEMBRÁ-LO QUE ÊU SOU AQUELA PESSOA QUE AVISOU SOBRE OS
ATENTADOS DO WORLD TRADE CENTER;MADRID; TSUNAMI NA ÁSIA,E VEJA NO
QUE DEU.
ÓBVIAMENTE,QUE NÓS TODOS DESEJARIAMOS ALGO DIFERENTE PARA NOSSO
PLANETA,MAS SE O SER HUMANO CONTINUAR A DESTRUIR O MEIO-AMBIENTE,
MAIS DE 80% DA POPULAÇÃO DESAPARECERÁ ATÉ O ANO DE 2043.
É FAÇO UM APELO PARA QUE ME ESCUTE E DIVULGUE ISSO,POIS É A PURA
VERDADE E O ASSUNTO É MUITO SÉRIO.
AUFWIEDERHOREN!

PROF. JUCELINO NOBREGA DA LUZ
FONE:(035)34257818 OU 99183276

Responder | Responder a todos | Encaminhar como Anexo | Encaminhar | Imprimir | Apagar | Pasta: Itens Enviados

[Mover para pasta] OK x fechar

事件28―３文書
世界の人口減少を予言したＥメール

「……私は次のような手紙を環境大臣に送りました（文書１の内容が繰り返されている）……残念ながら、あなたの州にも厳しい干ばつが起きます。そして二〇〇六年六月十六日には、サイクロンが襲います。今年（二〇〇五年）のことは大臣に伝えるつもりです（文書4を指す）。私が以前お伝えした９・１１事件やイラク戦争、スマトラ地震のことを思い出してください。現状から見て、当然私たちの地球に対して、これまでとは異なった対応を求めなければいけません。このままでは、二〇四三年までに世界の人口の八〇パーセントは消えることになります。どうぞお願いですから、私の言うことを聞いて公表してください。これは真実のことであり、とても重要です……」

文書４——強風と洪水被害の詳細

これも文書１に引き続き、二〇〇五年五月十一日に、ブラジル環境大臣にあてた、環境破壊の原因となる汚職の告発と、間もなく国内で起きる災害予知リストである（事件28—4文書）。
「……先日お送りしましたお手紙では、未来のことをお話ししましたが、数カ月後にはこの大気汚染や環境破壊の諸問題が持ち上がり、大臣にとりましても深刻な事態が出てまいります。それは森林の不法な伐採と、その材木の違法取引です。これには政府内部の監督官らとのつながりがあり、公務員ならびに政治家が関与しています。これは環境を破壊することにより不当な利益を得、不法輸出を見逃す犯罪です。これには森林検査官と伐採業者が関わっているので

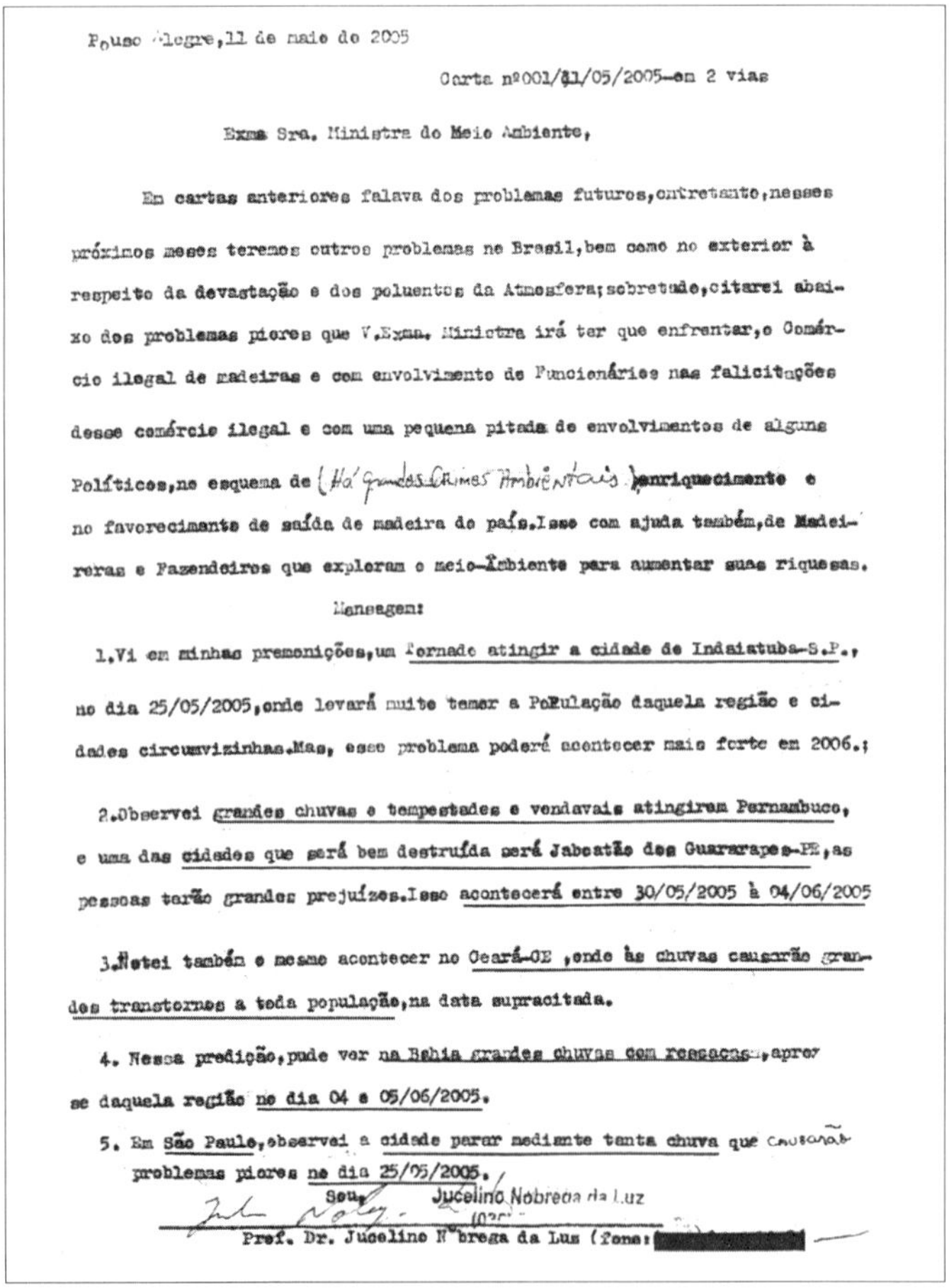

Pouso Alegre,11 de maio de 2005

Carta nº001/11/05/2005-em 2 vias

Exma Sra. Ministra do Meio Ambiente,

Em cartas anteriores falava dos problemas futuros,entretanto,nesses próximos meses teremos outros problemas no Brasil,bem como no exterior à respeito da devastação e dos poluentes da Atmosfera;sobretudo,citarei abaixo dos problemas piores que V.Exma. Ministra irá ter que enfrentar,o Comércio ilegal de madeiras e com envolvimento de Funcionários nas falicitações desse comércio ilegal e com uma pequena pitada de envolvimentos de alguns Políticos,no esquema de (Há grandes Crimes Ambiêntais) enriquecimento e no favorecimanto de saída de madeira do país.Isso com ajuda também,de Madeireras e Fazendeiros que exploram o meio-Âmbiente para aumentar suas riquesas.

Mensagem:

1.Vi em minhas premonições,um Tornado atingir a cidade de Indaiatuba-S.P., no dia 25/05/2005,onde levará muito temor a PoPulação daquela região e cidades circumvizinhas.Mas, esse problema poderá acontecer mais forte em 2006.;

2.Observei grandes chuvas e tempestades e vendavais atingirem Pernambuco, e uma das cidades que será bem destruída será Jabeatão dos Guararapes-PE,as pessoas terão grandes prejuízos.Isso acontecerá entre 30/05/2005 à 04/06/2005

3.Notei também o mesmo acontecer no Ceará-CE ,onde às chuvas causarão grandes transtornos a toda população,na data supracitada.

4. Nessa predição,pude ver na Bahia grandes chuvas com ressacas,apro- se daquela região no dia 04 e 05/06/2005.

5. Em São Paulo,observei a cidade parar mediante tanta chuva que causarão problemas piores no dia 25/05/2005.

Seu, Jucelino Nobrega da Luz

Prof. Dr. Jucelino N brega da Luz (fone: [redacted]

事件28ー４文書
ブラジル国内の災害予知リスト

す。

メッセージ――
1)二〇〇五年五月二十五日に、竜巻がサンパウロ州インダイアツーバ市を襲います。
2)ペルナンブッコ州のジャボアトン・ドス・グアララペス市で、二〇〇五年五月三十日から六月四日にかけ、強風と大雨があります。
3)セアラ州で、同じ日付に大雨が住民たちに非常な困難をもたらします。
4)二〇〇五年六月四日と五日に、バイア州で大雨と高潮の被害が出ます。
5)二〇〇五年五月二十五日に、サンパウロの街は大雨で交通が麻痺してしまいます…」

メッセージの五項目について、事後に報道された内容は以下のようになっている。
1)は、予知どおり、その日に竜巻がインダイアツーバ市を襲った。
2)については、二〇〇五年六月の初めに降り始めた大雨で、二十八の都市の市長が非常事態を布告し、そのうちの大半が大洪水の被害を受けた。
3)セアラ州フォルタレーザ市の民間防衛隊は、二〇〇五年六月七日の深夜に、強い雨が降る恐れが出て警戒態勢に入った。国家統合省の市民防衛局から警報を受け、洪水によるがけ崩れが民家に及ぶ恐れがあるため、十二の消防隊に招集をかけて待機させるとともに、百人の民間警察に警戒させた。

4）二〇〇五年六月七日に大雨がECバイアのサッカーチームの練習を妨げた。四十八時間以内にサルバドール市を直撃した大雨の影響で、フォンテ・ノヴァ・スタジアムでサンタ・クルースFCと試合を控えているサッカーチームECバイアのテクニカル・コミッションが予定変更を余儀なくされた。

5）サンパウロは予知された二〇〇五年五月二十五日に、大雨の損害が出た。交通への影響が出て市内がマヒしてしまった。そして六人の死者が出た。

この文書によるジュセリーノ氏の情報提供と、社会福祉への心遣いに対し、文書2と同様な公式レターヘッド付きの礼状が、二〇〇五年五月二十五日に環境大臣筆頭書記官のサイン入りで書かれたものが届いている。

事件29　鳥ウイルス、火山噴火、国土消滅（二〇〇六年予知→二〇三九年までに発生）

（監修者注——この文書は原書には掲載されていないが、二〇〇六年末にテレビ朝日で取り上げられたので、追加した。この内容に関係する多数の文書が存在するので、それぞれの詳細に関しては追って公開していきたい）

二〇〇六年四月二十四日に、ジュセリーノ氏が国連環境計画（UNEP）に送付した文書

（事件29―1文書）である。

「紳士淑女の皆様……これは大変重要な情報です。なぜならば世界的な温暖化によって、科学的に言われているより早く、多くの国々が消えてしまうからです。二〇三九年には、世界各地で摂氏六十三度を記録するようになるでしょう。この状況において、オランダ、日本、ニュージーランド、スリランカ、インドネシア、ツバル、モルディブなどの国々が、世界地図から消えてしまうことを私は心配しています。

これは今日科学的研究によって示されているより悪化の度を増しておりますので、すべての人々がこれを防止しなければならないと私は問いかけているところです。また鳥ウイルスはこれから十三年のうちに千人（七千三百万人）の人々の命を奪うでしょう……本人サイン　住所あて先

注意！！！――アメリカにあるイエロー・ストーン公園の火山が、二〇二七年に爆発し、世界で数百万人が死亡するでしょう。またフロリダとニューオーリンズに数個のハリケーンが二〇〇六年八月二十九日にやってくるでしょう……」

（監修者注――最後の二〇〇六年のハリケーンの件は、他の文書にはこの年の年末まで被害を予測しており、実際に起きた災害は十月二十八日にニューヨーク州とメイン州で被害が多発し、十万戸の住宅が破壊されたと現地では報道されている。死傷者の数が少なく、日本ではほとんどマスコミは取り上げなかった。鳥インフルエンザの死者数の違いは、対

Àguas de Lindóia, April, 24 of 2006

Letter nUmber 001/24/04/2006-two ways

Dear Sir(Maddan)-United Nations Environment Programe,

This information is much important because the global heating will make many countries dissapear as fast as limit of Science knowledge, and will be in 2039 when we're going to have 63º degrees of temperature in some places of worldwide.Now I am worried about this situation because Holland,Japan,New Zealand,Sri Lanka,Indonesia,Tuvalu,Maldivas,etc may Dissapear be banish of the world Map.

So, I am asking you to prevent all the people because is going to be worse than Scientific studies show nowadays. And Chicken Flu will kill thousand of people(73 millions of people) on next 13 years ahead...

Yours Truly,

Prof. Jucelino Nobrega da Luz

Caixa Postal:54 -Àguas de Lindóia -S.P, Cep:13940-000 Brasil

Site: www.jucelinodaluz.com.br

Phone:(11) 7445.70.77

To
United Nations Environment Programe
O/c Principal's Office
P. O Box 30552
United Nations Avenue,Gigiri
Nairobi -Kenya (África)

TABELIÃO DE NOTAS E PROTESTOS DE ÁGUAS DE LINDÓIA-SP
AUTENTICAÇÃO
Antonio Dorival S. Oliveira
29 AGO. 2006
AUTENTICAÇÃO
0007AA065927

Attention!!!

"Yellow Stone Park Volcane in USA,will be at eruption in 2027,and will cause millions of death all over the world.And Florida and New Orleans Will be reach by hurricanes in August 29 of 2006 ,and so on... "

事件29ー１文書
地球温暖化によって国土が消滅することを警告した国連への文書

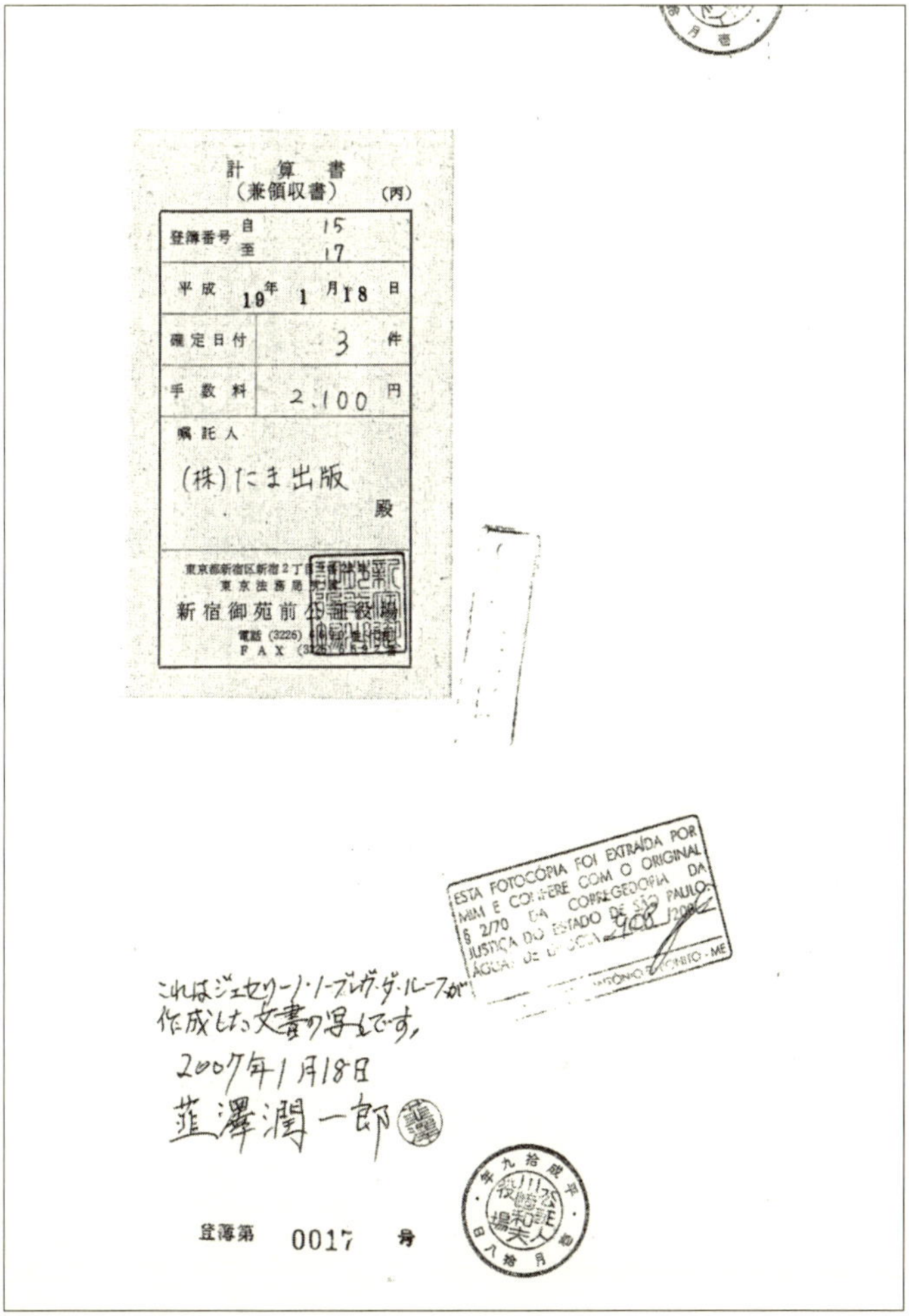

計算書
（兼領収書）　（丙）

登簿番号	自	15
	至	17
平成	19年 1月 18日	
確定日付	3	件
手数料	2,100	円
嘱託人	(株)たま出版 殿	

東京法務局所属
新宿御苑前公証役場
電話 (3226)
FAX

ESTA FOTOCÓPIA FOI EXTRAÍDA POR MIM E CONFERE COM O ORIGINAL § 2/70 DA CORREGEDORIA DA JUSTIÇA DO ESTADO DE SÃO PAULO

これはジュセリーノ・ノーブレガ・ダ・ルースが作成した文書の写しです。
2007年1月18日
蓮澤潤一郎

登簿第　0017　号

事件29ー２文書
ブラジルと日本で公証役場に登録した

策による変動の可能性を示していると思われ、最大数がカッコで示されている。

なお、当文書はジュセリーノ氏の依頼で、日本でも公証役場に登録した。事件29―2文書参照）

事件30　旅客機の墜落、フセインの処刑、新ウイルス（二〇〇六年予知→二〇〇七年までに発生）

（監修者注――この手紙は最近入手した文書の一つで、東京スポーツ系の新聞紙上で紹介したものなので、追加した。事件30―1～2文書参照。

発送日は二〇〇六年五月二十九日で、ジャカルタにあるインドネシアのラジオ・パスFM局あての三度目の手紙である。）

「紳士淑女の皆様――真実の神様からもたらされた予言を補足いたします。

その兆しは、間もなくやってきます。私たちは聞き、その目で見、以下のように示されましたので、その命の言葉をもって私たちは自らの手で制御しなければなりません。

メッセージ――

1）私の夢を通して見ることができました。二〇〇七年（一月が抜けている）一日の月曜日に、アダム航空のボーイング737―400型機が百二人の乗客を乗せて消息を絶ちます。それはジャワ島とマナドの間で、スラウェシ島の海岸町マジネ市とトラジャ市です。

Águas de Lindóia, May 29 of 2006

Letter nº003/29/05/2006-in two ways

To
Radio Pass FM
O/c Principal's Office(Mrs. Elmaguani Hafil)
Wisma Mrisha, jl Wolter Nonginsidi 19,
Kebayoran Baru, Jakarta Selatan
Indonesia

Subject: Airplain Boeing-737/400 will Fall down ,and others predictions.

Dear Mister Madam:

And many shall follow our predictions ways;by reasons of whom the way of truth be God spoken of.

That which was from the beginning,which we have heard,which we have seen with our eyes,which we have looked upon,and our hands have handled,of the word of life.

Message:

1. Through my dreams I can see Adam air - Boeing 737/400 at Monday 1st. 2007, disappear within 102 people between Java Island and Manado;region Capital of Sulawesi. The Coast Cities of Sulawesi,Majene and Toraja city. But it is remote the possibility of survivers in this airplane because it crash against forest and mountain plane near by Toraja.;

2. Indonesia will have a big problem with floods between December 2006, and January 2007 may kill many people and thousands of homeless.

3. There will have others cases of Chicken Flu (H 5 N 1) in 2007,and many people will die.

4. Saddan Hussein will be condened by Iraquian Justice and he will be enforqued(Killed) December 30th of 2006,and will cause conflicts all over Iraq and many people will die.

Turn over ...

事件30－1文書
日本、アジアで2007年に起きる事件の通知文書

しかし山中の森林に飛行機が墜落しますから、かすかな生還の可能性があります。

2）インドネシアは二〇〇六年十二月から二〇〇七年の一月まで、洪水が大きな問題になり、これによって千人のホームレスの人が死亡するでしょう。

3）二〇〇七年に鳥インフルエンザ（H5N1型）の別の展開があり、多くの人が亡くなるでしょう。

4）サダム・フセインはイラクの裁判によって有罪の判決が下り、二〇〇六年十二月三十日に死刑が執行されるでしょう。これがイラク全土で闘争の原因になり、多くの人が命を落とすでしょう。

5）バルザン・イブラヒムは、二〇〇七年一月四日から六日の間に、死刑（殺される）が執行されるでしょう。

6）日本で新しいウイルスが猛威を振るい、多くの日本人が熱と下痢に悩まされ、これがアジアの他の国々に拡大する可能性があります。

私がこれらを知らせますのは、起きることを防止していただくためです……ジュセリーノ」

（監修者注――これらのメッセージ項目はほとんどが現実となっている。

まず第一項は、まさしくその日、その場所で、その搭乗者数を乗せた、その旅客機が、墜落した。報道によれば、一時全員が消息不明と伝えられたが、翌日になって、山中で機

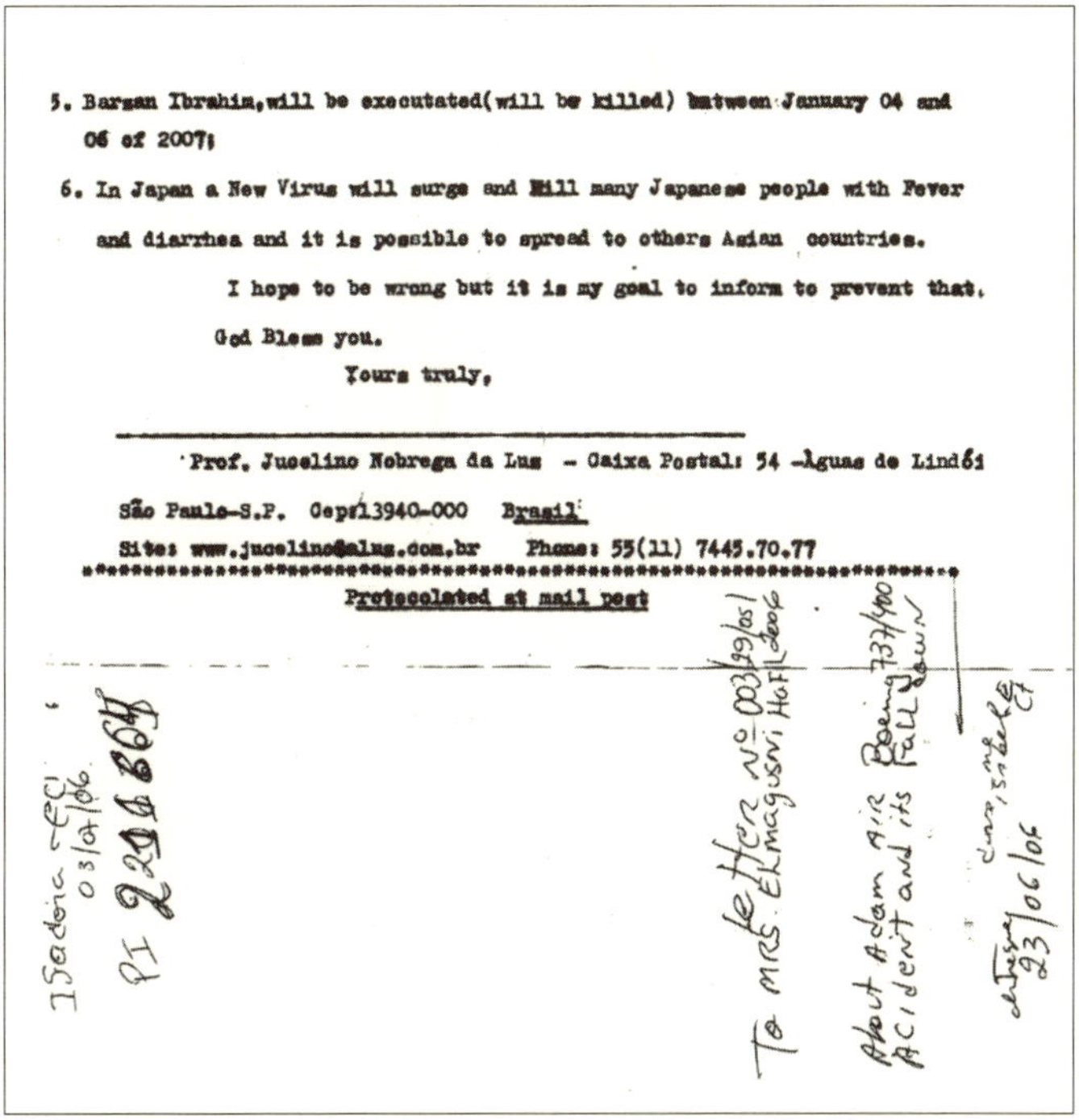

5. Bargan Ibrahim,will be executated(will be killed) between January 04 and 06 of 2007;

6. In Japan a New Virus will surge and kill many Japanese people with Fever and diarrhea and it is possible to spread to others Asian countries.

I hope to be wrong but it is my goal to inform to prevent that.

God Bless you.

Yours truly,

Prof. Juselino Nobrega da Luz - Caixa Postal: 54 -Águas de Lindói

São Paulo-S.P. Cep:13940-000 Brasil

Site: www.juselino@aluz.com.br Phone: 55(11) 7445.70.77

Protocolated at mail post

事件30－２文書
日本、アジアで2007年に起きる事件の通知文書体の残骸が発見され、十二人の生存と九十人の死亡が明らかにされた。原因は悪天候だったが、国内の格安便の氾濫で、競争が激化した無理が影響したともいわれる。

第二項については、二〇〇七年二月一日から絶え間なく豪雨が続き、首都ジャカルタでは過去最大の洪水が発生し、三十四万人に強制避難命令が出た。死者は十数人と報告されたが、後も増加し続けた。

第三項も、二〇〇七年になってから、アジア圏だけでなく世界的な流行の兆しが出ており、日本国内でもＷＨＯの指導で大規模な予防訓練が実施された。この件は二〇〇七年になってから、日本当局あてにさらに新しい警告書簡が出ている。

第四項は、予知された経緯で死刑が執行されたことは記憶に新しい。

第五項も、フセインが最も信頼した腹心といわれた親族で、実際には一月十五日に絞首刑が執行されているが、その際に首と胴体が切れたことが明らかになり、弁護団が処刑映像の公開を要求したが、実施されていない。

第六項は日本に対する警告で、これは二〇〇六年の後半に全国で発生したノロウイルスを指しているものと思われる）

第三部　未来世界と予言者の役割

第一章　予言者への目覚め

ジュセリーノ氏を導く謎の助言者

この対談でもジュセリーノ氏はいつもどおり、とても真剣に、そして我慢強く質問に答えてくれた。

「昨夜はよく眠れましたか。夢は見ましたか」と私は挨拶した。

「二回も目が覚めましたよ。その後おそらく四時半か五時ごろやっと眠りにつきました。そして七時半に目覚めてシャワーを浴び、あなたからの電話を待っていたわけです。夢は五つ見ましたよ。これらはいち早く人々へ知らせなくてはいけないものでした」

さっそく私は用意した質問事項を聞いていくことにした。

「いつも眠る前など、夜はどのように過ごしておられるのですか」

「ある時間までは本を読んでいます。物事の情報を知るためにときどきテレビを少し見ます。

その後眠りにつきます」

深夜何回も目が覚めるが、それは、彼の意志によるものではない。すべては自然にそうなり、真夜中の二時とか三時、場合によっては明け方の五時などに目覚めて予知夢の内容を書く。まず手書きで下書きをし、その後時間があれば、彼の「手に魔法をかける」というオリベッティの旧式タイプライターを使う。

ところで、ジュセリーノ氏には自分自身に関する予知夢はあるのだろうか。

彼は自分を守ってくれる夢を見るという。それは彼を不思議な気持ちにさせるようだ。そのことについて、次のように語っている。

「自分が何をすべきか指導を受けますが、助言者から提案されるのは、まずはすべての状況において人々を助けるための最善の方法です。私に何か問題がある場合には、それに対してどうすればいいかも知らされます。例えば子どもたちの将来や、私の妻が何を必要としているのか、みんなの健康状態はどうか、私が個人としてどのように人生を送ればよいかなども指導を受けます。それらのことが私の心に現れます」

このような予知夢は彼に毎日現れるのだろうか。これには、うまい具合に休みの日が設けられているという。一週間のうち六日間は予知夢が現れるのだ。七日のうち一日は休みの日となり、予知夢は出てこない。しかし、日曜日に予知夢を見て月曜日に見ない場合もある。要は、夢を見ない日というのは決まっていないが、一週間のうち一日は休ませてくれるのだ。予知夢が来ない休みの日は、相談を申し込まれた人々に手紙を書いたり、自然に起こる夢のことを書いたりしている。

しかし、このように予知夢を与える主体、「助言者」とは何者なのだろう。これについては、予知情報がどのように与えられるかということを体験的に説明している。助言者たちは夢の中で彼に声で指導する。声の調子はいつも同じなので彼は認識できるという。

言葉で情報が与えられる場合は、その送り先のあて名と住所も教えられる。ビジョンで来る情報は、立体的な情景の中に自分がいて、まるでその出来事の渦中にいるかのようだという。

彼はそれらを把握し、その声はしっかりと彼の心の中に刻まれる。それを目覚めた直後に描写し、下書きとして書いていく。

このようにして記載されたメッセージは、「ある時点から公表できる」と彼は言う。メッセージを（受け取るべき）相手がそれを受け取るまで、彼は誰にも内容を伝えない。

彼はメッセージを配達証明便で郵送する。メッセージを受け取るべき相手がそれを確かに受け取りサインしたその証明書が、彼の手元に送り返されてはじめて、メッセージを公表するのである。

彼は「他人に所属するものは、相手が知るまでは私たちのものではない」という信条を持っている。

いつも朝早く起き、はっきりと目が覚めるようにシャワーを浴びる。そして授業の準備をしたり予知夢の下書きをする。手紙を送る相手の身元の確認をして、タイプライターで要点項目を常に二枚以内で書きあげるようにしている。

日によって違った郵便局や公証役場へ出向く。ときどきオデュバルド氏が登録費や郵送費を経済的に支援している。

教師の仕事は、最近は時間が自由に使えるよう、塾など複数の学校で教えるようになったという。帰宅すると電話に出たり手紙の返事を書いたりしている。必要なときには家族のために買い物に行ったり、子どもたちを医者へ連れて行ったりもする。とても家庭的で、家族の日常のすべてに好んで参加する良き父親である。


「経済的な収入は充分なんですか」と私は聞いてみた。

「もちろん！　ですが私は、一市民として決まった給料のなかから家賃を払わなくてはなりません。大家さんはとても厳しく、決まった日に必ず家賃を取りに来て、お金がないと怒ります。そうした責任も抱えていることは確かです。

たとえお金が足りなくて、もっと仕事に時間を割かなければならなくても、私はこの予知夢のことを放っておくわけにはいきません。私はそうするように指導されているからです。

しかし毎回、助けが現れて別の仕事が入ってきます。神様がこの道を与えてくれるのです。だから収入が余分にあれば役に立ちますが、確実にお金が入ってくるという経済的な基盤がなくても不安は感じません」

「もっとあなたは支援してもらったらいいのではないですか」と言うと、

「寄付は誰にも頼みません。寄付を頼んだことは一切ないんですよ。それでも、ときどき送られてくる手紙の中にお金が入っていることがあります。そのお金は、送ってくれた人のために使うだけです。

切手を三十枚も送ってくる人もいます。そんなときは、別の人にメッセージを送るときに使わせてもらいます。これはとても助かります」と、淡々と答える。

このような人格の家柄は、どんな家系から生まれてくるのか私は興味を感じ、「あなたの血にはどんな先祖が入っているのですか」と聞いてみた。

「よく分かりません。かなり多くの血が混ざっているからです。分かっているだけでも、ドイツ人、イタリア人、ポルトガル人、インディオ、ロシア人の混血です。母の系統はインディオで、父はイタリア人、ドイツ人、ロシア人など西欧系です」と言う。

それでは、この類まれな現代の予言者の人生をたどってみよう。

「手紙を書き始めたのは、いつ、どのようなきっかけでしたか」

「一九七三年、十三歳のときから手紙を書いています。手紙を書くようになったのは、あの声がそのように指導してくれたからです」

「初めての予知夢は確か事故を予知したものでしたね」

「それは私が九歳の時でした。一九六九年のことです。アンシエタ街道で自動車事故が起こるのを夢で見たのが初めての予知夢です。

その夢は、ブラジリア（フォルクスワーゲンが生産していた車の名前）がぶつかって、家族四人が死亡するというものでした。それは私の知らない家族でしたが、とにかくその人たちに事故が起きるということを知らせに行きました」

「それは小学生時代になるわけですが、遠方の家まで、どのようにして行ったのですか」

「私の母が、彼らのところまで連れて行ってくれました。

母にはそこへ行く理由を言いませんでした。『あの人たちに、話さなくてはならないことがあるので……』とだけ言いました。

家の近くまで行った時、私は母に『僕がその人のところに行って話をしてきますから、ここにいてください』と言いました。

それから、私だけで家を訪ねて『あなたはブラジリアをぶつけるので、その場所へ行ってはいけません。私はその様子を夢で見たからです』と言いました。すると、それを聞いていた男性は、私に近づいてきて、『それは、ただの夢だったのだよ。かわいい坊や。そんなことは起きないよ。それは、坊やのただの夢、幻想なのだよ』と言うだけでした。

『用心しなければなりません。その日にあなたたちはブラジリアでそこに行ってはいけません』

私は、なおもそう説得しました。しかし、彼は聞き入れてはくれませんでした。

そして、その日、家族四人はブラジリアで出かけました……そして家族四人は夢で見た光景と寸分違わない状況で全員死亡してしまいました」

「実際に彼らがそんな状況の交通事故で死亡したことをどうして知りましたか」

「デイリー・グランデＡＢＣという新聞に報道され、それを読んだ母が、私に『あなたが会いに行ったあの家族、覚えているでしょう。彼らは自動車事故で全員死んだわ』と教えてくれたからです。しかし母は僕を叱りました。母はこのようなことをとても嫌う人だったのです」

幼少時代からあった特異体質

このような特異な能力がある子どもに対し、家族が持て余していたことは充分想像できる。ジュセリーノ氏の母はとても心配しており、息子の能力を認めなかったし、受け入れようともしなかった。どこの母親も同じだと思うが、このようなことが息子に災難をもたらしはしまいかと心配になるのも当然だ。

貧しい子だくさんな家庭という開発途上国の現状の中で、父親は彼に期待をもって見守っていたことは事実だ。

「私の両親は、とてもまじめで謙虚です。高い教育は受けていませんが、私をとてもよく教育してくれました。特に語学の勉強に力を入れてくれて、私は戦争で疎開していたスイス人からドイツ語を学びました。その人は近所に住んでいて、ブラジル人女性と結婚していました。両親は、私を四つの言葉の違う学校へ通わせるほど優遇してくれました。高校、大学の入学試験も受けました。ドイツ領事館を通じてコンクールに合格して、大学レベルのドイツ語を学びました。

その後、会社に勤めながら、恵まれない人々のために、クリスマスの資金集めをするイベントを開催したり、貧しい人々へ食料を配るために、会社で宝くじを販売したりしました。

両親は、サンパウロ州のソコーロ生まれで、最初の子どもは、アグアス・デ・リンドーヤ市で亡くなりました。私の兄で、アパレシドという名前でした。

両親は、ずっと畑仕事をして生活していました。そして、パラナ州マリンガ市のフロリアーノへ引っ越しをしてから、私が生まれました。

そこでは生活がとても厳しかったので、土地を売り払ってサンパウロ州サント・アンドレ市ジャパン通りに戻りました。そこは、次男である兄が生まれた所です。私は、一時そこで育てられました。

その後、私が学校を卒業してから、両親はいま私のいるイタチバ市に土地を購入し家を建てました。父は自分で家を建て、小さな農場をつくったのです。その家に今日まで両親は住んでいます。今年で十七年になります。現在、母は六十五歳、父は六十九歳です。

私には兄がいますが、今、その兄はドイツ系の会社で機械部門のチーフを務めています」

「そのお兄さんも予知夢を見るんですか」

「いや、彼は見ません。私のイタチバ市のおじだけが夢を見ていました」

「そのおじさんは、あなたと同じような予知夢を見ているのですか」

「彼は母方のおじになりますが、私と同じように予知夢を見ていました。しかし何も書き残したりせず、出来事が起きる前にその内容を親戚に語っていただけです。今はもう病気で亡くなっています。ですから今では親戚の中に予知夢を見る者はいません」

「お母さんは、予知夢など見たことないのですか」

「まったく見ません。母はそのことを嫌います。本当のことを言えば怖いのだと思います。予知夢が悪いものではないかと恐れているわけです。母は私が小さいころからそのような観念を持っていて、いまも基本的には変わっていませんが、最近は少し賛成してくれるようになりました。

母はいつも私を支えてくれます。そのことで母なりにストレスもあったでしょうが、その姿勢は変わることはありませんでした。母を愛してはいますが、私はこの方法を変えられません。

残念ですが、これは私が決めたのではないし母が決めたのでもありません」

ジュセリーノ氏は、普通の子どものように幼年時代はサッカーをしたり、走ったり遊んだり、いたずらをして母親に叱られるなどしていたようだが、一種の予知夢体質的特異性がだいぶ前から見受けられたようだ。

「そうですね、私はほかの子どもと同じように、最初はいたずらっ子でした。小学校一年生のとき、予知夢の問題で一年留年しました。すでにそのときから、現れ始めていたのです。これがとても衝撃的で、私は気を失うこともありました」

いわば、時空を超えて一種のトランス状態になることがたびたびあったということだろう。

「それはあなたが何歳のときですか」

「七歳でした。母は私を病院へ連れて行きました。検査では何も見つからなかったのですが、原因が分からないことは良いことではありませんでした。教科によってはさほどではないものもありましたが、とても成績の良い科目もあり、私は平均以上の知的能力で、模範的な学生だったので、家族はどうしてあのように意識を失ってしまうのか、理解できなかったようです。

そのこともあって、私はごたごた続きの難しい幼年時代を過ごしました。サッカーは嫌いでした。好きだったのは重量挙げやマラソンで、よく走りました。同級生たちと競争すれば、いつも上位でした。

学校では、同級生たちは私からカンニングしていました。彼らは私が試験で良い成績をとるのを知っていて、それで私の近くに座っていたのです。私は先生たちからは良い評価を得ていたと思います。

困難なこともずいぶんありましたが、私は自分の幼年時代が好きです。両親は経済的余裕がありませんでした。ときどき私は何かをしたいと思うことがありましたが、父にお金がなく苦しいのを知っていましたから、親にお金を求めなくてもいいように、八歳の時からガラスや古い金具を集め始めて、それを売っていました。ときどき、母にパンを買うお金もないときがありましたから、そのお金でパンも買っていました。その後、母はポップコーンを販売する屋台を手に入れることができました。私たちは大いに働いて、ポップコーンをずいぶん売りました」

「そういう生活は、何歳くらいまで続いたのですか」

「十三歳くらいまででしょうか……その後、少し自由になりました。それは、会社に勤め始めたからです。私は十四歳で労働手帳（ブラジルの制度）に登録されました」

予言者の血統と助言者の意志

ブラジルでは労働手帳に登録されることで一人前になる。生活費を工面するため、多くの子どもは学校に行きながら仕事をしている。最初に就職したのは、ウチンガ市の水道設備や電子部品を扱う会社だった。アシスタントとして十三歳で入って、翌年正式採用となったが、じきに職を変え、十五歳から十六歳までオフィス・ボーイとして他の会社で働き、さらに冶金工場に移っている。そこは鋳造の仕事で、豆ランプや配管の製造などであった。

その間もときどき起こる意識異常で苦労し、病気を疑われて検査したが、何も発見されなかった。心配した母親がさまざまな薬を無理やり飲ませていたが、その薬が何だったのかジュセリーノ氏はいまだに分からないという。

十九歳になる一九七九年まで冶金工場で働いていたが、その年に高校を卒業し、自分の人生を歩み始めることになる。両親と暮らしていた家を出たのは、翌一九八〇年であった。

その後、教師となる。はじめは代用教員として、一九九九年から二〇〇〇年まで北アメリカの文学と英文法を教えていた。学内の評価は高く、教員栄誉賞を受けている。担当した学生たちも学力が上がり、彼はそのことを今でも誇りに感じているという。

その後ジュセリーノ氏は、海外旅行に出て、ナイジェリア、ジンバブエなど、飢餓に苦しむ民衆の生活を調査したことがある。それらの国の現状は最悪の貧困状態にあり、民衆が置かれているひどい状況を見て心を痛めたという。そして同じ貧困地帯がブラジルの東北部にもあることを知って、現在も自分の講演会では、聴講料の代わりに一キロの食物を集める方法をとることがあるのも、その体験からだという。

一時期ドイツに住んだことがあり、そのとき勉強のためにイタリアやフランスにも足を伸ばしている。そのほかの国にも招待されて行ったことがある。しかし予知夢のことで海外にはまだ行っていない。

予知夢を見るということは、彼のおじさんがそうであったように、遺伝的な血筋による可能性がある。そのことはジュセリーノ氏の子どもに兆しが認められるという。

「一歳九カ月のルーカスが、私の後継者になるのではないかと考えています。彼は、私が予知夢を見るようになったときと同じ特徴を持っているのです。母が、私の小さいころの特徴を述べていたのと同じなのです。気を失う時期があるという特徴です、健康診断を受けましたが、何も見つかりませんでした。

私は息子が生まれた後、彼を観察していましたが、母が私のことを話していたのと同じ動きをしています。このことを、私の助言者にぶつけました。助言者は、息子が私の仕事を続けると言いました」

はるか時空の彼方から、これらの重大なメッセージを送ってくる助言者といわれる主体の真の目的は何なのだろう。その本心を、予言者としての彼の生きる姿勢の中にうかがわせたような気がする。

ジュセリーノ氏は、憤慨しているわけではないが、ときどきわずかにそれに似た苦痛をあらわにすることがある。それは目的を達成できずに、自分の無力を感じるときである。自分が努力しても人々が警告や表明を聞こうとしないからである。

彼は人々の命を守り、救わなければならないと信じている。地球という生命体を守らなければ、崩壊が近づいてくる。そのことを知らせるのが自分の使命であると信じているのだ。

彼にしてみると、予知夢とは単に人々が死ぬ夢を見るということではなく、避けることができるかもしれない問題を、前もって見るということにほかならない。だから、このような夢を彼は「命の夢を見た」と言う。それらの夢は、「死の夢」ではなく、人々がそれぞれに人生を歩み続けることができるように、選択することができる可能性を含んでいる「命の夢」なのだ。

彼は、次のように語っている。

「もしあなたが光に満ちた人生を欲するなら、あなたは光を求める。しかし陰だらけの人生を欲する人は、暗闇を求める。だからそちら側の人々を、私たちはこちらの明るい側へ導きたいのです。

私は選択の余地を与えます。いや、神様が選択を与えるのです。選択の余地を与えるのは私ではない。私はただの経路に過ぎない。進むか否かはその人々が決めることで、それは自由です」

予知夢の手紙に対する反応

これは、今まで表面にあまり出ることがなかったジュセリーノ氏がここ数年さまざまな媒体に顔を出すようになったこととも関係するが、事前に発生する出来事を手紙で知らせる方法は、次第に変化してきているようである。

「私は十年ほど前から、結果を確認するようになりました。それ以前は、手紙を送るだけで満足していました。相手の配達証明は取らなかったのです。郵便局を信じて書留で送るだけで満足していましたが、届いていないこともあるのです。ここ数年、そのことに注意をするようになりました。人間はミスを犯しやすいからです」

それから、手紙の受け取り手がこのような予知内容にどう反応するかも、一つの問題点になる。

「最初は半信半疑でも、予知されたことが現実になるのを見たその瞬間から、予知というものを信じることになるでしょう。しかしそれとともに、不安にもなるようです。彼らのエゴなのか、それとも私をいかめしい予言者だと考えたり、突然神に変身するなどと思って恐れるのかもしれませんが、そんなことは私の意図ではありません。人々を善き方向に導くために知らせることだけが私の意図です。

私は心霊術者としてではなく、ただ一市民として話しかけているのです。私の権利の範囲内でやっているだけですから、そのことははっきり認識していただかなければなりません。さもなければ、勘違いするのを見逃すことになります。ですから相手の反応を私が知らなければならないのです。そうすることによって、何の疑いも持たれることなく、ためらわずに責任を持って知らせることができるのです」

一刻を争う予知の場合など、不安やためらいがあっては間に合わないわけで、だからこそジュセリーノ氏は郵便局の証明書を、いちいち面倒でも取っていることが分かる。だが手紙で知らせる時間がないときには、電話をするという。

「例えば明朝の早い時間に起きる事件などは、手紙を書いていたのでは間に合わないので電話になります。しかしそれは特例で、予知で電話をするという習慣が私にはないので、助言者が『電話なら、その人とまだ連絡が取れる』といわれた場合に限ります」

しかし毎日これほど多くの予知の手紙を送り続けていて、訴訟問題を起こされたことはないのだろうか。

「そういうことは、神様のおかげで一度もありません。あなたが真実の書類を手に持っているときには、誰がどのような反論ができますか？

それでも、反論をし、攻撃をしたならば、私たちは打ち返すことになります。私たちには文書の証明の裏付けがあります。私はけんかを望みません。訴訟をしている人も好きではありません。しかしその人が、誰か、あるいは何かに対して間違った判断をし、悪口を言ったならば、それは間違いであることを証明しなければなりません。その証明がなされるまで、私は法律の範囲内で活動します。ですから、私は今こうして落ち着いていられるのです」

「それでは今、あなたは誰かに対して訴訟を起こしているということはないのですか」と私は聞き返した。

「一つあります。それは私に真実ではない録音テープを送ってきた相手で、権利侵害、名誉毀損、中傷で訴訟を起こしました。それは、私の権利です。私に、真実ではない録音テープを送ってきた相手は不運でした」

「しかし立場上、予知の内容に憤慨して脅す人はいるでしょう」と聞くと、「たくさんありました。脅しは次から次へと来ますよ」と、即座に答えたので、私はしばらく質問するのを忘れるほどだった。

「どのような脅迫ですか」と、おもむろに聞いた。

「『口を閉じろ。もし私たちのことを喋ったりしたら、おまえを殺す』などというのもありましたし、『職業（予言者）を変えろ。おまえは知らない人の足を踏んでいる』というようなせりふも聞いたことがあります」

「そんなときには、警察へ届けを出すのですか」

「本質的に私が持っている唯一の保護は、神様からのものですが、制服を着て、善の側で働いている人々を私は信じています。私たちはこの人たちを信用しなくてはならないわけで、私は警察へ行って訴えを出します。またときどき怪しい郵便物を受け取ります。そして、助言者がそれを見極めるために助けてくれます。それで、怪しいと私が判断したら、法律に基づく行為をとります。警察に行って、被害届けを出します」

「しかし、世に言われるように、多くを知りすぎることは良くないと思いますが、どうお考えですか」

　ジュセリーノ氏は私の質問に非難することなく、笑いながら答えてくれた。

「それは確かです。知ることは良いのですが、状況によっては、知りすぎるとあなたは標的になってしまうでしょう。あなたがあまりにも多く知ることを、ほかの人々は望みません」

「このように脅迫を受けることで、あなたはどんな気持ちになりますか」

「そうですね。少し不安になります。知りすぎると、よく知らない人たちと共同生活はできなくなりますからね」

　とにかく彼とその助言者は、世の災いをなくそうという使命感に燃えていることは間違いない。予知の対象が社会全体から世界全体に広がるようになるにつれ、手紙だけでは間に合わなくなってきている。時が経つとともに、より多くの相手を前にして、彼はメッセージを語るようになっていくに違いない。

私はこの日のインタビューを終え、サンパウロへ戻るためにジュセリーノ氏の家を出た。彼らはとても純粋な家族だ。娘のタイラが私に別れのキスをしてきた。次男のマテウス君は遊びながら別れに来て、歩道を走って塀の裏に隠れた。

ジュセリーノ氏も、私のあとを追ってきてくれた。とても優しい人たちだ。今週、彼は中国人のグループにポルトガル語を教える予定だ。彼はマンダリン語（中国語）を話す。そして、この言葉をもっと簡単に覚える方法の本も書いている。自動車のバックミラーから彼が見える。全員が玄関で私に手を振っている。実に心温まる風景だ。彼らは幸せな家族だ。

第二章　夢の生理学的分析と可能性

ジュセリーノ氏を検査した医師へのインタビュー

サンパウロのクリニックで、二〇〇五年三月にテレビ局の要請で、ジュセリーノ氏は二晩にわたってポリソムノグラフィー（ＰＳＧ）による検査を受けた。担当したのはアデミル・バチスタ・シルヴァ医師である。ちなみに先生は、パウリスタ医科大学の神経学助教授でサンパウロ医科大学とメトロポリタナス・ウニダス大学を卒業後、サンパウロ連邦大学で神経学と脳波（ＥＥＧ）ならびにテネシー大学（アメリカ）でポリソムノグラフィー医療を専攻している。

ポリソムノグラフィーは睡眠時無呼吸症候群やうつ病、不安障害、精神病などの診断をするほか、パーキンソン病やアルツハイマー病の発見に有効とされている。

この検査の結果について医師に聞いてみた。

「ジュセリーノ氏の場合、病気との関係はあるのでしょうか」

「何も発見できませんでした。病気ではありません」

「先ほど述べられた病気以外にも、違った病気を発見することはできますか」

「そのほかの病気で、特に大切なのはナルコレプシーです。これは日中に起きる強い眠気発作で、交通事故の原因になることもあります。この病気の特徴は、夢を見る時間がとても短くなることです。これはレム睡眠に関する最も興味深い症状で、そのとき起こすさまざまな現象は、ある意味、私たちが超能力と呼ぶ現象に非常に近いのです」

「興味深いお話です。先生、それを説明してください」

「人々が言う超能力は、多くの場合、レム状態と関係しています。アメリカ人の何人かの学者は、アブダクション（異星人による誘拐）されたと言っている人々の現象と相関していると考えています。

　宇宙人や宇宙船に誘拐されたと言っている人たちは、現実には、睡眠の問題が起きているということです。その人が目覚めていながら金縛り状態で夢を見ている場合は、非常に無防備な状態なので、まるで現実だったかのように、不思議な体験をしたという感じを持ちます。このような場合は不調和な段階だとしています」

「どういうことですか」

「私たちが生きている状態には、可能性として三つの段階があります。レム睡眠、ノンレム睡眠、そして目が覚めているという三つの段階です。

それで、それら三つの段階の結合が切れると、その人は起きているが、寝ているときの現象を保っていることになり、多くの状況が現れます。なぜなら、私たちが夢を見ているときは、精神が旅をしているからです。あなたが寝ていて金縛り状態なら、すべてが順調ですが、目が覚めているのに金縛り状態で、精神の旅を続ければ、私たちが幻覚と呼ぶ体験をすることになります。

その幻覚には、幻想的な物語があるかもしれません。あるいは金縛りにならないで、同じような幻想的な物語が起きることもあるかもしれません。

例えば、奥さんを絞殺しようとしていた患者がいます。彼はそのとき、ボルトを締めている夢を見ていたのです。彼が夢の中で締めつけていたボルトは、現実には奥さんの首でした。

この事件は、私は大学内のテレビ放送で発表したことがあります。睡眠や夢の現象は、独特で奇妙な体験と関係しているのです」

「なぜそんなことが起きるのでしょうか」

「それは、私たちが日常活発に動いているときよりも、夢を見ているときのほうが脳は活性化されており、活動量が大きいからです。脳が起きているときよりも夢を見ているときのほうが多くの酸素を使うのは、そのことを裏付けています。

この事実から、ある可能性が出てきます。それはその人が持っている知識や能力によって、睡眠時に非常に大きな夢の活動が起きることがあるということです。

レム（急速眼球運動の頭文字）睡眠のときには、通常、私たちは完全に麻痺状態になっていますが、レム睡眠時に麻痺状態にならない人もいます。そのような場合には、レム睡眠の乱れ行動が起きて、人は夢を見ていることを実行します。

その悪い例に、妻を刺してしまった人がいます。その人は、肉屋で肉を刺す夢を見ていたのですが、現実には妻を刺していたのです。これは、睡眠の乱れ行動のケースでもあります」

「先生、それではこれらの検査で、ジュセリーノ氏に対しては、どういう結論になるのでしょうか」

「彼の検査値は、標準内です。睡眠に現れる各種の病気は見当たらず、レム睡眠時に麻痺状態にならない特異な人でもありません。

彼は少しいびきをかきますが、彼のような四十歳代の人としては普通のことです。この年齢層では、約半数の人がいびきをかきます。また睡眠障害もありません。私が見た限り、普通の状態です」

「彼に関するデータの中で、何に一番注意を引かれましたか」

「一番注目したのは、レム睡眠の数が多いことでした。彼は普通以上の頻度で夢を見ているということです。睡眠中に人は平均二〇パーセント夢を見ていますが、彼は三〇パーセントから三二パーセント夢を見ていました。平均値は多くても二五パーセントであり、最高四分の一しか夢を見ないのです。

また、注意を引くのは、彼が夢を見るごとに、夢の終わりに目が覚めることです。これも彼の大きな特徴です」

「それは、何を意味するのですか」

「夢の終わりに目が覚める人は、夢で何を見ていたか覚えているのです。目が覚めない人は、夢を思い出すことができません。それが、大きな、決定的な違いです。彼は、夢を見た後に目が覚めるという明確なパターンを持っています。しかも『目が覚めたときに、夢で見たことを書く』と、私に言いましたからね。

また、彼の場合、普通の人以上に真夜中に書くことができる能力を持っています。たいていの人は夜中にたくさんの夢を見ても、覚えているのは目が覚める前に見た夢だけです」

「あなたは、このことをどう思っていらっしゃるのですか」

「彼は、〝夢を見た後、目が覚める〟という能力を、さらに別の形に発達させていったのでしょう。そして、それはいまや〝特別な睡眠のタイプ〟になったといえます。

レム睡眠中に目が覚める人と目が覚めない人がいます。レム睡眠に目が覚めることができる人は、一般的にいって夢をとてもよく覚えているのですが、昼間はとても疲れを感じることになります。レム睡眠中に目が覚めるということは、その人の脳が激しく活動した直後に目覚めることになるからです。

夜中に夢を見て何度も目が覚めるということは、夜中にずうっと仕事をしていたのと同じくらい脳が疲れるわけで、彼にはその症状があります。それは、特別なことではありますが、病気ではありません」

「ところで、夢はなんの役に立つのですか」

「夢を見ることで、問題が解決されます。眠るということは、いったん立ち止まって夢を見ることです。そして夢から戻るとそれは解決していることが多いのです。そのため、夢を見ていた時間というのは、問題を解決するのに有効だったとみなされます。その夢による解決がずーっと進むことにより、問題そのものがほとんど解決してしまうのです」

「幽体離脱など、いくつかの現象に対して、どんな説明が可能ですか」

「体の外にいると感じる人々に関して、すでにいくつかの説明があります。これらの脳の変化は、人が体から離れている感触を与えることが確認されています。超能力的に見えるものの多くは、生理的現象で説明がつきます」

「ジュセリーノ氏の場合も、生理的現象で説明がつくのでしょうか」

「私が理解した限りでは、ジュセリーノ氏はある特定の夢を見る能力を持っています。彼が獲得したその能力について、今の段階では生理学的、病理学的に説明することはできません。だからといって、彼の能力を疑うべきではありません。

何事においても、どんな専門家でも、失敗することはあります。しかし、彼の夢の中で起きるすべての出来事は、すべて真実でなくてはなりません。なぜなら、彼はずっとその夢の内容に基づく論理で考えながら生活をしているからです。それは、私たちに理解できる論理ではありません。そうでしょう。私が知る限り、今の科学では、はっきりとした定義をすることはできません。このことに興味のある人々の研究によって、もっと良いデータを得るチャンスは出てくるとは思いますが、今回はそこまでには至りませんでした」

「あなたは、彼がこのような能力を獲得したとおっしゃいました。そうであれば、どんな人でも、この能力を身に付けることができるのでしょうか」

「もちろん、間違いなくできるでしょう。精神分析は、そのことをとてもよく証明しています。精神分析をする人たちは、精神分析をしない人たちよりも、夢の内容を数多く持っています。

人は、心に何かを活動させる、また逆に、させないことができるということです。ニューロケミカル＝神経伝達物質によって、脳のパターンを発達させるのです。脳の通路を活動させたり非活動化したりするといってもよいでしょう。

例えば、あなたがカートレースのことをぜんぜん知らなくても、カートレースを見始め、ある時間が経過すると、あなたの脳はカートの情報を操作するようになっています。このような学習は、とても重要です。どんな人でも、ある特定の脳の場所を活動させることができます。その人が、興味のあることをずーっと考え続けていたならば、やがてはその人のその部分の脳を活動させることができるようになります。

ジュセリーノ氏は、そのようなことをしているのではないでしょうか。私たちもいろんな夢を見ます。しかしそのことを書いたりしません。それに、私たちは時が過ぎると見た夢を忘れてしまいます。私たちが見た夢について、すべて書き記していたならば、後でいくつかのことに意味があったりするのかもしれません。

予知夢は、興味深い現象だと私は見ています。私には予知夢を説明することはできませんが、そのようなものがあるということについては、私には何も反対する理由がありません。その人の内部に物事があるのだと私は信じています」

「睡眠中、人は平均二〇パーセント夢を見ていますが、ジュセリーノ氏は三〇パーセント以上も夢を見ています。神経学者として三十五年の研究の中で、そのような人を見たことがありますか」

「あります。レム睡眠に影響する病理学が存在します。そのような人が治療を受けたら、レムリバウンドといわれていることが起きます。そのことによりレム睡眠が就寝中の六〇パーセントまで支配するようなこともあります。その人は、それまで夢を見ないでいたのですが、それからは夢を見ることができるようになりました。

赤ちゃんは、睡眠の五〇パーセントがレムの状態ですが、ジュセリーノ氏は実によく眠ります。ジュセリーノ氏の身体的部分は、ほかの人と異なっているわけではありません。彼が使う脳を含む肉体という道具は、私たちと同じです。彼が異なるのは、材料なのです。

今回の検査では、私にとってさしたる驚きはありませんでした。何か探求することができたとは思えません。夢を多く語る人がたくさん夢を見ているのは当たり前です。ジュセリーノ氏は、実に多くの夢を見、それをよくまとめて書きつづっています。そのことが、私の注意を引いたのだと思います。この件に関して、私は医学的もしくは身体的に異なった問題があるとは見ていません。彼が持っているのは、他の人たちも持っているものです」

夢の研究では、ユングやフロイトが有名であるが、夢は個人の歴史の断片を結合したものであり、すべての夢には意味があると提案されている。

科学的研究では、六十歳の人は、眠りながら最低五年間は夢を見たことになるという。つまり、人は人生の三分の一の時間眠っており、睡眠の四分の一は夢を見るレム睡眠状態で過ごしているわけで、夢は人々のおよそ一〇パーセントの人生を占めていることになる。

赤ん坊は一日の五〇パーセントから六〇パーセントは夢を見ながら過ごす。そしてすべての大人は、八時間の睡眠で、九十分おきに四、五回は三十分間ほど通常の夢を見る。

睡眠の最初は、日中に蓄積した〝ゴミ〟を廃棄する。そして次の時間、脳は過去、そして未来について機能するといわれる。このように、夢は私たちのすべての局面で作動している。

成人は夜ごとに五十回の夢を見るとされているから、一年に一万八千以上になる。しかし、朝、二、三の夢を思い出すだけである。

夜の最初の夢は数分しか続かない。だいたい十分ほどである。次の段階に、それらは三十、

四十、五十分と長くなっていく。その段階の夢がしばしば思い出されるのである。
夢の影響は幻覚、現実との連想、想像力の生成、昼間の緊張からの解放、心理的な造形、一貫性のない悪夢、生理的そして有機的な反射などがあり得る。健康的な人々の見る夢の三分の二は悪い、または不快な夢である。


夜ごとに少なくても二時間は、この夢のような象徴の世界に私たちは生きている。この夢の中に内部の世界を構成し、未完成で象徴的な想像上の空間をさまよったり、精神的あつれきが蓄積されたストレスの〝逃がし弁〟の役をこなしたりしている。だから、ここは真の願望と意志に関する未知の答えが存在するところだ。

すべての刺激の第一の源であり、他の次元の知覚の源でもあろう。

個人のすべてのデータバンクがそこに記録されている。

けれども私たちは、通常これが意味することの表面的な部分だけしか気付いていない。

古代エジプトでは、夢に予知の価値を認めていた。「人々が未来を見ることができないとき、神が道を示すため夢を創造された」と知恵の本には書かれている。そして神殿で聖職者や神聖な代書人たちは、代々口頭で伝達されてきた数々の秘訣によって夢の象徴を解釈していた。この術は、夢による占いとして、すべての場所で実践されていた。

北アメリカのインディアンにとって、夢は経験の決定的で究極の記号であるとされていた。

夢は典礼の起源であると彼らは考え、それによって聖職者を選任して、シャーマンという特質を授けていた。また、彼らの医学はシャーマンから生じたものであり、シャーマンは戦争や狩り、そしてお互いに必要な協力などを命じていた。

夢の解釈は、魂の知識へ達するための王道だとフロイトは言っている。夢は抑圧された願望の表現、あるいは完成だと彼は信じていた。ユングの場合、夢は無意識の現在の状態の自然発生的、象徴的な自己表現であると考えていた。そしてJ・サッターは象徴の辞書をまとめ、その解釈の定義を与えた。ローランド・コーエンは、夢は私たちの精神活動であり、昼間の活動の枠外で、考え、感じ、実験し、推測すると記述している。また最近は、ジャーナリストのリタ・カーターによる大脳地形図の作成によって、海馬のデジャヴ（既視想現象）を解明し、高度な精神状態を実現しようという発想は興味深い。

結局、すべてのレベルで、人間が目に見える生物学的な次元から高度な精神的本質の次元へと成長しようとする、私たちの深奥にある願いを夢は表現しているのかもしれない。そして、夢は私たちにとってあらゆる種類の情報の無限かつ正確な源になるに違いない。

第三章　衝撃的な予言の全貌

アメリカ政府のために働くことをジュセリーノ氏は断っていた

四月の週末、サンパウロの企業家二人から、ジュセリーノ氏はアチバイア市を訪問するように招待された。土曜日に到着して、日曜日まで過ごす予定になっていた。

ここではさまざまな話題が出た。予言が与える社会的影響や生と死の問題、命の永続性など、皆の興味は尽きない。

私は、超能力的な事実に関して調査したり本をまとめるときに生ずる問題として、超常的現象が起こることとは直接関係のない団体や個人の影響を受けることがあげられると説明した。つまり、ある特定の宗教の信者が超能力的な現象を起こすと、その宗教が原因だといって、現象を説明するために、ある信仰の価値観を利用してしまうことである。科学的なものであると理解されるためには、宗教的な信仰とは切り離し、自立したものでなければならない。

もう一つの点は、結果の確認である。出来事は、散発的であるため、繰り返されるのは困難である。しかし、科学においては、同じ条件が整えば繰り返されなければならない。ジュセリーノ氏の場合は、結果を繰り返すことができるということが重要だ、といった話をした。

いろいろな人たちが、ジュセリーノ氏をもっとよく知るために自宅へ招くのは自然である。特別な才能の人物と同席する好奇心と、予知してもらおうという二つを満足させることができるからだ。また、ジュセリーノ氏のような人と一緒に過ごせば、何らかの能力を得ることができると考えている人もいる。

ジュセリーノ氏は、そこに居合わせた人たちに、すでに私に語っていた話を根気よく繰り返した。

招待者のデシオ氏が望んでいたのは、ジュセリーノ氏をもっと知りたいということだったので、この日は、改めて興味ある話が出てきた。

アメリカの当局者がジュセリーノ氏に接触してきていたことを前に書いたが、そのときの申し出の中に次のようなこともあったというのだ。

「米国に住み、アメリカ政府のために働いてくれないか」というものだ。しかも、毎月およそ五千ドル（約五十七万円）と子どもの教育費の提供をするという条件付きだ。しかし彼はそれを断っている。

その理由をジュセリーノ氏は次のように述べた。

「彼らがいつまでその約束を守るのかあいまいでした。そしてさらに、私がサインできないような内容のもので、ある事柄について公表しないという、そんな契約に署名をするよう頼んでくるものですから、私は家族の面倒をみなくてはなりませんが、そのような提案に対しては興味がわきませんでした。公表するのかしないのかは、手紙を受け取った人に任せられるべきです」

「あなたは、非常に公平であることを尊重するのですね」と言われ、「そのとおりです」と、ジュセリーノ氏は答えた。

今日になってみれば、彼の判断は正しいといえる。前にも書いたように、結局アメリカは次から次へと口約束をほごにしていったからである。

彼は利己的な自己満足や偏見をきわめて嫌う。

話題はさまざまに飛んで、これまでの出来事にとどまらず、六百年または七百年後には何が起きるだろうかということを聞く人もいた。

ジュセリーノ氏はもう一つ、非常に興味深いことを話した。私はこの知識を、どこで彼が得たのか不思議に思った。

それは、「明かすことができないエジプトの古代数学を基礎とした計算を、予知夢の確実な出来事の日付確認に使用している」ことである。詳細は語らなかった。

また別のときに、こんなやり取りもあった。

「それでは、宇宙人のことに関してはどのように考えておられるのですか」と尋ねられたのである。

これに対しては「コメントできるものもありますが、できないものもあります」と述べるにとどまった。

二〇〇七年十二月から黒い雲が世界中の空に広がるだろう

広間へ戻って、私たちはくつろいだ。どこか秘密組織の会議のようでいて、腹を割って語らう同窓会のようにも見えた。進化論に対する議論もあったりして、テーマは皆の興味をそそる。女性への迫害、いろんな形態を持つ地球外生命体のこと、ジュセリーノ氏が講演で出向いたさまざまな会合で聞いた、ＵＦＯの目撃報告についても紹介してくれた。

また、あるとき、ドイツやロシアなどの国の学術的な考古学的対象となるような、失われた古代都市に入ったという体験談も出てきた。これらの都市には、失われた知識の重要な鍵となるものがあったが、今は明かすことはできないとジュセリーノ氏は言う。

そこでいよいよ、私たちは気候の問題に突入した。

二〇四三年のあるとき、それは起きるが、発表するにはもっと調べなければならないと彼は言う。また、文明の健全な成長が望めなければ、世界人口の維持に重大な問題が生じてくることになると注意した。

ジュセリーノ氏が、今回の会談のまとめに入った。自分の予知夢に基づく未来展望の主要点を次のように語った。

「私に与えられた未来の青写真に明らかにされている、地球で発生する多くの問題に対する対策がまったく遅れています。このことに人々が気付くようにしたいというのが私の願いです。少ない人数であっても、物質的なことではなく、精神的な面にもっと心を開くよう考え方を変えるようにしていきたいのです」

そして、ジュセリーノ氏は気候の問題について、次のように語った。

「巨大な気候の変化が起きるまでに、私たちには少しですが、まだ時間が残されています。二〇〇七年十二月以降から、黒い雲が世界中の空に広がります。ここにいる方々は見ることになるでしょう。

二〇〇八年一月以降から、人類の不幸が始まるのです。それが私を心配させていることです。そして多分、私には必要な時間が足りないかもしれません。

私はテレビにさえ出演することを受け入れ、あえてそうした場で追い込まれるために、疑惑の中に身を置きました。

すべての懐疑的な意見にも耳を貸します。考えがどうであれ、すべての人々は考える権利を持っていると思うからです。
しかし――。私は疑問視されることを恐れませんが、そのために私は時間と闘っていくことになります。時間が短すぎます。とても短すぎるのです……」

地球に向かっている小惑星が二〇〇九年ごろに発見される

ジュセリーノ氏は続けた。

「メディアは、多くの人が間違った方向に行っていることを伝えるための道具になります。未来は私たち次第であり、それは自由意志と呼んでいいでしょう。

しかしその自由意志は、ときどき人々を逆戻りできない穴へ陥れることもあります。そして、私たちを悲しませます。

そこでもし何かが起きてしまったら、私は悲しくなります。

私は、予言者になるためにここにいるわけではありません。私はただ真実を伝えるためにいるのです。

地球へと衝突の経路で向かっている小惑星があります。天文学者はまだ見つけていません。

それは二〇〇九年から二〇一〇年ごろに発見され、見ることができるでしょう。

そして、衝突が起きるかもしれません。

そのことについては、NASAを含めてすでに多くの機関へ手紙を送りました。彼らが受け取ったというAR（書留郵便の配達証明）も、持っています」

「小惑星が地球に衝突する可能性はどのくらいですか」

誰かが質問した。

「衝突を避けられる可能性は四〇パーセントです、起きてしまう可能性は六〇パーセントほどあります」

「先ほどの黒い雲とは、いったい何なのですか」

「それは、二〇〇七年十二月三十一日以降に始まる気候問題と関係しています。

二〇〇八年から二〇一二年にかけて、私たちは恐ろしい日々を過ごすことになります。

地震や病気が発生し、多くの人が亡くなり、動乱の日々になるでしょう。

二〇〇八年には、ブラジルのルワナという薬草からエイズ・ワクチンが開発されますが、しかしすぐに、エイズよりもっとひどい病気が発生します。これは、かかると四時間で死亡します（監修者注――次作で詳述の予定）。

その病気が私たちに襲いかかるのです。

私は、それを心配しています。

科学が進歩していると言われていますが、これらの問題を解決することはできません。エイズよりもひどいウイルスをどうするというのですか。

私はこのことを警告しなければならないのです」

「……」

「私は本当に、二〇〇七年までに、世界中に大きな意識の変化が起きるように願っています」

それからジュセリーノ氏は、この二年間は二千年に匹敵するとも語った。そして、もし人々が環境問題に対して自分の意識を変えるならば、このプロセスが逆戻りする時間はまだ残っていると――。

ノストラダムスとは異なった方法で活動するため、私はこの世に生まれてきた

各国の政治姿勢やグローバリゼーションについて言及した後、私たちが最も魅力的なテーマの一つと考えていた、これまでにあったさまざまな予言の話に入った。

出席者からは、エドガー・ケイシーやスカリオン、そしてマラキの名も出てきた。彼らの予言がどう評価されるかということだ。関係するビデオやテレビの内容についても意見が出され

た。また、時の終末は、一つの周期の終わりだという人もいた。

それらを受けて、ジュセリーノ氏は言った。

「ノストラダムスの予言詩集である『諸世紀』のような、比喩的な表現をするのとは異なった方法で活動するために、私はこの世に生まれてきました。

私の場合は、起きる出来事について、年・月・日はもちろん、何時に起きるかも言うことができます。期日を特定しているこれまでの資料をぜひ見ていただきたいのです。

このようにすることは、時間がまだある限り、私たちに何かすべき手段があるのだということを伝えるためなのです」

「そのとおりで、あなたが伝える予知のデータは、とても明確になっています」と、すでに書簡類の資料に目を通していた私は答えた。

その時、用事でやむなく中座する人がいて、話題はローマ法王の選挙のことに移った。

新法王選出の投票はまだ始まっていなかったが、誰が選ばれるだろうかということで、ジュセリーノ氏の意見を求めた。

新ローマ法王はドイツ人で、翌年攻撃される

　ローマ法王の選挙に関して、ジュセリーノ氏は述べた。

「選挙で投票される確率はすべて分かっています。ドイツ人に投票する人が四〇パーセントで、アフリカ人に入れる人が三〇パーセント、そして西洋にいる中国人に投じる人が三〇パーセントいます。これが新法王の現在の投票される確率です。結果はお分かりでしょう」

　ジュセリーノ氏の予知は、いつもこのように非常に細かく、かつ正確だ。そして、ジュセリーノ氏は、その将来の新法王に起きるトラブルについても触れようとしたが、そのときマラキ予言書で、この代の法王が惨事に遭うと書いてあると誰かが話し出した。再度教会の教義や活動の現状などに話がいきそうだったので、私はもう一度、改めてはっきりと尋ねた。

「新しいローマ法王に、あなたは何を見たのですか」

「次の法王が二〇〇六年に攻撃される可能性があることを夢に見ています。三月十三日ですよ。そのことが、マラキ予言書とやらに入っているかどうかは知りませんが……」

「今日は何日ですか？　いまのジュセリーノ氏の予言を、今日の日付で記録しましょう」

　そう私は皆に言った。

「今日は（二〇〇五年）四月十六日です！」

ここでジュセリーノ氏が、発送した手紙のリストを確認している。

「新しいローマ法王の名前あてに、すでに手紙を送りました。彼の名前は言えません。けれども、私はその書留書簡の配達証明書を持っています」

「その手紙に書いてある事件の日付は、それでいいですね」と、私は念を押した。

「そのとおりですが、とにかく私は、何も起きないことを望んでいます」

ジュセリーノ氏は、そう答えた。

（監修者注――二〇〇五年四月十九日に第二六五代ローマ法王に選出されたのは、ベネディクト十六世であった。彼の本名は、ヨーゼフ・アロイス・ラッツィンガーで、ジュセリーノ氏が言い当てたとおりドイツ人だった。

そして、ジュセリーノ氏によって予知されたように、二〇〇六年九月十二日、ドイツの大学での講義で、イスラム教の教えの一つであるジハードを批判する発言を行い、翌日からアルジャジーラなどアラブ系メディアから攻撃を受けることとなった。パキスタン議会も、新法王に発言の撤回を求める非難決議を全会一致で採択した。新法王の発言は、イスラムを邪悪で残酷と評した十四世紀の東ローマ皇帝マヌエル二世の「ムハンマドは、剣によって信仰を広めよと命じるなど、世界に悪と非人間性をもたらした」という言葉を引用したのみであったが、イスラム世界を中心に大きな攻撃を受けたわけであり、このジュセ

リーノ氏の予言は的中したといえる）

幼いころは黄金の光球を毎日見ていた

「誰があなたを指導しているのですか」と誰かが尋ねた。

「それは、一つの声です」とジュセリーノ氏は言った。

彼は、そのある声、つまり助言者の名前を知らない。ただ指導を受け取るだけだという。

「『あなたは、これをしなさい。あれをしなさい。あれをしてはいけない』そんなやりとりが、彼と私のコミュニケーションのスタイルです。それは毎日起きます」

そして、夢を見ないときは、この助言者の指導する言葉だけが来るという。

「その助言者の夢を見たことはありますか」と、私は尋ねた。

「いいえ、彼に関する夢も、彼の顔も見たことがありません。

今は、私にとって彼は自然な存在であり、それでいて私という個人が関与できない、まったく別のものなのです。

九歳のときから、助言者の出現は始まりました。

その指導者は、私が〝金の母（黄金色の光の球で、ブラジルの伝承に伝わる神的実体）〟と呼んでいるものと関わりがあるのかどうかは分かりません。これは前にも言ったと思いますが、子どものころ、よく私の前に現れた〝金の母〟のことを覚えていますか？

助言者の出現は、あの光が影響しているのかもしれません。あるいはそれが活性化したのかもしれません。しかし、そのとき以来、二度と出てきませんから、その光球が何であるのかは私には分からないのです。

八歳のころに、毎日出現するその黄金の球を私は見ていました。そして私の内部で、ある現象を起こし、九歳から私の人生を変更させて、別なものを私の内部に形成していったのです。

そういう変化といいますか、そうした実体との融合はすぐに起きたわけではありません。光球の出現から助言者が現れるまでには、一年ほどの時間がかかっています」


この後、休息を取って雑談などをしていたとき、出席者の一人が、ジュセリーノ氏に関し非常に興味深い話をした。

その人の知り合いの弁護士が義理の父を伴って、ジュセリーノ氏にあいさつをしていたときのこと、握手しようと手を差し出しただけで、ジュセリーノ氏は次のように言ったという。

「すぐに飲酒をやめなさい。さもなければあなたの命は、一週間以上は持ちませんよ」

義理の息子の弁護士は驚いた。なぜなら、義理の父の健康状態については、ジュセリーノ氏に何も話していなかったからだ。その後、弁護士の義理の父は、一週間も入院したという。そして、専門家の医師に、「飲酒をやめないと、あなたは死にますよ」と言われたそうである。

このような出来事は、ジュセリーノ氏には予知だけでなく、透視する力も備わっているのではないかと思わせる。

その後、ジュセリーノ氏が出演したテレビ番組や外国の予言者特集のビデオなどを見て散会し、それぞれ心地良い疲れを感じながら、各自の部屋で眠りについた。

第四章　予言者の宿命と覚悟

ジュセリーノ予言に直面した人々の戸惑い

五月（二〇〇五年）の終わりに、私はサンパウロ州のアンパーロという町に行った。ジュセリーノ氏の講演会に参加するように招待されていたのだ。この会を主催したのはＵＦＯを研究している団体だった。

私はジュセリーノ氏の、予知夢から始まるエコロジーと気候問題の講演に付随し、彼の予知文書類の評価や、誰もが持つ夢による予知力やヒーリング問題を補足したいと思っていた。また、環境や人口問題では、地球の人口がこのまま推移すれば、やがて四個の地球が必要となるといわれており、この問題を解決するためには、何をなすべきかについて触れたかった。

地球温暖化の原因として、無秩序な森林伐採と急激に増大する石油消費があり、これらの破壊的な行動は、取り返しのつかない結果を生み出すはずだということはすでに知られている。

伐採された地域は、そのままにしておくと土地が枯れ、砂漠化していく。

環境問題は、積極的に、真剣に、意識的に研究され、解決されなければならない。すべての行動は連結しており、私たち自身のクオリティ・オブ・ライフ（生活の質）に関わる浪費は、社会に対してであろうが、自然に対してであろうが、私たちに責任があるのだという自覚を持たなければならない。

町の中央にあるホールに到着したとき、すでに三百五十人ほどの観客が集まっていた。会の主催者は、自分の体験として、自身の夢の解釈によって有益な結果が得られたことを話していた。

人々が注意深く真剣に見つめる中、ジュセリーノ氏は話し始めた。この雨の夜、話を聴きに集まってくれた観客に、きわめて誠実に説明した。彼は積み重なる問題や、そしてそれがどのような結果をもたらすのかを二時間話した。すべてがとても気がかりなことだ。人々は椅子に硬直したかのように静かに彼の話を聴く。それはまるで、自分たちの身に何が待ち受けているのをうすうす感じているかのようにも見受けられた。

最後に彼との討論があった。まだトンネルの終わりに希望の光があることに、彼らは気付く。私たちが、この環境破壊のプロセスを修正することができることを知る。

人々の顔にはさまざまな表情が見られた。無力感、忍従、当惑、苦悶、心配、関心、困惑、注意、好奇心、不信、興味、疑い、軽蔑、浮かれ調子、内省、沈黙、自己分析、防御、攻撃、中庸、神経質、無感動、良心の呵責、抑制、落胆、無関心、挫折、そして今日の現実と、まだ未知の非現実が、あの大広間に混じり合っていた。

未知のものを前にしたこのような振る舞いは、私たちの典型的な反応だ。私のように数十年の研究経験があっても、ジュセリーノ氏の予言の問題に対しては、満足のいく答えを得ることがほとんど不可能である。

現在のグローバルな消費社会の現実は、ゆがめられた価値観の中毒症状なのだろうか。この人類の過ちに対する鮮やかな過去の予言的な警告類があっても、私たちのこの問題に対する感知は、おそらく私たちの能力からかけ離れていて、あたかも冬眠中で、遠くにあることのようにしか受け取れない。

私は、こうした自分の中にもある苦悶の現実を乗り越えるために、ジュセリーノ氏にあらゆる疑問を問いかけてみることにした。

次の日の朝、ジュセリーノ氏は私を呼びにきた。いつもどおりに非常に陽気に、私を目覚めさせてくれた。ホテルの部屋の居間に戻ったときに、彼はすでに用意が出来ていて、それらについて答えてくれた。

「あなたの未来の予言は、数多くの死者が出る事故、テロ攻撃、地震や津波などの大災害などがほとんですが、なぜそんな悲惨なものだけなのですか。人類の利益になるような、偉大な進歩や達成の夢は見ないのですか」

「私が見る夢は、原則的に利益をもたらすものだと思います。善とつながっている夢です。あなたが将来起きる問題を知ることで、それが大災害であろうと、被害を最小にすることができます。私はそれが利益であると思います。マイナス点ではありません。プラス点なのです。最も分かりやすいポジティブな夢は、エイズのような病気の治療法の発見でしょう。その予知は、すでに数回起きました。不治の病の治療法を知ることも、新しい病気が現れることを知ることも、プラスになります。

　大災害の夢も、警戒や備えをもたらし、避ける努力に結びつくならばプラスではないでしょうか」

「あなたはなぜ未来の出来事について、当事者に連絡をしたり電話をする気持ちになるのですか」

「それは、私の中から来るものです。私は手紙を送ります。その人が受け取ったかどうかを確認します。そこから、その人が示された道を進んでいかなければ、そして事実が起きてしまったならば、その人に姿勢を変えることを要求するのが、私の責任なのです。

　なぜ避けようと努力しなかったのか？　なぜ避ける態度を取らなかったのか？　なぜそれら

のことが起きるのを止めなかったのか？　そのようなことを要求するのは、私の責任なのです。彼らに責任があるとは言いません。しかし、なぜなのだと、情報に従わなかった理由があったのかと、私は聞きます」

「人々があなたの警告に従えば、大災害や事故を避けることができるとあなたは信じているのですか」

「はい。それは共同作業なのです。例えば、地震が起きて数千人が命を落とすことになる場合、あなたはその出来事を止めることができません。その地震をなくすとか、その火山噴火を止めることは不可能です。けれども、命が失われるのを最小にすることはできます。それが最も重要です」

「こうした予知による警告で、被害を最小にすることができるとあなたは信じているのですか」

「間違いなくできます！　この手紙を受け取った人や指導者が、私からの警告を受け入れてくれたならば、何かを避けることが必ずできます。少なくとも死亡者の数を減らすことはできます」

「あなたの警告が現実にならなかったとき、人々が不信に陥ることを恐れないのですか」

「その逆です。私は喜びます！　警告したことが起きなければ、私は幸せです。それによって、人々が私や私の活動について不信感を持っても、不安や恐れはありません。私は、この活動は継続します。もっと多くの手紙を送り、私の警告をもっと促進させます。なぜなら、警告のすべてが現実にならないのが、私の願いだからです！」

「人々があなたのメッセージを受け入れることを、待ち望むのですか」

「はい！　まったくなんの迷いもなく、そのとおりです」

「あなたは、彼らが何を信じるのを期待しますか」

「神です！　（ひと呼吸おいて）ジュセリーノではなく、ただ神様を信じてもらうことです！」

「あなたのメッセージを受け入れる人は、信じていない人から見れば、あなたが神の予言者を自任していると思うのではないでしょうか」

「受け取る人が何を考えようと、それはその人の権利です。その人がマイナスの観念を持っていようが、私が有名になりたいと望んでいると思っていようが、そうしたことに関係なく、私は自身をさらしてメッセンジャーになること。すなわち、私の目的は、手紙を送ることです」

「これまで、偉大な予言者あるいは透視者は、正確な予知を行って名声をあげ、有名人になることにより、予言に関する論争に巻き込まれることになりました。彼らは、そうなっても予知を語り続けましたが、その的中率は次第に落ち、ついには予知能力そのものを失ってしまうのが常でした。それでもメディアに報じられ、大災害が起きると予言したその日に大災害は起こらず、信頼性を失ったケースがみられます。あなたは予知で有名になっても、その能力を失わないと思いますか」

「失うとは思いません。なぜなら、仕事のやり方は、それぞれが特徴的な性質を持っているからです。私の仕事には途切れがありません。それに、息子のルーカスが後継者として仕事を続けるでしょうし、私が能力を失うのであれば、私の仕事の後継者はいなかったでしょう。私にとっては、能力を失うことを恐れるより、必要としている人々、民衆に答え続けることが最も重要なことなのです」

「そうであれば、あなたがこの仕事を続けるのに、どれくらいの時間がまだ残っているのですか？　その時間に関して、何かの予知がありますか」

「夢によって私が仕事を続ける時間は、私が死ぬ最期の日までです」

「もう一度質問します。あなたは有名人になって、マスコミにさらされ、起きないかもしれない予言をしてしまうことへの恐れはありませんか」

「自分が有名人になるであろうことは、私は子どものころから知っていました。私が踏んでいくであろうすべての手順も知っていました。困難な〝いばらの人生〟になることは、すでに昔から知っていました。しかし、決して恐れを持ってはいません。なぜなら、私は子どものころから準備が出来ていたからです」

「あなたは的中率が平均九〇パーセントだと私に言いましたが、あなたはこれを高すぎると思いませんか」

「善意の的中率に関しては、九〇パーセントの平均値でもまだ低いと感じています。善意は九〇パーセントではなく、一〇〇パーセントに達したいと思っているのですよ」

「あなたは、自分が超能力の持ち主だとみていませんか」

「いいえ、決して！　超能力を持っているのは神様です。考えてみてください。私は他の人と同じです。私はいかなるものに対しても免れられるわけではありません。あなたが明日風邪を引いたとしたら、私も同じく引く可能性があるのです」

「有頂天にならないのですか」

「これまで一度もそのようなことはありませんでした。私は常に普通でした。私と付き合いがあるすべての人々は、今も同じ姿で私を見ます。私は誰であろうと、決して顔を背けませんでした。私が他の人より優れているとは決して言いませんでした。私は誰とも同じように人生を過ごし、どんな人とも同じことをし、同じ空気を吸います」

「手紙を配達証明付きで人々へ送るとあなたは言われますが、管理人がサインして手紙を受け取ることもあり得るのに、なぜそれが完全な証明になるとあなたは思うのですか」

「よく見てください。今の時代は、この方法を使っている裁判所もあるのです。ある人を召喚するために彼らは書留郵便を使います。誰が直接受け取ったかは重要ではありません。あなたがブラジル民事訴訟法典をよく見れば、そこにはっきりとあります。誰が受け取ったにしても、その人があて先の本人に情報を渡さなかったら、それはその人に責任があるのです」

「あなたが送った手紙を無視する人々を、あなたは無責任で怠慢だとおっしゃいますが、それは性急で、少し言い過ぎではありませんか。彼らの多くは、予言的な問題にどのように対処すればいいか分からないのですから」

「私は、人々を判断しません。判断すべきなのは、その人に書いて送った手紙の内容です。ある出来事が起きること、そのことで人々が命を失うかもしれないという警告を送った時点で、もし何もしなければ、その人は無責任だと私は思います。

その出来事が起きないであろうとその人が思ったとしても、あて先の本人に手紙を渡す責任があります。国内だけでなく、出来事が起きる可能性の国への通告が送付されたとき、それを受け取った人は、もしその内容を伝えなければ、自身の職業に対して愛情がないのだと私は思います」


「しかしよく見てください。あなたが発するこの警告は、あなたにとってはとても論理的であるかもしれません。なぜなら、あなたの日常の一部ですから。しかし、信じていない人にとっては、論理的現実ではありませんから、その人にはそれが可能だと考えるのは難しいのではないですか」

「たとえ信じなくても、その人は行動を起こさなければなりません。もしその人が懐疑的だとしても、それは個人的問題ですが、少なくとも、その人は用心をしなければなりません。もしある人に何か不吉なことが起きるかもしれないというメーセージを受け取ったなら、警告するためにその人のところまで行って言わなければなりません」

「しかし、それはその人の論理にはないことです。信じていないのに、どうしてその人は行動を起こすでしょう」

「それは、その人の責任です。もしその人の論理から外れているのなら、責任はその人にあるのです。その人は私と一緒に責任を負っているのです。私は知らせることで、そしてその人は受取人として。

しかし、その人が懐疑的であるため、もしほかの人へ伝えたくなかった場合、それで何人かが命を落とすことになります。ですから、私はその人へ責任を引き渡します。その人は何も信じないという仮面の後ろに隠れるために、懐疑哲学を使ったからです」

「分かりました。別の方法で述べさせてください。あなたが数百人、数千人、あるいはたった一人あてにメッセージを送るとき、論理のほかに、決断を得るために、どのような指針があるべきでしょう」

「それは、責任です」

「それでは、あなたには自分の未来には何が予約されているのか分かっているのですか」

「そのとおりです！　それは確実なのです。自分の未来に何が予約されているか、私は知っています」

「あなたの未来のことを何か語ることはできますか」

「私の未来について、私は若干のものを部分的に語ることができます。

まず、私はこれから忙しくなります。とても忙しくなるので、私がいまの活動をやり続けるにはほかの人の協力が必要になります。そして将来、私は非常に求められます。非常に、非常にです！

また、私はとても迫害されます。人々が、ジュセリーノをその場所から追い出そうとしたり、ジュセリーノを排除したりするようになります」

「人々がジュセリーノを追い出そうとする、その場所とはどこですか」

「私が生活しているこの場所からです。ブラジル国内ですが、今いるところから移動することになります。これらすべての問題を、私は背負うことになります」

「あなたはそれでも恐れていないのですか」

「恐れ？　もし悪いことをしていたなら、私は恐れるでしょう。もし不誠実に使っていたなら、私は恐れていたでしょう。私が思うのは、もしあなたが善意の側で働いているのなら、あなたは何も恐れる必要はありません」

「あなたの意志を、この仕事で成し遂げることができると思いますか」

「はい。そのために私は準備を整えています。神様が、そのために私たちに準備させました。私の活動は、いばらのトゲでいっぱいです。通り道は、石だらけです。だからこそ、準備を整えられているのだと思います。私が選ばれたのなら、それは多分、私という人間に、神様が何か好意的な点を見たからでしょう。神様が決めたことだから、私が止めてはいけない計画だと思います。神様は何をすべきか知っています。私は神様に感謝をします」

「マット・グロッソ・ド・スール州のご婦人の件をあなたは覚えていますよね。それに関して、あなたが彼女の問題の答えを得ていないのは、『その人に、必要な時期が来ていないからで、必要な時期であったなら、ただちに答えを出していた』と、助言者があなたに言っていたということでした。

それは、すなわち、宇宙のすべてが予知されているのか、あるいはただ一部だけなのか？　これが私の質問の中で最も重要なポイントです。

あなたは、人生のすべてが予知されているかのように私たちを信じさせようとしているのではありませんか。もしそうなら、私たちは希望を持てないということでしょうか？　人生を良くしようと努力しても仕方がないということでしょうか」

「書かれていることがすべてではなく、またすべてが導かれるわけでもありません。その人の運命が、すでに決められていることもありますが、その人の運命を描くのは神様です。

この婦人に対して、私が警告しなければならないことがあったなら、私の夢の中にすでに入っていたと思います。彼女に指導がなかったのは、問題なくことが進んでいたからです。だから、私が急いで書く必要がなかったのです。私の答えを緊急に必要としている人が、ほかに数多くいたからです」

「昨日の講演会で、『現実になった夢を見たことのある人はいますか？』との私の問いに、何人かが手を上げて、明確にあると答えました。彼らは、そのような夢をどう扱うべきですか」

「彼らは、自分が正常だと感じなければならないと思います。予知夢を見て、それが現実になったときは、自然に受け入れるべきだと私は思います。また、そう指導されるべきです。

もしあなたが、それを人の手助けに使えば、非常に素晴らしいことです。もし神様が予知のひとつまみを与え、その人が未来の何かを見たとして、それを人に知らせることができるのなら、そしてただの偶然だと思わなければ、それはとても良いことです。しかし、そうならないと疑ってしまえば、予知は不明確なものとなります。なぜなら、事件に遭遇する人は、起こる危険性を知ることができないからです」

「予知夢を見て、解釈することができれば、すべての人はそれを広めるべきですか」

「もちろんです」

「それは、ほかの人々を導くためですか」

「そうです。もし神がそれをその人に与えたのなら、その人にその気があるのなら、導きとすることができます。予知夢を見るのは、私だけではありません。すべての人が予知夢を見ると私は思います」

「確かに皆夢を見ます。でも、あなたのように夢の記憶を多く持たないし、解釈もしません」

「でも、私は自分が違った人間だとは感じてはいません。夢はすべての人のために存在するのですから」

第五章　変貌する未来へ向けて

予言は目の前で次々と現実になっていった

非常に鋭敏な感受性を持っていることを、ジュセリーノ氏は私に見せてくれた。いつも率直な会話を交わしながらも、私は彼の正体を知ろうと、質問に対する彼の振る舞いに気を付けた。しかしプレッシャーをかけたときでさえ、常に穏やかで冷静さを失わなかった。

議論で、彼が矛盾しそうな細部に踏み込むことに私は躊躇しなかった。それでも彼は常に私に確信を持って答えた。期日を決めての会合のほかに、週に最低二、三回は電話で話をしていた。

この数カ月間、電話でも対話でも、テーマをそれた会話などしたことがなかった。政治家たちの行動、国民の反応、気候の問題、他の国のテロ事件などばかりだ。そんな内容に対し、彼がどのような対応をしてきたか知るにつけ、次々と現れる彼の啓示に、私は驚きを禁じえなかった。

アメリカ南部のハリケーン、中国の南部と台湾を襲った二つの台風も的中した

ペルナンブコ州のある町の政治家に起きる出来事を、その二日ほど前に彼は私に知らせていた。当夜、彼が予言していたとおりにテレビに報道されていた。

そのほか、アメリカ南部をハリケーンが襲うということ、中国の南部、台湾を脅かす大きな二つの台風が来るということも的中していた。

出来事が現実になったことを知っても、ジュセリーノ氏はあまり驚かない。どんなに悲しい、あるいは絶望的な状況であっても、彼はいたって自然に受け流している。彼が気にかけているのは、自分が情報を持っていると主張しても、その情報を受け取った人が利用したかどうかなのだ。それはもう彼の関知できる範囲ではなく、相手の自由意志に任せるしかない。

また、公証役場へ登録して認証されるにもかかわらず、自身の予知能力を証明したことに満足しているような態度はみられない。

ロンドンのテロ事件がそうであったように、多方面に知らせていたので、私たちは避けられるものと思っていたのに、起きてしまった！

初期の手紙は十年以上も前だ。それも自国ブラジルの青年の命を守るために出している。

イギリス大使へ送られた手紙（A文書）には次のように書かれていた。

「……前に、手紙ナンバー001-A/07/12/1992のコピーを送っています。これには英国警察のミスの可能性について書きました。ミナス・ジェライス州の奥地——ゴンザガ出身のブラジル

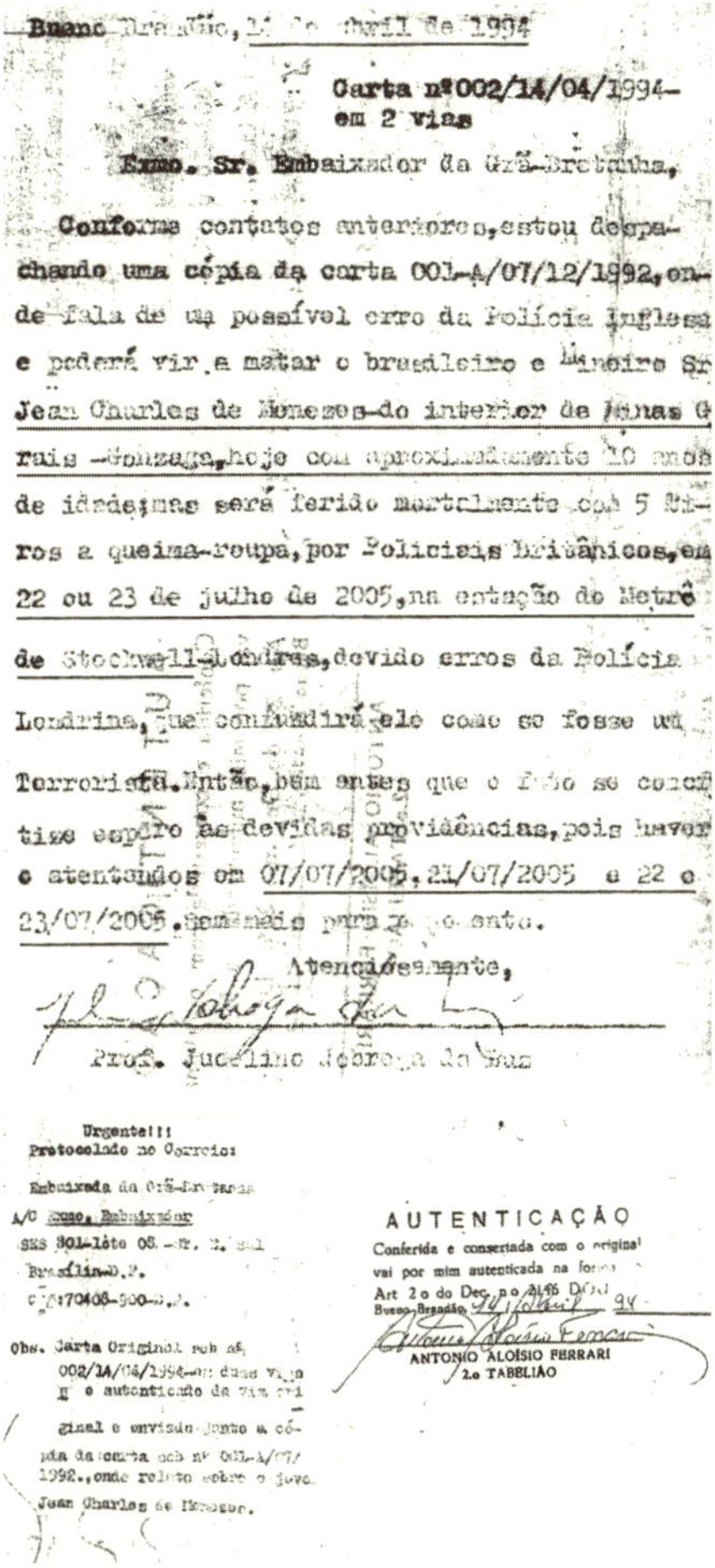

Bueno Brandão, 14 de Abril de 1994

Carta nº002/14/04/1994-
em 2 vias

Exmo. Sr. Embaixador da Grã-Bretanha,

Conforme contatos anteriores, estou despachando uma cópia da carta 001-A/07/12/1992, onde fala de um possível erro da Polícia Inglesa e poderá vir a matar o brasileiro e Mineiro Sr Jean Charles de Menezes-do interior de Minas Gerais -Gonzaga, hoje com aproximadamente 10 anos de idade; mas será ferido mortalmente com 5 tiros a queima-roupa, por Policiais Britânicos, em 22 ou 23 de julho de 2005, na estação do Metrô de Stockwell-Londres, devido erros da Polícia Londrina, que confundirá ele como se fosse um Terrorista. Então, bem antes que o fato se concretize espero as devidas providências, pois haverá atentados em 07/07/2005, 21/07/2005 e 22 e 23/07/2005. Sem mais para o momento.

Atenciosamente,

Prof. Jucelino Nobrega da Luz

Urgente!!!
Protocolado no Correio:
Embaixada da Grã-Bretanha
A/C Exmo. Embaixador
SES 801-lote 08
Brasília-D.F.
cep:70408-900

Obs. Carta Original sob nº 002/14/04/1994-em duas vias e autenticado da via original e enviado junto a cópia da carta sob nº 001-A/07/1992., onde relato sobre o jovem Jean Charles de Menezes.

AUTENTICAÇÃO
Conferida e consertada com o original vai por mim autenticada na forma Art 2o do Dec. n o 2148
Bueno Brandão 14/Abril 94
ANTONIO ALOÍSIO FERRARI
2o TABELIÃO

A文書　青年の命を救うために出した手紙

人ジェアン・チャールズ・デ・メネゼス君（二十一歳）が死亡することになるかもしれません。二〇〇五年七月二十二日あるいは二十三日に、ストックウェルとロンドン間の地下鉄で、警察官に銃で五発撃たれ重傷を負います。テロリストだと勘違いされるのです……それで、このことが起きるずっと前に手を打ってくださるようにお願いします。なぜなら、二〇〇五年七月七日、二〇〇五年七月二十一日から二十二日、そして二〇〇五年七月二十三日にテロ攻撃が起きますから。今のところは以上です……ジュセリーノ」

この手紙の裏には、同日に公証役場登録（A文書下部）の証明印が押されている。

二〇〇五年七月七日にロンドンで最初のテロ攻撃が起きて、五十人以上が死亡したことをマスコミは大規模に報道した。二〇〇五年七月二十一日に、この日のテロ攻撃が失敗に終わった四人の立案者のうち、一人は自身の父親に告発されたことをテレビのインタビューでロンドン警視庁上司のイアン・ブレア氏が明らかにした。

そしてジュセリーノ氏の予知書簡どおり、二〇〇五年七月二十二日に、ミナス・ジェライスの奥地、ブラジル人の電気技師、ジェアン・チャールズ・デ・メネゼス氏二十七歳が死亡した。手紙の日付当時は二十一歳になる。

出来事が起きたとき、彼はそのことを予知夢で見て手紙に書いたことを思い出す。それで山積みになっているファイルの中に、その手紙がどこにあるか探しにいった。

次の二〇〇二年七月二十二日のこの手紙（B文書）は、ポルトガルの大統領あてに、出来事が起きる三年前に送られたものである。同日付の送り証明がある。

メッセージ項目の前に、挨拶文とともに、二〇〇五年の出来事が書かれている。


「二〇〇五年八月四日～六日の間、気温が上昇して山火事が続発し、ポルトガルから隣国へ広がっていきます」

「二〇〇五年八月五日には、マサという名の台風が台湾と中国の海岸を直撃するでしょう」

「二〇〇五年七月から八月にインドで強い雨が降り、多くの人々が死亡します。死者数は一千人以上になります」


まずこの三件に関する報道を追ってみよう。いずれも起きた災害は予知に一致していた。

二〇〇五年七月二十二日に、千五百人以上の消防士らが、ポルトガルのいろいろな地域で火事と闘っているニュースがすでに報じられていた。七月の最初の十五日間、火事は一万七千ヘクタールの森林を破壊し、森林管理局によれば、この年三万八千五百十八ヘクタールが被害を受けたという。最も被害が多かったのは国の北部だった。二〇〇五年八月十日の調べで、EU欧州連合の行政委員会（CE）は、ヨーロッパの今夏の山火事はポルトガルが最も被害を受け、その次はスペイン、イタリア、フランス、そしてギリシャだったと報告している。

次の台風の予知について、中国の報道によれば、この土曜日、八月六日に台風「マッツア」の直撃で、一二四万人が中国の東部から避難し、浙江省では河川の氾濫や堤防の決壊をもたらした。二〇〇五年八月五日の金曜日に台湾を通過したとき、被害者は出なかったものの、激しい雨と地滑りを起こした。

インドの豪雨被害は、ムンバイから二〇〇五年七月三十一日にロイター通信が伝えている。

「この日曜日、インドの商業施設で強い雨により氾濫が起き、警察はムンバイの数百万人の住民たちに道路から遠く離れるように勧告した。死者数は一千人まで達する可能性があると当局は発表した。当局とテレビ局によれば、先週からの氾濫でムンバイや郊外にまだ遺体や動物の死骸が散らばっているので、病気が発生する恐れがある」

報道によれば、八月四日には、千百十三人の死亡者が報告されている。

このようにジュセリーノ氏は、世界各地の災害を、数行の文章にして警告していく。まったく恐るべきことだ。

しかし、この手紙のメッセージ項目にはさらに想像を絶する内容が出ている。

（監修者注――この第一項は、米当局者がジュセリーノ氏に接触してきた時、公表しないように圧力をかけた内容だと思われる。ブラジルの原書も〝安全のため削除〟となってい

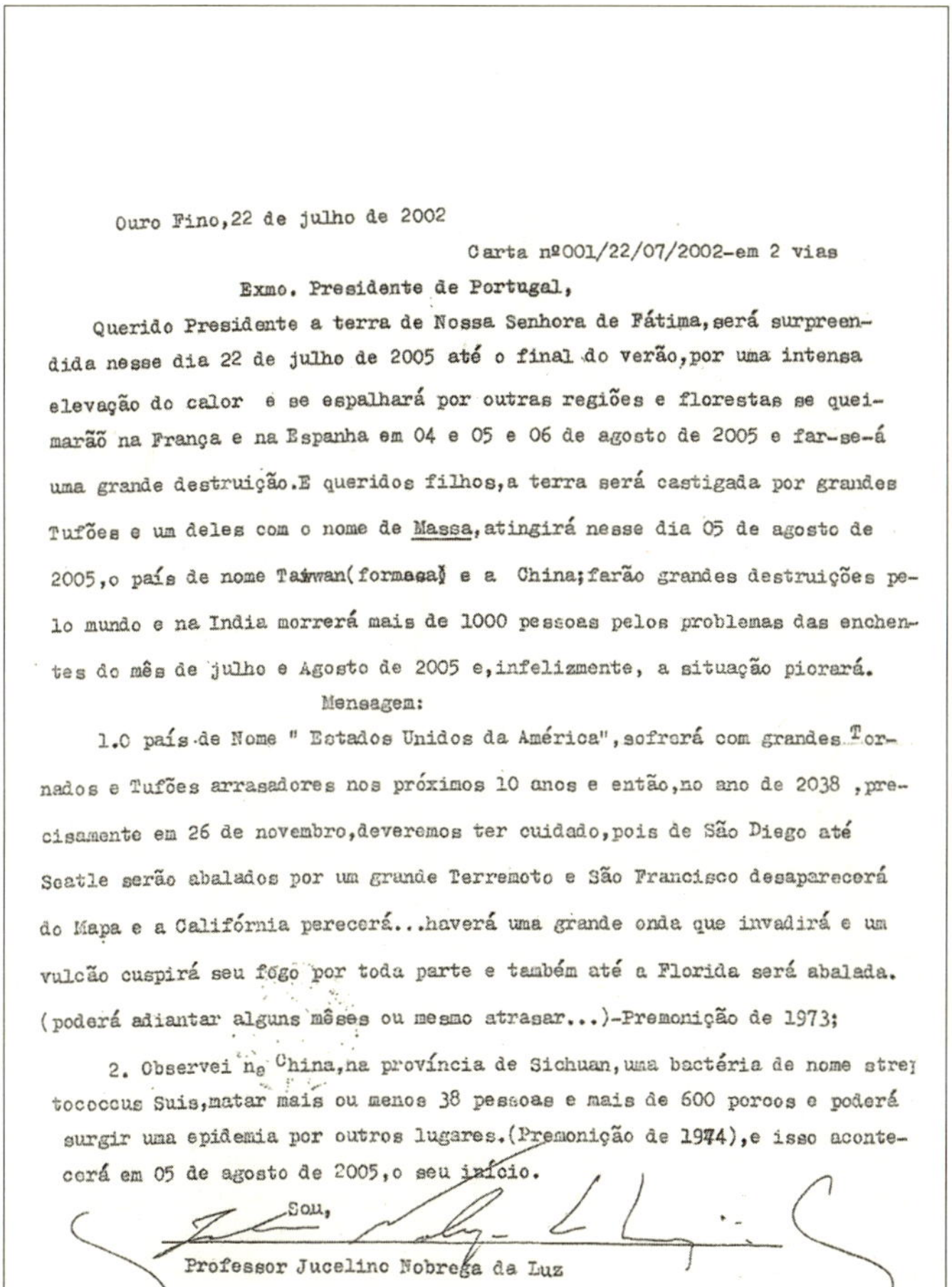

Ouro Fino,22 de julho de 2002

Carta nº001/22/07/2002-em 2 vias

Exmo. Presidente de Portugal,

Querido Presidente a terra de Nossa Senhora de Fátima,será surpreendida nesse dia 22 de julho de 2005 até o final do verão,por uma intensa elevação do calor e se espalhará por outras regiões e florestas se queimarão na França e na Espanha em 04 e 05 e 06 de agosto de 2005 e far-se-á uma grande destruição.E queridos filhos,a terra será castigada por grandes Tufões e um deles com o nome de Massa,atingirá nesse dia 05 de agosto de 2005,o país de nome Taiwan(formosa) e a China;farão grandes destruições pelo mundo e na India morrerá mais de 1000 pessoas pelos problemas das enchentes do mês de julho e Agosto de 2005 e,infelizmente, a situação piorará.

Mensagem:

1.O país de Nome " Estados Unidos da América",sofrerá com grandes Tornados e Tufões arrasadores nos próximos 10 anos e então,no ano de 2038 ,precisamente em 26 de novembro,deveremos ter cuidado,pois de São Diego até Seatle serão abalados por um grande Terremoto e São Francisco desaparecerá do Mapa e a Califórnia perecerá...haverá uma grande onda que invadirá e um vulcão cuspirá seu fogo por toda parte e também até a Florida será abalada.(poderá adiantar alguns mêses ou mesmo atrasar...)-Premonição de 1973;

2. Observei na China,na província de Sichuan,uma bactéria de nome streptococcus Suis,matar mais ou menos 38 pessoas e mais de 600 porcos e poderá surgir uma epidemia por outros lugares.(Premonição de 1974),e isso acontecerá em 05 de agosto de 2005,o seu início.

Sou,

Professor Jucelino Nobrega da Luz

B文書　カリフォルニアは地図から消える

るが、原文が出ていたので、邦訳ではあえて訳出した）

メッセージ第一項――

「アメリカ合衆国という国は、これから十年間トルネードのために苦しむでしょう。また、二〇三八年十一月二十六日は注意する必要があります。サンディエゴからシアトルまで大地震が起き、サンフランシスコは地図から消え、大津波が陸に上がり、カリフォルニアそのものが地図から消えるでしょう。さらに火山が噴火して、その炎と煙が広がり、フロリダまで行くでしょう。（この日付は数カ月前後するかもしれない）……一九七三年予知」

この巨大な変動に関しては、だいぶ前から予知があったようで、このように期日までも特定する長期予知は、規模が大きいからだと考えられる。いずれにしてもまだこれから未来のことになる。

メッセージ第二項――

「中国の四川省で、豚連鎖球菌という名の細菌によって三十八人ほどが死亡します。そして六百頭以上の豚が死にます。さらに、他の場所でも流行する可能性があります（一九七四年予知）。そして、それは二〇〇五年八月五日に始まります」

この出来事は、実際は予知以上の拡大を見せた。

二〇〇五年七月二十八日に、中国の新華社は「中国西南部の四川省で、豚連鎖球菌の細菌が豚から人間へ伝染して、農民百五十二人が感染し、死亡者は三十一人になっている」と伝えた。

またロイター通信によれば、中国当局の報道として「二〇〇五年八月五日、この細菌の感染によって六百四十四頭の豚が死に、それを食べたか触った三十八人も死亡した」と伝えている。

中国当局は、この細菌によって起こされた病気の感染をコントロールしたと断言したが、最も豚肉の生産量が多い州での流行は、六月には始まっており、中国の報道機関に載ったのは、一カ月も後だった。

資陽市の当局者二人が、病気の危険性を生産者に伝えなかったため解任された。この病気に関する情報を遅らせ、または偽造したいかなる人間も罰すると中国政府は約束した。抗生物質の過度の使用が流行の裏にあるかもしれないと、微生物の専門家、李明元が新華社へ進言した。

その細菌は、薬により耐性となっており、突然変異が起きた可能性がある。二〇〇五年八月六日に、ベトナムは熱病と流行を恐れて中国の豚肉の輸入を中止した。


（監修者注――この後、ブラジル国内の政界の裏工作や、大統領選挙につながる国内史上最大の銀行強盗事件やその資金洗浄などを告発した詳細な文書が紹介されているが、割愛した）

このように、ジュセリーノ氏の場合は、これまでのいわゆる超能力者と称された人たちの基準をもはるかに超えていると考えざるをえない。未来の出来事の豊富な予知件数、その内容の詳細さ、そして日付の正確さ、これらの一連の事実によって、私は彼の能力を証明する充分な資料がすでにあると信じている。

地球を包む宇宙の倫理

私はジュセリーノ氏と語り合う中で、彼の活動には「宇宙倫理」に対しての関心があることに気付いた。

「宇宙倫理」は、この惑星以外にも及ぶもので、文字どおり「宇宙の倫理」である。ただし私個人としては、事を宇宙にまで広げず、われわれ人類の価値として、その倫理を考えてみたい。

これは彼自身の活動範囲を制限してしまうかもしれないが、私の視野の中にあるのは、自然災害、自然に対しての犯罪、テロ攻撃、誘拐、公衆衛生または集団で被害を受ける事故の問題等である。しかしながら、彼は国際的に行動するし、彼にとっては人類共通の利益が大切であり、国境にはこだわらない。そして宇宙にも目を向けている。

平和、調和、生命維持の名のもとに、彼は旗を掲げる。彼はこれが自分の使命だと確信している。そして、人々が自分の言葉に耳を傾けるように努力をする。彼は、透視者ではない。自分でもそのように思ってはいない。予言者としての立場にいるわけでもない。

彼は、いわば先生である。渡す宿題を、生徒たちが学んでくれるかどうかを心配しているだけだ。

彼は勉強熱心だ。家族思いで、私たちを穏やかにしてくれる。そのうえ、善良な優しい言葉しか使わない。

つまり、基本的には普通の人である。とてもエネルギッシュで、絶え間のない仕事のリズムを持っている。大体において厳しいが、人々に対して従順さや優しさを失わない。エリートたちのためではなく、比較的弱い立場にいる人々たちのために働いている人だ。

彼が強く主張し、私もそれを確認したのは、神聖な真実との固い約束を守りながら、言葉を大切にするということだ。彼は自分のしていることに対して深い自信を持っている。そして、自身が行動する努力を惜しまない。

彼が嘘をついていると言いたがる人に対して、必要があれば、彼は訴訟を起こすことを考える。誰にも予言を偽造されないように、書類を記録する。

その点では、彼はまったく正しい。彼を相手取った訴訟は一切存在しない。彼のような人は、私に話したように、当局からは調査の標的にされる。もし彼に何かの疑惑があったならば、すでに訴えられて訴訟を起こされていたはずである。

手紙を送った相手が「不真面目」な人で、手紙の内容を変えようとしていると思ったならば、彼は公証役場で登録を行う。そうしておけば、もし相手が彼の手紙に手を加えても、彼の手元にあるコピーは変えられない。彼が手紙を書くとき、あるいは相談をするとき、通常「上を見なさい」、「希望を失わないで」、「変えるために行動しなさい」などの励ましの言葉を使う。また「勇気と信念のメッセージ」、「神様に中心を置いている」、「霊性に」などの言葉も使う。

彼は、常に整理整頓をしているわけではないし、多くの書類はきちんと並べられているわけでもない。しかし彼は、書類の中にいれば必要な書類を見つけることができるという。そのことを私は疑わない。

このような特権的な情報の代弁者については、ジュセリーノ氏と比べることのできる人はいない。ジュセリーノ氏の予言を現代の光に当てて分析すれば、彼に似た能力を持った人物はいないと私は言わざるをえない。ノストラダムスと似ているようでいながら、似てはいない。

ジュセリーノ氏には、ある限られた団体とのつながりはない。しかし、住んでいる環境を守ろうと心がけている。都市と地方における生活のクオリティーともいえる環境を守っていこうとしている。

この現代の予言者、あるいは超能力者は、予知し、客観的に、事実を語るだけではなく、特定の出来事の流れを変えることができるかのように、その問題が現実化するのを避けようと心がける。

彼は、事に対して息を吹き込む。当局に対して反抗を起こす。そのことによって変わるかどうかは重要ではない。生命を守り、民族同士の平和と調和を進行させるため手紙を送りながら、彼は〝知らせる〟という頑強な役目に対して疲れを見せないで維持し続ける。それが、彼のメッセージの「本当の意味」である。だから、彼のメッセージは、惑星的な性質を持っているのだ。

人としては、彼は書く人だ。真っすぐで、そして目的を持っている。いかなる婉曲もなく、起きるかもしれないことをすべてさらけ出す。彼はとてもくつろいだ状態で行動をする。それは彼の決意と関係がある。しかしながら、特定の行動に対しては頑固になるときもある。彼の仕事は調査ではなく、警告だからである。

もし私たちが行動を起こさなければ、そのことによって罰せられると彼は説明する。間違った状態を続けないために、私たちを囲んでいる現実に私たちは目覚めなくてはならない。彼は、自身の夢から目覚めて、人生のために出来事を明らかにする。そして、私たちが同じことをするように教えてくれる。

それらは正真正銘、現実的で、ほとんど人間の運命を決定する。私たちが一切知りたくないことに、彼は落ち着いて、堅固にそれらを語る。理解できるように詳しく述べてくれる。彼は、予知を聞き、助かりたいと望んでいるすべての人を助けることができると信じている。大惨事の影響を最小限に抑えることができると信じている。

ジュセリーノとは誰なのか、何をしているのかを、私はこれまでに答えることができたと信じている。彼の意図は、自分の警告で、できる限り多くの人の命を救うことである。そして、人類が平和に暮らしてほしいと願っている。

彼は、追従者を求めてはいない。求めているのは、敬意を持って認められることだ。彼の数々の予知夢、その証拠は否定できない。彼が未来の出来事を予知できるという、とても珍しい能力を持っていることは、これまでに証明されている。

私は、ジャーナリストとして以上に、超常現象の研究者として、これらの出来事の証拠、登録から、記録、日付、返事が送られてきた手紙のことについて、この本に記してきた。

彼の予知の証拠については、私はあえて正解や不正解の数値の詳細をコメントしなかった。結果の統計も作らなかった。また私は、彼の両親や親類、あるいは彼がコンタクトしたと思われる他の人々にも連絡をしなかった。なぜなら、そうした調査は、予知を信じる人、信じない人の意見や反応の方向へ焦点を合わせることになってしまうからだ。

最初の書類の公表から、私たちはどのように予知と向かい合うべきかをはっきりさせようと試みた。私たちは啓示と直面したとき、どのような行動をとらなければならないのか。時に私は、合理性をはるかに超える立場に置かれて自省させられることがある。

ジュセリーノ氏のような人物が現れるのはなぜか。それは、私たちを立ち止まらせ、未来のことを考えさせて、良いことを悪いことから切り離すための時間が残されていることを知ることができるようにだと私は思う。私たちが自然や人生を共に生きている人々に対して、もっと謙虚であるように、そして、間違った選択の結果で苦しまないようにということだ。

私は最後に、これらの予言を前にして、人がどう反応し、どのように行動するのかということに関して考察してみた。しかし結局、唯物的な懐疑論者であろうと、唯心的な肯定論者であろうと、まずは自分が何をするべきか考えるだろう。そして期日が過ぎれば、予知が当たったにせよ、外れたにせよ、自分は何をすることができたのか、何をすべきだったのかを再度考える。それ以上はないだろう。そのようにして人は再び、前に向かって歩み始めるだけだ。

世界の予言年表――たま出版作成

「もはや神には何も願ってはなりません。ただただ地球へ感謝するのみです。私たち一人ひとりに命を与えてくださり、この地球と大自然を与えてくださった、偉大なる創造主に感謝する以外ありません。精神的に結ばれた見返りのない愛、そして普遍的な愛による正しい倫理と謙虚さによってこそ、私たちは〝新しい地球〟を子孫へ残すことができるのです」

――ジュセリーノ・ノーブレガ・ダ・ルース

――水不足は地球のどこから始まるのですか？　どの国が影響を受けますか？　そして大地震はどこで起きるのですか？

ジュセリーノ氏――最初に干ばつに襲われるのはアフリカです。これらの国にはすでに悲惨な飢えが定着しており、本当に悲しいことです。さらに、ほとんどの国が水不足になっていきます。地震に関して、最もひどいのは日本、中国、パキスタン、トルコ、ペルー、リビア、サウジアラビア、そしてアメリカです。また暴力的な事件が激しくなっていく理由は、飢え、水不足、失業などによる社会的な問題からです。

――あなたは二〇一一年に新しい戦争が起きることを予言しておられますが、それはどこで始まり、何が原因になるのですか？

ジュセリーノ氏――戦争は水不足によって引き起こされます、そしてあるアラブの国から始まります。あのような大災害のすべては、私たちが地球の自然環境を破壊したために起きるのだと私は信じています。神様は二〇〇七年十二月三十一日まで、猶予期限をくださったに違いありません。それは私たちが自らの存続か破滅かを選ぶためです。ですから物質に偏重する考え方を改めて、もっと精神的な部分に価値を与えるべきです。そうすれば第三次世界大戦は起きませんし、人類滅亡も起きません**（講演会での質疑応答）**。

＊　＊　＊　＊　＊

二〇〇七年――

ブラジルで渡り鳥による鳥インフルエンザが広がる。また強烈な新しいデング病が出現する。トルネードがリオデジャネイロを直撃し、数千人が死亡する／鳥インフルエンザは日本やアジア、ヨーロッパ各国に拡大する／アメリカで十二月十七日にテロ事件が発生／年末が環境破壊に対し人類が意識を変える最終期限／二〇〇七年あるいは二〇〇八年の七月十三日に日本で地

震が発生／十月に日本で地震と台風の被害が出る／セナの事故が再燃する

二〇〇八年――

アフリカが深刻な水不足になり、国家間の対立が起き、数千人が死亡する／エイズとデング病に有効なワクチンが開発される／フィリピンで七月十八日にマグニチュード8・1の地震が起き、数千人が死亡／九月十三日にマグニチュード9・1の地震が中国で起きて三十メートル以上の津波が発生し、百万人以上の犠牲者が出る。住民への保護がなければ巨大な被害をもたらす／ブラジル南部で大干ばつ／エンパイアステートビルで九月にテロ事件発生

二〇〇九年――

世界的に暴力事件が拡大し、新しい疫病が出現する／一月二十五日にマグニチュード8・2の地震が大阪や神戸を直撃し数十万人の犠牲者が出る。十一月にも日本で大きな地震があり、数千人が死亡する／八月二十四日にトルコのイスタンブールでマグニチュード8・9の地震が起き、街が崩壊する／十二月十六日にインドネシアの小スンダ列島の東でマグニチュード7・8の地震が起き、数千人が死亡する／ブラジルの経済危機で保険や年金が出なくなり、都市や刑務所で暴動が頻発

二〇一〇年――

コロンビアで一月に大地震／アルジェリアのエルアズナムで十一月に大地震／アフリカの数カ国で気温が五十八度に上昇して深刻な水不足／ニューヨークの株式市場が六月十五日に崩壊し世界中に影響を及ぼすため、世界経済が危機に陥る。アメリカをトルネードが襲い、大停電で死者が多数出る。全米に鳥インフルエンザが拡大

二〇一一年――

アフガニスタンで二月に大地震／癌の治療法が発見されるが、新しい病気が発生する／コスタリカで九月に大地震／鳥インフルエンザ（H５N１型）が人間へ感染し出し二〇一三年までに七千三百万人の死者。この前兆は普通の風邪に似ている／新たな戦争が始まる／致命的な新ウイルスが出現する。エルスと名付けられ、免疫がなくなり、動けなくなって肺に感染し、四時間で死亡する

二〇一二年――

アマゾンの森林が焼き払われて出来た巨大な黒い穴のような台地が拡大し、地域全体の完全な砂漠化が始まる。そして二〇一五年から二〇二〇年の間にアマゾンの樹林は消える／十二月六日から黒い雲の時代といわれる気象的な混沌（カオス）が始まる。疫病がまん延し人類の滅亡

が始まる／インドネシアのクラカタウ火山が噴火を始め、二〇一五年に大爆発を起こす

二〇一三年――

脳腫瘍以外の癌の治療法完成／カナリア諸島で十一月一日から二十五日の間に、ラ・パルマ島で火山が噴火して地震が発生する。その直後に百五十メートルの巨大津波が発生する。この津波は大西洋のすべての海岸へ七時間以上かかって到達し、カリブ、ヨーロッパ、アメリカ、ブラジルには八十メートルの津波が十五キロから二十キロメートルほど内陸まで侵入する。到達するまで時間があるので、パニックになる必要はなく、落ち着いて避難できる。つまり津波が来る前に海は六メートルほど低下し、鳥は大量に移動し始める。なお、犬や猫が二十四時間ほど前に異常な行動をし、その場を離れようとするので、目安にできる／リオデジャネイロのアングラ・ドス・レイス原子力発電所が事故を起こし、津波から生き延びた人々に放射線障害を起こす

二〇一四年――

エクアドルで三月に地震と洪水が起き、全国で暴動が発生／アフリカの水不足でブラジルに難民が押し寄せる／地球に近づいて衝突の可能性がある小惑星の存在が問題になる。この件はNASA（アメリカ航空宇宙局）へジュセリーノ氏が予知警告しており、その直後の二〇〇二年

六月三十一日にNASAは確認の発表をした（ブラジル雑誌Isto E Dinheiroに掲載）／十一月二十六日にブラジルのサンパウロで飛行機が墜落し、パウリスタ通りのビルを直撃

二〇一五年——

三月にサンパウロ州で大地震／ポルトガルやイギリスで過去最大の干ばつが始まり、四月までフランスやスペインに広がる／イタリアのナポリで十一月に大地震が起き、死者数千人／十一月に地球の平均気温が五十九度まで達し、多くの死者が出て世界中にパニックが広がる

二〇一六年——

現アメリカ大統領ジョージ・W・ブッシュが緊急入院し、命の危機に直面する／四月に中国を台風が襲い大都市が被害を受け、一千人の死者が出る

二〇一七年——

アフリカで気温が六十度になり、世界中で干ばつによる激しい国家対立が起きる／ヨーロッパとフィリピンで大雨による洪水が発生し、数千人の死者と難民が出る

二〇一八年――

世界中の政府が集まり、地球へ向かっている小惑星について対策会議が開かれる。この観測でとらえられた小惑星の名は2002NT7で、ジュセリーノ氏は二〇〇〇年に予知しており、その後メキシコシティにあるアメリカの宇宙観測所で二〇〇二年に発見されている。この小惑星の衝突の可能性は六〇パーセント／五月にイランで四千人の死者を出す大地震／六月に日本の東海でスマトラ地震を上回る巨大地震発生／十月にエルサルバドルで数千人の死者が出る大地震／地球全体の大気汚染のため数千人の死者が出る

二〇一九年――

ロシアで五月に死者数千人が出る大地震／小惑星の接近に関して科学の力で解決する可能性が出てくるが、もし地球に衝突すれば世界人口の三分の一が滅びる

二〇二〇年――

アフガニスタンで五月に数千人の死者と難民を出す大地震／カリフォルニアのボリナスで数千人の死者が出る地震があり、これがサンアンドレアス断層大変動の前兆となる

二〇二一年――
コロンビアで六月に巨大地震／メキシコで死者二万人を超す巨大地震が十月に起きる
二〇二二年――
ペルーで六月に巨大地震が起き、海岸線が破壊される
二〇二三年――
アメリカのサンフランシスコを二月に巨大地震が直撃。この影響は他の地域まで広がり、数千人の死者が出る／フィリピンとバリで七月に爆弾テロ／三月に東サモアにサイクロンが直撃
二〇二四年――
バングラデシュを七月にサイクロンが襲い数千人が死亡／インド南部で十月に地震があり数千人死亡／ロシアで十二月に大地震
二〇二五年――
ギリシャ南東部が八月に地震災害のために大混乱となる

二〇二六年――
サンフランシスコで七月に超巨大地震が発生し、サンアンドレアス断層が破壊されて、カリフォルニアが崩壊する。多くの火口が新たに開き、発生する津波の高さは百五十メートルにもなる。この地震はザ・ビッグ・ワンと名付けられる

二〇二七年――
アメリカのイエロー・ストーンで噴火が始まる。大噴火の直前にガス状の雲が噴出し、百キロメートル四方に拡散する。その後に大噴火が起き、千六百キロメートルまで広がる降灰で、カンサス州、ネブラスカ州、モンタナ州のリビングストンなどで大被害が出る。この場所で火山が最後に噴火したのは七万年前で、今回の爆発によって、新しい氷河時代がくる／十二月にブラジルで、海岸線の浸食による避難民に関して環境会議が開かれる

二〇二八年――
世界各地の海岸線が、海面上昇と砂丘の侵入で人が住めなくなる／イタリアのベニスは水の下に消える

二〇二九年――

六月にアポフィスという二つ目の新しい小惑星が地球への衝突軌道に入る。これが人類に重大な危機となる／世界の島国や半島の国家は海面上昇のために存続が危ぶまれる／日本列島で火山噴火と地殻変動が頻発

二〇三六年――

十一月に同じ小惑星が地球への衝突軌道で向かってくる。八〇パーセントの衝突の可能性があり、地球危機のピークとなる

二〇三八〜二〇四〇年――

カリフォルニアと日本からオーストラリアまでの太平洋の島々は、地震と火山噴火のために海中に沈む

二〇四三年――

世界の人口が減少し、人類の八割が消える

（この年表の詳細な関連文書は『ジュセリーノ予言集Ⅱ』に収録予定）

世界の安全地帯候補地

これは二〇〇七年にジュセリーノ氏が発表した、一連の災害から避難できる世界の安全とされる場所のリストである。選ばれた理由は、気象条件だけでなく、農作物に適した土地であることや、生存のためのさまざまな要素が加味されている。今後も候補地は増える可能性がある。

●現在確認が取れている将来地球で最も安全な場所――

ブラジル国内

1　**サンパウロ州**：アグアス・デ・リンドーヤ、モコカ、アグアス・デ・サンペドロ、ポンペイアー、フェルナンドーポリス、セーハ・ネグラ、サン・ジョアン・ダ・ボア・ヴィスタ、エスピリト・サント・ド・ピニャール、フランカ、カコンデ、カタンデュバ、ベベドウロ、ガルサ、セルトンジーニョ

2　**ミナス・ジェライス州**：アウリオカ、イタニャンデュ、マリア・ダ・フェ、ペドラウバ、ポウゾ・アルト、カハンカス、カルモ・デ・ミナス、サン・トメー・ダス・レトラス、エ

ストレーマ、ブエノ・ブランドン、サン・ロウレンソ（農村不足により場所は中央地）、バエペンジ、そしてカシャンブ

3 **サンタ・カタリナ州**：カサドール、フリブルゴ、ヴィデイラ、チンボー・グランデ

4 **リオ・グランデ・ド・スール州**：サン・ボルジャー、サン・ミゲル・ダス・ミションエス、マタ、アレグレッテ、フレデリコ・ヴェストファーレン、サンタ・マリアとサンチアーゴ

5 **パラナ州**：パット・ブランコ、ロンドリーナ、マリンガー、クリチーバ、ウムアラマ、ホランジア、そしてパラナヴァイー

6 **ゴイアス州**：リオ・ヴェルデ、ジャタイー、シャパドン・ド・セウ、ピレノーポリス、カルダス・ノヴァス、リオ・ケンテとアパレシダ・デ・ゴイアニア

7 **マット・グローソ・ド・スール州**：リオ・ヴェルデ・デ・マット・グローソ、ボニト、ベラ・ヴィスタ、カンポ・グランデ

8 **マット・グローソ州**：シャパダ・ドス・ギマラエンス、プリマヴェラ・ド・オエステ、ロンドノーポリス、バハ・ダス。ガルサス

9 **マラニョン州**：バルサス、プレジデンテ・デュトラ

10 **トカンティンス州**：アラグアイアナ、パルマス、ディアノーポリス

11 **ピアウイー州**：クリスチノ・カストロ、コヘンテ

12 **ペルナンブーコ州**：アラリピナ

13 **バイア州**：ボン・ジェズス・ダ・ラッパ、リオ・デ・コンタス
14 **アクレ州**：トリウンフォー
15 **ロライマ州**：カリマウー
16 **ロンドニア州**：アリキメス

ブラジル以外

17 **カナダ**：カルガリーとエドモントン
18 **アフリカ**：中央アフリカ共和国、バンギ
19 **スーダン**：ハルツーム
20 **チャド**：モウソロとモンゴ
21 **ニジェール**：シルファーとディルク
22 **モンゴル**：ウランバートルとコブド
23 **ネパール**：カトマンズ
24 **タジキスタン**：ドウシャンベ
25 **キルギス**：ビシュケク
26 **カザフスタン**：アスタナ
27 **中国**：福海とSoche（ウルムチの近く）

28 **ロシア**：トムスク、クルガン、トゥーラ、Koikil（トゥーラの近く）、クズル、テブリズとSongar（ベルホヤンスクの近く）

たま出版関連図書

『夢予知の秘密』——

二十世紀最大の予言者といわれたエドガー・ケイシーのリーディング資料に基づいて、夢の解釈や生活への応用法を解説　エルセ・セクリスト著　1500円＋税

『ザ・エドガー・ケイシー』——

予言者ケイシーの実績総集編。地軸傾斜、日本沈没など世界大変動の全貌や驚異の透視診断と治療　ジェス・スターン著　1800円＋税

『転生の秘密』——

人間の魂は永遠であり、現在の能力や運命などが過去世での努力と体験の反映であることを実証した最高傑作　ジナ・サーミナラ著　1800円＋税

『2012年の黙示録』——

ヨハネ黙示録、アセンション論、日月神示など数々の終末予言の検証と、その時代を迎える人間のあり方　なわ・ふみひと著　1500円＋税

『**ＥＴに癒された人たち**』――

宇宙生命体が地球に来ている目的を、多数のアブダクション体験者の実像を通して解明する最新レポート　バージニア・アーロンソン著　１６００円＋税

『**体外離脱体験**』――

自分の意識が体から離れて外界を見た東大出エンジニアの体験手記。体脱のプロセスや脳の機能に関する考察　坂本政道著　１１００円＋税

『**波動干渉と波動共鳴**』――

人生の諸現象や身体の状態が、共時性によってその人の生き方とどのように作用し合うかを分かりやすく解説　安田隆著　１５００円＋税

『**ミステリー・サークル２０００**』――

毎年イギリスの草原に出現している幾何学図形の現地取材レポート。未来の天気図や天体現象などの図形を写真で報告　パンタ笛吹著　１６００円＋税

『**ニラサワさん。**』――

日航ジャンボ貨物機のアラスカ遭遇事件や韮澤氏の光球遭遇事件の詳細、ＵＦＯ事件史年表、宇宙人の手記など　韮澤潤一郎研究会編　９５２円＋税

『**ノストラダムス大予言原典・諸世紀**』――

西暦三千年までの残存全九六八予言詩を仏和対訳。世界三大予言者の同意予言と地名の解説付

き　ヘンリー・C・ロバーツ編　2800円＋税

『前世旅行』――
前世退行療法によってあらわれた、日本沈没や北朝鮮の未来予言を韓国の精神科医が衝撃報告
金永佑著　1600円＋税

『(ファティマ)第3の予言』――
ポルトガルの寒村で起きた光球出現事件で五カ月後の予知された日に七万人が遭遇し、バチカンは聖母被昇天の教義を制定　ダニエル・レジュ著　1456円＋税

『第3の選択』――

三十年前に地球温暖化現象を日本で初めて告発したセミ・ドキュメント。一部特殊階層は地球脱出を決めた！　レスリー・ワトキンズ著　1600円＋税

『超脳霊視聴「忠臣蔵　松の廊下」上・下』――
阪神淡路大地震を予知していた日本の女性霊能者が、過去透視で忠臣蔵の驚くべき真相を暴く
白石秀行著　上下各1500円＋税

『わたしは金星に行った』――
メキシコの砂漠で遭遇した宇宙人から、未来の地球の姿を立体映像で見せられた、UFO遭遇、同乗体験記　ヴィジャヌエバ・メディナ著　757円＋税

『宇宙からの警告』――

地球にいる宇宙人たちとの遭遇を通し、終末に現れる神的軍隊としての強大な宇宙勢力の存在を知る　ケルビン・ロウ著　７６７円＋税

『フォトンベルト〜地球第七周期の終わり』――

フォトンベルトの襲来によって第七周期を終えようとしている地球文明。その中で、人類は今何をなすべきか　福元ヨリ子著　福元佑弥編　１３００円＋税

『２０１３：シリウス革命』――

西暦二〇一三年、「人間＝神」の論理が明らかになる。ニューサイエンスに新たな金字塔を打ち立てた伝説的傑作　半田広宣著　３２００円＋税

訳者あとがき

山川 栄一

私がジュセリーノさんのことを初めて知ったのは昨年でした。ブラジルにいる姉とインターネットで会話をしていたとき、たまたま彼がテレビに出演していたのです。その内容を姉が伝えてくれ、私はとても興味を持ちました。インターネットで検索しますと、彼についてのたくさんの情報が出てきましたが、特に彼の予言に対しては新鮮な驚きを感じました。さらに、なんとマリオ・エンジオ氏著のジュセリーノさんに関するこの本もブラジルで出版されたばかりだったのです。日本やアジアに関する予言も書いてあるということで、私はすぐに姉に頼んで、その本を送ってもらいました。

届いた本を読んだ時のショックは今でもはっきりと覚えています、その瞬間、私たちが知っている社会の数々の出来事の〝裏〟を見たような感じでした。同時に、これはぜひ日本の皆様にも読んでいただき、同じ情報を分かち合えたらと思いました。

そこで、この分野で専門の〝たま出版〟の韮澤潤一郎社長にコンタクトを取りました。最初は、私と同様半信半疑だったと思います。あの有名なノストラダムスやエドガー・ケイシーを超えるほどの予言者が今現在生きており、世界に警告を発信しているということはとても信じられないからです。しかし幸いにも日本で出版しようという話が決まり、ジュセリーノさんや著者と何度か連絡を取り合ってから、正式にこの本が日本で出版されることになりました。

早速、翻訳作業を進めましたが、ジュセリーノさんからは新しい資料や情報が次々と送られてきて少し戸惑いました。できる限りの最新情報を入れるよう努めましたが、今回のこの本に間に合わなかった内容は、次に出版予定の本に詳しく載せるつもりです。

さて、「人類が二〇〇七年の十二月までに過ちに気付き、この温暖化や環境問題に真剣に取り組まなければ、翌年からは取り返しのつかない状況になる」とのジュセリーノさんの発言は、もう他人事ではなくなりました。今まさに危機が迫ってきているということは、誰もが実感していると思います。しかし、日本で報道されている世界各地の天変地異は、そのほんの一部だけなのです。このままだと、今までの数々の自然災害とは比べものにならないほどの規模の天変地異が地球各地で起きるとジュセリーノさんは断言しています！

私たち一人ひとりが意識を変えて事の重大さに気付き、個人でできること、団体でできること、国でできることを、積極的に行動に移していかなければ取り返しがつかなくなります。ジュセリーノさんの言っていることが本当か嘘か、当たるか当たらないかを討論している余裕はありません。私たちは彼の警告に対してどう行動するかを検討するべきではないでしょうか。なぜなら、地球やこの日本でも気象がおかしくなっているのに私たちは気付いているからです。

私たちは、来る天変地異を防止、あるいは備えるため何をするべきか、あるいは何ができるかを今すぐ討論するべきではないでしょうか。

個人個人の環境に対する意識の変化が地球全体の変化につながるのです。この本がきっかけとなって、読者の皆さんの多くが意識の変化の必要性に気付いていただければ幸いです。

この地球、そして〝美しい日本〟を子孫に残せるかどうか、いま私たちの手に委ねられたのです。

＜著者紹介＞

マリオ・エンジオ

作家、ジャーナリストとしてマスコミで活躍するとともに、教師、企業のコンサルタントなどのかたわら30年以上にわたり超常現象を研究。本書のほかに哲学や心理学に関する２冊の本がある。

＜監修者紹介＞

韮澤 潤一郎（にらさわ じゅんいちろう）

1945年新潟県生まれ。法政大学哲学科卒業。科学哲学において量子力学と意識の問題を研究する。現在、たま出版社長。小学生時代にＵＦＯを目撃して以来、内外フィールド・ワークを伴った研究をもとに雑誌やテレビで活躍。1995年にＵＦＯ党から参議院選挙に出馬。tamabook.comのコラムやニュースでジュセリーノ最新予言等を発信中。

＜訳者紹介＞

山川 栄一（やまかわ えいいち）

ブラジル、サンパウロ州出身。ブラス・クバス大学法学部中退、15年間日本人向け会計事務所で語学を学ぶ。父は長崎、母は鳥取より移住。
1996年から日本で会社や工場の通訳者として仕事をしながら、仏教（密教）、レイキヒーリング、能力開発などを学ぶ。

未来からの警告～ジュセリーノ予言集Ⅰ

2007年4月10日　初版第1刷発行
2008年1月21日　第6版第3刷発行

著　者　マリオ・エンジオ
監修者　韮澤 潤一郎
訳　者　山川 栄一
発行者　韮澤 潤一郎
発行所　株式会社 たま出版
〒160-0004 東京都新宿区四谷4－28－20
☎ 03-5369-3051（代表）
FAX 03-5369-3052
http://tamabook.com
振替　00130-5-94804

印刷所　東洋経済印刷株式会社

ISBN978-4-8127-0234-5 C0011